JN115928

龍谷大学アジア仏教文化研究叢書12

日本仏教と西洋世界

嵩満也
吉永進一
碧海寿広 編

Japanese Buddhism and the Western World

法藏館

はじめに

日本仏教の近代化を語る上での主要なモチーフの一つは、西洋化である。すなわち、西洋の哲学や科学の移入を受けての仏教思想の再編成、近代仏教学の輸入による学知の変貌、キリスト教の模倣をとおした仏教の「宗教」化、リベラルな教団体制への転換など、幕末を萌芽として本格的には明治期に、日本仏教の西洋化が急速に進んだ。そうした西洋化の推進に携わったのは、西洋への留学僧や、西洋から到来したテキストや人物に多大な影響を受けた、個々の仏教者たちである。

本書は、それら具体的な個人の動向に着目し、近代の日本仏教における西洋化の実態を解明する。近代の日本仏教について、特に個人に注目してその歴史を描こうとした著作としては、小川原正道編『近代日本の仏教者――アジア体験と思想の変容』（慶應義塾大学出版会、二〇一〇年）が、直近の重要な成果である。同書がアジアとりわけインドとの関係を主題としたのに対し、本書は西洋との関係にスポットライトを当てながら、近代日本の仏教者たちの事績を明らかにする。

近代の日本仏教が、西洋世界と複数の局面でかかわり、そこから少なからぬ影響を受けたという点については、既存の研究でも、いわば自明の事実としてあった。たとえば、もはや近代仏教研究の古典と言えるだろう、吉田久一の『日本近代仏教史研究』（吉川弘文館、一九五九年）のページをパラパラとめくってみよう。そこには、西洋から改めて到来したキリスト教に、明治の仏教者たちが敵意を燃やしたり賛意を示したりする様や、追って来日しはじめた社会主義の思想に、率先して染まる僧侶らの活動などが記されている。また、同じく古典的な書物である池田英俊の『明治の新仏教運動』（吉川弘文館、一九七六年）にも、井上円了をはじめ、西洋の哲学や科学で武装しながら仏教の革新をはかった知的な宗教者たちの姿が見える。

あるいは、すでに膨大な研究がなされてきた清沢満之が、洋書の読解をとおして自らの宗教哲学を構築し、その延長で「精神主義」という新たな仏教運動を開拓したのは、よく知られる。鈴木大拙が西洋社会を意識しながら禅（ZEN）のアピールに努めたことは、あまりにも有名だろう。西洋との関係について触れずに、日本の近代仏教の特徴を語るのは不可能である。

だが、それでは日本仏教にとって西洋化とは何であったのか、こうした問いを明確に主題化した日本語の研究書は、意外にも、ほぼ見当たらない（英語のなら多少はある。たとえば、Judith Snodgrass, *Presenting Japanese Buddhism to the West: Orientalism, Occidentalism, and the Columbian Exposition*, University of North Carolina Press, 2003）。あまりに自明過ぎたためだろうか、この核心的なポイントに真正面から向き合う著作は、これまでほとんど書かれてこなかったのである。

本書は、そうした研究史上の空隙を埋めるための挑戦である。とりわけ、まずは一人ひとりの仏教者が西洋とどう対峙し、そこから何を受け取ったのか、これを実証的に解明することを目指した。取り上げるのは、島地黙雷のように、すでに研究の蓄積の厚い著名人もいる。しかし、ほかの多くの人物は、先行研究が皆無か、あってもごくわずかの仏教者たちである。中西牛郎という、仏教者ではないが、明治の仏教界に多大な影響を及ぼした特異な人物も、そこに含まれる。さらには、小泉八雲(ラフカディオ・ハーン)のように、知名度は非常に高くとも、近代仏教の観点からは論じられることがあまりない存在も取り上げてみた。日本仏教と西洋世界の交わり方の多面性を浮き彫りにするためである。

本書には全部で一二本の論考が掲載され、論じられる内容が比較的近い文章ごとに、それぞれ四つのパート(部)に分かれる。個々のパートとそこに配置された各論文の趣旨を、ここで簡単に説明しておこう。

第I部は、「伝統と国際化」である。明治期の本願寺派の僧侶らが、それまで未知の領域であった西洋世界と接触するなか、浄土真宗の伝統を国際的な視点からどう再構築したのかを検討する。

まず菊川一道論文が、日本初のハワイ開教を行った曜日蒼龍と、その師である東陽円月の事績を明らかにする。東陽円月は、大分に私塾「東陽学寮」を開き、そこで社会参加を志向する新時代の僧侶たちを数多く育てた。門下生の曜日によるハワイ布教は、その最も特筆すべき成果の一つである。こうした地方の僧侶らが成し遂げた仏教近代化の業績に、菊川は、東京や京都など中央で活躍した仏教者たちの動向とは異なるポテンシャルを見出そうとしている。

次に内手弘太論文が、近代の本願寺派の学僧として名高い、前田慧雲の仏教理解や真宗学の特色を論じる。前田は、自由討究を重んじたリベラルなキリスト教の一派であるユニテリアンからの影響や、西洋の近代仏教学がもたらした大乗非仏説への応答を通して、宗派の学問の近代化を進めた。前田が先鞭をつけた近代本願寺派の真宗学は、大正期に近世の伝統の継承と発展というかたちで確立するが、その形成過程には、西洋的な学知を念頭に置いた改革への意志があったことが示唆される。

第Ⅱ部は、「留学と翻訳」だ。西洋発の近代仏教学を日本に輸入し、と同時に各自の独創的な学問や思想を練り上げた仏教者たちを並べた。いずれも、西洋留学を経験し、日本やアジアに伝わるテキストや宗教概念の、西洋語への翻訳や西洋社会への伝達に尽力した。

はじめに嵩宣也論文が、西洋留学僧の先駆者である、南条文雄の論説や翻訳事業の内実を分析する。大谷派僧侶の南条もまた、本願寺派の前田と同様に、近代仏教学の前提である大乗非仏説を乗り越えようとした。その結果、南条は留学先の師であるマックス・ミュラーと、「祈り（prayer）」という言葉の理解をめぐる論争に挑むこととなる。一方で、南条は日本仏教を英語で紹介する仕事にも努めた。こうした南条の活動からは、宗派の学僧としての立場と、近代的な仏教学者としての責務のあいだで揺れる、彼の微妙なスタンスが読み取れて興味深い。

続く碧海寿広論文は、南条の後輩的な立ち位置ながら、僧侶ではなく俗人として近代仏教学の輸入を推進した、高楠順次郎の明治期の歩みについて検証する。西洋から学ぶと同時に東洋（日本）の価値を再興するという高楠の戦略は、禁酒運動を中心とした反省会の時代から、西洋留学を経た後に本格化する、仏教研究の深化による宗教改革の挑戦にまで、一貫して見られる。禁酒の思想であれ近代的な学問であれ、高楠にとって西洋とは、日本の宗教界を改良しながら肯定するための理想や手段としてあったのだ。

そして川元恵史論文では、その高楠の弟子である、木村泰賢の大乗仏教論が考察される。曹洞宗僧侶の木村もまた、大乗非仏説を意識しながら、インドの哲学や原始仏教から大乗仏教まで、仏教の根本的な教理を総合的にとらえるための「組織仏教学」を構想した。木村は、この壮大な学説に基づき、西洋に大乗仏教が広まることを期待する。そうした期待の背後には、西洋社会におけるアジア思想の可能性に関する、彼一流の見通しがあったようである。

第Ⅲ部は、「科学との対話」と題した。近代以降の宗教関係者は、世界や人体のメカニズムを明快に説明する近代科学との対立や調停を強いられるようになるが、日本の仏教者は、それにどう向き合ったのか。四人のバラエティ豊かな僧侶たちの事例から跡づける。

最初にハンス・マーティン・クレーマ論文が、本願寺派僧侶の島地黙雷による、科学と宗教の線引きに関する言説を検討する。島地は、日本の政教関係の定義を決定づけた人物だが、科学と宗教についても、その役割分担のあり方をいち早く示した。それは端的に言えば、外的世界の科学と内的世界の宗教という線引きである。こうした島地の言説は、日本だけでなく同時代の西洋でも唱え出されたばかりの見解とおおむね重なるという重要な事実を、クレーマは強調する。

次のステファン・リシャ論文は、曹洞宗僧侶の原坦山による科学的な仏教論に光を当てる。坦山は、西洋の医学や生理学の知見を、仏教の教理に重ね合わせて理解するとともに、禅の瞑想を、科学と宗教の双方の真理をつかむための「実験」の一種として再定義した。宗教を内面世界の問題に還元せず、身体や生理の次元で語ろうとした坦山は、他の伝統的な学僧たちとの論争を巻き起こしながら、近代仏教史に独自の位置を占めるようになった、とリシャは述べる。

続く亀山光明論文は、真言宗僧侶の釈雲照について、彼が関与した「仏教因果説」論争を事例として考察する。旧来の戒律の復興を試みた雲照は、一見すると、近代の科学的世界観とは無縁な存在にも思える。だが、雲照は自らの悲願である戒律の再生を成し遂げるためにも、近代科学を重んじる加藤弘之と対決し、戒律と因果の関係を、近代科学とは異質の論理に基づき提示したのだ。その背景には、戒律を単に僧侶の自省の問題とせず、国民が共有すべき課題とした、雲照の独特の考えがあった。

最後の吉永進一論文は、曹洞宗僧侶の忽滑谷快天の生涯と思想を詳しく明らかにする。忽滑谷は、鈴木大拙などに先立ち禅を西洋に伝えた人物であり、駒澤大学の初代学長でもあったが、その実像については、従来あまり語られてこなかった。そこで吉永は、曹洞宗の側から明治の新仏教運動に深くコミットし、他方で西洋の心霊研究に学びながら超常的な世界への認識を強めた忽滑谷の、仏教者としての多面性を描き出す。そこからわかるのは、近代以降の仏教と科学の関係もまた、実に多面的であるという真実だ。

第Ⅳ部は、「普遍性と固有性」とした。普遍性を誇示する西洋文明に直面した明治の日本人は、宗教においても普遍的であろうと模索する。と同時に、日本の宗教や文化に固有の文脈を重視する発言や表現も、次々と生まれるようになった。こうした普遍性と固有性の交錯のなかで、日本の仏教もまた少なからぬ変化を被る。

まずはミシェル・モール論文が、釈宗演の言動を再検討する。宗演は、明治を代表する臨済宗僧侶であるとともに、神智学協会のオルコットや「科学の宗教」のケーラスらと交流するなか、すべての宗教に通じる普遍性を仏教に求めていく。他方で、宗演は日露戦争に際して日本に固有の大和魂のすばらしさを説き、他宗教に対する仏教の優位性を述べもした。このような矛盾をはらんだ宗演の発言から、モールは、文脈に応じて転変する「普遍主義」の厄介さを読み取る。

続いて星野靖二論文が、中西牛郎の宗教論を分析する。同志社で英語とリベラルなキリスト教を学んだ中西は、その後、本願寺派の関係者と交わり、同派からの資金援助を得てアメリカにわたった。その主著である『宗教革命論』(一八八九年)では、「新仏教」という概念が提示され、これは当時の仏教界に大きな反響を巻き起こす。同書で開示される中西の宗教論には、比較宗教学的な論点が導入され、各宗教に通じる普遍性が語られた。と同時に、そこにはキリスト教をモデルとする西洋由来の宗教概念を、仏教に引き寄せて再構築する戦略もあったのだと、星野は鋭く指摘する。

最後に大澤絢子論文が、小泉八雲が切り拓いた「怪談の近代」の意義を明らかにする。日本文化の海外への紹介者として活躍したラフカディオ・ハーン＝八雲の人気作品である怪談物語には、日本の仏教説話に材をとったものがいくつかある。八雲は、それらの原作から日本仏教に特有の色彩を薄め、これを西洋出身の作家らしいホラー小説に仕立て上げた。時とともに、そうした作品は日本の過去へのノスタルジーを掻き立てる物語となり、失われた日本文化を幻視させるフィクションとして、多くの日本人に愛でられるようになる。

以上が一二本の論文の概要である。各論文の主役として登場する人物は、僧侶では、浄土真宗（本願寺派・大谷派）が四名、曹洞宗が三名、臨済宗が一名、真言宗が一名である。その他は、本願寺派と関係が深いが俗人の高楠、やはり本願寺と関わりが強かったが、同派と決別し天理教などにコミットした中西、そして、宗派とは特にかかわりのない八雲だ。それぞれ、帰属先や信念に関しては多様な立場にあったわけである。とはいえ、彼らは誰もが、広い意味での改革の意志を強く持っていたように思う。

そうした改革への強い志向性が、彼らを西洋世界へと結びつけた。その結びつき方は、視察・留学・読書・対話・論争・布教など様々である。それら多種多様なアプローチを通して、明治以降の日本仏教は、西洋世界とともに改革されていったのだ。

そして、現在の日本仏教もまた、彼らのような革新者たちが挑んだ冒険の後を歩んでいる。それらは果たして、いかなる冒険だったのか。本書でその詳細を確かめてもらいたい。

嵩　満也・碧海寿広

日本仏教と西洋世界＊目次

Ⅲ　科学との対話

Ⅳ　普遍性と固有性

日本仏教と西洋世界

I

伝統と国際化

東陽円月

——非公式ハワイ開教僧たちの師匠

菊川一道

一　東陽円月と西洋世界

東陽円月《とうようえんげつ》（一八一八〜一九〇二）という僧侶を知る人は多くないだろう。近世から近代にかけて、真宗内で生じた様々な教学論争に独自の見解を示した功績などから、一部では名の通った人物であるが、日本仏教史上で取り上げられることは稀と言っていい。

円月は九六部もの著作を残し、宗学者に与えられる学階の最高位である勧学を獲得、若き日の宗主明如（大谷光尊）の側近を務めるなど、本願寺派の学僧として高い評価を得た人物であった。また、彼の社会活動家としての一面も注目に値する。円月は故郷である豊前地域の孤児問題や干拓事業に携わるなど、その動向は同時代の他の学者と一線を画した。ただ、信仰者の社会活動をなかば強引に教学的に動機づけようとする円月の試みが教団内で物議を醸し、晩年、彼は教団周縁部へと追いやられてしまう。

その円月が残した大きな業績の一つが、人材育成である。円月のもとでは、私塾・東陽学寮を通して八五〇名ほどの門下生が養成され、そのなかから学術的・社会的・国際的に活躍した人材が多数輩出された。本章で注目したいのが国際性の領域である。円月自身は、生涯にわたり海外を直に体験することはなかった。にもかかわらず、門下生のなかから海外開教、特にハワイ開教に独自に赴く僧侶が同時多発的に誕生し、彼らが西洋への開教黎明期にその礎を築いていく。門下はなぜハワイへと赴くことになったのか。彼らを育てた師匠の東陽円月とはいったいどのような人物だったのか。

ハワイの真宗史をめぐっては、すでにLouise H Hunterや守屋友江、中西直樹などによってその歴史的展開と背景が明らかにされているもの(1)の、東陽学寮との関連については考察の余地を残す。以下本章では、東陽円月が日本仏教の西洋進出において果たした役割について見ていくことで、日本仏教近代化の一断面を追究する。なお、円月が担った役割を鮮明にするために、まずは、真宗の西洋進出と円月門下によるハワイ開教の歴史的意義から概観したい。

二　西洋への視察・留学・開教

日本仏教と西洋の接触は一九世紀末に遡る。オリオン・クラウタウは、近代仏教史研究の多くが「仏教」をテーマに掲げつつ、実際には「真宗」を記述している実態から、近代仏教史上における真宗のプレゼンスの大きさを指摘した(2)。西洋との関係をめぐっても、その傾向は例外でない。事実、仏教者として最初に西洋へ赴いた僧侶の多くが真宗関係者だった(3)。

一八七二(明治五)年、本願寺派は梅上沢融・島地黙雷・赤松連城・堀川教阿・光田為然をヨーロッパへと派遣する。前二者は「視察」、後三者は「留学」を目的とした渡航だった。もともと、彼らは政府派遣の岩倉使節団と行動を共にする予定だったが、渡航手続きに時間を要し、結果的に使節団とは別にヨーロッパへと旅立った。その後、彼らはそれぞれに、ヨーロッパ諸国をはじめエジプト・

トルコ・インド、そしてアメリカなどを歴訪し、各国の政治状況や宗教事情を視察した。なかでも、島地黙雷が渡航中に得た知見をもとに「三条の教則批判建白書」を著して、神道国教化政策を推進する日本国に対し、信教の自由や政教分離を要求したことはよく知られる。

時を同じくして大谷派も、宗主の大谷光瑩が石川舜台・松本白華・成島柳北・関信三らを率いてヨーロッパ視察に向かった。その後も、一八七五年には今立吐酔がペンシルベニア大学へ、翌年には南条文雄と笠原研寿がオックスフォード大学へ留学した。一八八一年には北畠道龍がヨーロッパやアメリカ、インドを歴訪し、さらに翌年には藤枝沢通と藤島了穏がフランスへ留学するなど、東西本願寺の関係者が続々と海を渡った。こうした僧侶による西洋歴訪の背景には、優秀な人材を欧米列強へと派遣して、最先端の知見や学問を習得させることで、仏教の近代化を図ろうとする仏教界の狙いがあった。

視察と留学の時代を経て、次に西洋への「開教」が開始される。端緒を開いたのはハワイや北米へと渡った日本人移民の存在だった。出稼ぎを目的に渡航した移民の後を追う形で、日本仏教の西洋進出が本格化する。本願寺教団が正式に開教を始めるのは一八九八年、初代ハワイ監督として里見法爾がホノルルに着任したことに由来する。

だが、教団による開教以前、非公式にハワイへ赴いた一人の僧侶がいた。大分県出身で東陽学寮門下の曜日《かがい》蒼龍《そうりゅう》（一八五五〜一九一七）である。一八八九年、曜日は単身ハワイ開教に着手する。異国の劣悪な労働環境のもとで苦しむ日本人を救済することが目的だった。加えてキリスト教による日本人教化を食い止めたいとの想いもあった。

先に挙げた留学僧らと曜日の決定的な立場の違いは、曜日の場合、教団主導による海外派遣ではないという点である。留学僧の多くは、幼少期より才能を開花させ、将来を嘱望された若者だった。したがって、海外派遣は教団の未来を担う人材への投資的側面があり、事実、後に教団中枢や大学等で活躍した者も多い。対する曜日はといえば、ハワイ開教に携わるまで一介の無名僧侶にすぎなかった。地方で生まれ育ち、エリート教育とは無縁だった曜日による非公式のハワイ開教とは、いったいどのようなものだったのか。

三　曜日蒼龍とハワイ開教

真宗のハワイ開教はすでに一三〇年の歴史をもつ。その始まりが曜日蒼龍に由来することはすでに述べた通りである。

曜日は一八五五（安政二）年、大分の光徳寺の長男として誕生した。父は僧純といい、東陽円月の弟だった。曜日にとって後に師となる円月は叔父にあたる。曜日は円月の娘と結婚していることからも、東陽家とは近しい間柄だったことがわかる。曜日の修学経路について詳しいことは明らかでないが、京都の大学林（現、龍谷大学）に学び、その後、円月のもとで宗学を修めた。

曜日の手記『布哇《ハワイ》紀行』（一八八九年）によれば、彼がハワイへの渡航を決意したのは一八八八（明

曜日蒼龍

（Louise H Hunter, *Buddhism in Hawaii Its inpact on a yankee community,* Hawaii University of Hawaii Press, 1971, p. 35. より）

治二二）年、新聞や雑誌等で自身の故郷と近い山口や広島、福岡や熊本出身の日本人がハワイで苦悩する現状を知ったことがきっかけだった。(4) 一八八五年から一八九四年までに官約移民としてハワイへ渡った移民は、たしかに真宗信徒の多い山口・広島・福岡・熊本の出身者が全体の九割以上を占めていた。(5) 日本人移民たちは国内の経済状況の悪化などを理由に、賃金を求めてハワイへと出稼ぎのために渡航した。当初、移民の多くが、収入を確保でき次第帰国したいと希望していたというが、それを実現するのは容易なことではなかった。サトウキビ畑や製糖工場に送られた日本人の多くが、低賃金で長時間労働を強いられるなど、状況は過酷を窮める。こうした日本人を曜日は「同朋」と呼ぶ。曜日にとって、彼らは単なる「移民」ではなく、故郷と信仰を共有する仲間であり、その同朋の置かれた過酷な状況を傍観することはできなかった。(6)

渡航を決意した曜日の行動は早かった。一八八九年一月三日、曜日は自坊光徳寺に都合をつけ、家族や信徒に見送られるなか出発。この時、師匠円月は曜日に次の詩を送ったという。

送曜日蒼龍子之布哇

君不聞三千大千界　釈迦文仏所領地　況又南浮洲中之諸島　仏法種子可布施
東漸那止到我邦　欧米伝通時已至　国人互市在布哇　弘教先須従此始
子自決志促此行　勉梅此行豈容易

（曜日蒼龍子布哇に之くを送る　君聞かずや　三千大千界　釈迦　文仏　所領の地　況んや又た　南浮洲中之諸島　仏法の種子　布施す可し　東漸　那ぞ止んで　我邦に到る　欧米に伝通の時已に至る　国人の互市布哇に在り　教えを弘めるには先ず須く此従り始めるべし　子自ら志を決して此の行を促せ　勉梅　此の行　豈に容易ならんや）(7)

「国人互市在布哇　弘教先須従此始」と記してあるように、円月はハワイ開教にあたって、現地在住の日本人を、まずは布教対象にすべきであるなどと助言した。また、曜日の渡航に際しては、資産家の小今井乗桂という人物が資金援助を行ったとされる(8)。これもおそらく、小今井と親しかった円月の仲介によるものと考えていいだろう。さらに円月は、島地黙雷・大洲鉄然・赤松連城・徳永（清沢）満之・南条文雄らと共に、海外宣教会の「特別会員」でもあった。いずれの状況からも、円月が海外開教に前向きで、協力的だったことは明らかである(9)。

曜日のハワイ開教は私的な活動であったけれども、教団も当初、支援の姿勢を見せた。その証拠に、一月一一日と二月一五日には宗主明如が曜日と面会し、その際に、第一九代宗主本如の直筆六字名号を下付している。また、明如の仲介で、外務大臣をはじめ政府高官とも面会した。さらに渡航直前には、島地黙雷など東京の教団有力者で構成される勝友会が、築地本願寺を会場に送別会を催している。そして二月一八日、曜日は近江丸に乗船して横浜港から出港した。

三月二日、ホノルル港に到着した曜日は、どのように開教を展開しようと考えていたのか。その一端が窺い知れる資料として「布哇布教ノ方針」[10]が残されている。本資料から浮かび上がるのは、曜日がホノルルにまず開教拠点を設け、順次支院を設置する計画だったことである。そのために、円月の助言にもあったように、彼は、すでに一万人を超す日本人の出稼者を教化対象の中心に据えるべきだと考えていた。興味深いのは、ハワイ開教を推進する動機として、キリスト教対策を挙げている点である。

我布教ノ術策ヲ忽ニセハ、是レゾ由々敷一大事ヲ生ズベキナリ、何トナレバ是ノ二三万人ハ、三年毎ニ交代スル者ナレバ、ツマリ布哇ハ外教ノ伝習所トナリテ、遂ニ其余毒ヲ我邦ニ輸入スルニ至ラン、故ニ苟モ憂国為法ノ徒ハ決シテ看過スベキコトニ非サレバナリ。

曜日はこのように述べ、このたびのハワイ開教を怠れば、ハワイが「外教ノ伝習所」、すなわちキリスト教の教化地となり、改宗した日本人がいずれ帰国してキリスト教をもたらす恐れがあると警告している。『布哇紀行』には、「御同行ノ久ク見仏聞法ノ益ニ預ラサル不自由ヲ四面異教ノ囲中ヨリ救出セン」[11]と述べられているように、仏教に触れることができない移民仏教徒たちに仏法を届けたいという純粋な想いも窺える。だが、その根底には排耶思想に基づく防邪意識があり、日本へのキリスト教流入を外教国の最前線で食い止めようとする狙いがあった。キリスト教との対決こそ、曜日が海を渡った重要な動機の一つだったのである。

「布哇布教ノ方針」のなかで曜日は、「純然タル一仏教国ヲ太平洋裏ニ現出セン、後チ延テ以テ北米ヲ席捲セハ、仏日ノ新大陸ニ照臨センコト亦期シテ待ツベキナリ」と記しており、彼の開教はハワイに止まらず、そこを足がかりとして北米大陸へと向かう、まさに「仏教東漸」をめぐる壮大な計画であった。その計画を実現すべく、現地に到着した曜日は早速、ハワイ諸島を巡回して各地の日本人と面会するなど基盤作りに奔走した。ホノルル到着からおよそ一〇日後の三月一三日には、エンマ街と呼ばれた一角に一軒家を借りて「大日本帝国本願寺派布哇伝道本院」の表札を掲げて法要を行っており、それには仏教徒だけでなくキリスト教徒も含め七〇名の参詣者があったという。

四　東陽学寮による支援

「布哇布教ノ方針」によれば、曜日は各地に支院を設置するにあたり、自身以外に六、七名の布教員が必要だと考えており、その人員は東陽学寮出身者を中心に確保しようと考えていた。実際に教団の正式開教より以前のハワイへの渡航僧として、西沢道朗・蒲生行也・萩野行運・姫路徳応・桑原覚成・金森三寿・佐藤行信などが存在し、彼らはいずれも円月の門下であった(12)。

当時、本願寺派には、世界の仏教者との交流と海外布教に関心をもつ「海外宣教会」という組織があった(13)。一八八七（明治二〇）年に普通教校の教員や学生を中心に組織された海外宣教会は、海外向けに英文雑誌 *The Bijou of Asia*（『亜細亜之宝珠』）を、国内向けに『海外仏教事情』を発行して、国内外の仏教者との連携を図っていた。曜日は海外宣教会の一員でもあったことから、同会のネットワークを介してハワイ開教の人的支援を要請する選択肢もあった。にもかかわらず、曜日が東陽学寮関係者に期待を寄せた背景には、彼らと思想や信仰、行動規範を共有するところが多く、開教を順調に進めるには最も有効な戦略だとの考えがあったからだろう。海外宣教会を通して不特定の僧侶らと開教事業を推進するよりも、信頼と強固な結束をもつ学寮人脈の方が、曜日にとって好都合だったに違いない。

ところが、東陽学寮門下を中心に推進されたハワイ開教は、突如暗礁に乗り上げる。事の発端は、左記六項目を実現するための曜日の一時帰国だった(14)。

一、「大法主殿へ建言件」
二、「御消息下付願」
三、「本尊供奉ト仏具購求」
四、「別院ニ引直シ願」
五、「本刹ノ補助金額」

六、「山口・広島・両県ヲ始メ各府県有志へ本院創立喜捨金勧募件」

曜日はこれらの目的を達成次第、速やかにハワイに戻る予定だったようである。嘆願書を携えて帰国した曜日に対して、海外宣教会などから組織的支援の申し出があった。一八八九年一一月刊行の『海外仏教事情』（第四集）には、曜日のハワイ開教に関する記事が登場し、そこでは「正会員」の曜日がハワイ開教に従事していることが紹介され、海外宣教会が彼の活動を支援する意向が示されている。しかし、特定宗派の海外伝道支援に対する批判的意見が他宗派関係者より挙がったことで、結局、計画は頓挫した。代わりに真宗青年伝道会が支援を表明し、曜日の活動資金を得るために寄付金募集を約束し、実際に寄付金を集めた。[15]

他方、教団でも、執行長の大洲鉄然が次の訓告（一八八九年一一月一五日付）を公布して支援に乗り出した。[16]

近来布哇国へ本邦人ノ移住殊ニ増加シ該人民ノ内ニハ従本宗門徒ノ族尠カラザルバ今回曜日蒼龍外数名該国ホノルヽ府ニ於テ仏教伝道院ヲ設置シ本宗二諦ノ教義ヲ伝播センコトヲ謀レリ惟フニ該移住民タル一朝仏教有縁ノ勝地ヲ離レ遠ク海外万里ノ波濤ヲ隔テ所尊ノ仏像ナク外ニ聞法ノ寺院ナキハ実ノ憫然ノ至リタルヲ以テ這般右等ノ挙行アル移住人民ノ幸福ハ勿論苟モ本宗教義ニ浴スルモノ深ク随喜スベキ儀ニ付各寺門徒ニ於テモ厚ク其意ヲ体シ同朋相扶クル至情ヨリ銘々幾分

ノ資材ヲ当シ此美挙ヲ賛成候様致スヘシ

このように、教団は門末に対して曜日のハワイ開教の現状を紹介しつつ、その重要性を指摘して経済的支援を呼びかけた。

こうして着々と達成されたかに見えたハワイ開教への支援だったが、突如、教団が支援撤回を表明する。一八九〇年五月一二日、大洲鉄然は「布哇国移民布教ノ儀ニ付昨二十二年十一月十五日付訓告第四号ノ儀ハ詮議ノ次第有之取消ス」と発表。[17]従来、教団が曜日の支援を取り消した背景には、曜日に対する異安心《いあんじん》の疑義があったとされる。曜日は海外で布教伝道を行う際、阿弥陀仏を「God」の同体異名だと説明すれば、外国人にも理解しやすく、布教効果も上がるなどと某雑誌に論じたようで、これが問題視されたという。[18]ただし、こうした説明に順ずる実態が雑誌等に確認できないことなどを理由に、常光浩然や中西直樹などから疑義が出されている。[19]

中西によれば、当時、九州では通仏教的立場に立って活発に活動する「九州仏教団」と呼ばれるグループが結成されていた。[20]教団が曜日のハワイ開教支援撤回を発表した二カ月前、九州仏教団は長崎にて結成へ向けた会議を行っている。その後、熊本の順正寺で六月に発足式が挙行され、九州各地の僧俗が多数集ったという。このように、本山から離れて独自の動きを見せる九州のなかで、同じく独自にハワイ開教を進めようとした東陽学寮の動きを本山は危惧し、統制しようとしたのではないか、という中西の見通しは、極めて納得のいくところである。

後ろ盾を失った曜日はハワイへの再渡航を断念せざるをえなかった。彼のハワイ開教は、一八八九年三月から一〇月までの七カ月間というわずかな期間で、こうして幕を閉じた。

曜日が去ったハワイには、教団の正式開教までの間、先に挙げた東陽学寮門下の西沢道朗・蒲生行也・萩野行運・姫路徳応・桑原覚成・金森三寿・佐藤行信のほか、児玉誠諦や後藤三治などの僧侶がいた。彼らや在家信徒が中心となり、曜日が築いたホノルルとヒロの二つの布教所を拠点に活動が行われたようである。しかし、資料的制約により不明な点が多く、その実態解明は今後の課題である。

五　東陽円月と東陽学寮

曜日蒼龍を中心に展開されたハワイ開教を下支えした東陽円月とその私塾・東陽学寮について、もう少し取り上げたい[21]。

東陽円月は一八一八（文政元）年、大分の西光寺に誕生した。幼少期には父円超について習字や書を学び、その後、同国の儒学者の広瀬淡窓の門下であった恒遠醒窓の漢学塾・蔵春園でも学んでいる。さらに、同国の宗学者であった覚照や月珠に師事して宗学を学んだ後、京都の学林（現、龍谷大学）に入って余乗（他宗の教義や歴史）を修め、また肥後に遊学して慶恩について宗義の研鑽を積んだ。

一八七九（明治一二）年、大洲鉄然や島地黙雷など一部の長州閥が、長年にわたり本願寺の実権を掌握していることに反感を抱く北畠道龍らが、教団改革に乗り出す。北畠は若き宗主明如の賛同を得て、東京築地に教団機構を移して新体制の構築を企てた。結局、政府の介入などによって教団改革は失敗に終わる。「寺務所東移事件」と呼ばれるこの騒動が起こった時、円月は明如の補佐役として改革派に加わった。以後、明如が事あるごとに助言を求めるなど、円月は側近として教団中央で活躍した。

転機が訪れたのは一八九〇年、勧学として安居《あんご》の本講師を任された時のことだった。この時、夜の法話会で円月が発言した内容が教学的に問題視され、講義の停止を命じられる。以降、円月は教団とは距離を置くこととなった。大分に戻った円月は、東陽学寮の長として後学の指導に当たった。曜日蒼龍をはじめ初期ハワイ開教に従事した人物を多数養成した東陽学寮とはいったいどのような場だったのか。

近世から近代にかけて、全国各地に多くの私塾が存在した。その数は一五〇〇ともいわれる。(22) 近代以降の中央集権的な教育システムに基づく公教育機関とは異なり、私塾は経営者である教師の運営方針に基づき、極めて多様な実態をもつ。教育内容や学習形態も塾ごとに違い、決められた就学期間も設定されないなど、自由な教育空間だった。私塾では広瀬淡窓の咸宜園や吉田松陰の松下村塾、緒方洪庵の適塾などがよく知られるところだが、各宗派の学僧が立ち上げた仏教系私塾も多数存在し、そこでは寺院子弟を主な対象に人材育成が行われていた。紙幅の都合上、その詳細に立ち入ることは控えるが、東陽学寮もそれらの仏教系私塾の一つとして捉えることができる。

円超の時代に創立され、円月の時代に発展した東陽学寮には、通算八五〇名ほどの門下生が在籍した。井上哲雄「真宗私塾学寮一覧」（一九七九年）[23]によれば、本願寺派に属する私塾は少なくとも九〇以上存在したことがわかっている。そうしたなか、東陽学寮の特徴は、現実社会と積極的に関わろうとした門下生を複数養成した点にある。先述した曜日蒼龍をはじめとする初期ハワイ開教関係者以外にも、八幡製鉄所で福祉事業を行った江田常照、大日本仏教済世軍を立ち上げて社会事業に取り組んだ真田増丸など、国内外で苦悩する民衆と共に歩んだ僧侶が、東陽学寮には少なからずいた。仏教済世軍について分析した藤井健志によれば、「済世軍の展開に学寮のネットワークが寄与したこと、また一つは学寮内で培われた信仰がそこの出身者を通して済世軍に流れ込み、済世軍信者の信仰を高めた」[24]とされ、済世軍以外の者にも同様の要素があったと考えられる。

彼らの師匠であった円月は、「行動する宗学者」と評されるほど、社会活動に熱心であった[25]。実際、本章冒頭でも紹介したように円月は、孤児やハンセン病患者の救済、地域の干拓事業に携わるなど、現実社会の問題解決に取り組んだようである[26]。こうした円月の生き様が学寮門下に影響を与えたことは疑いようがなく、学寮によって提供されたネットワークを頼りに、門下生は団結して種々の活動に取り組んだ。

東陽学寮と「開教」についてもう少し触れておこう。西光寺に残される「寺報」によると、円月門下は、鹿児島や北海道、支那やシベリア、アメリカなど、ハワイ以外にも国内外の多様な地に開教に赴いたようである[27]。

東陽学寮があった九州は地理的条件もあり、もともと外国との結びつきが強く、仏教の海外開教も早くから開始された。一八七四年に大分の大谷派僧侶・小栗栖香頂が中国布教に従事して以来、朝鮮・シベリア・ハワイ・アメリカ本土・南洋と、次々と海外開教が始まったが、いずれも最初の僧侶は九州出身者だったようである。(28) 曜日や小栗栖の他にも、一八九三年にシカゴで開催された万国宗教者会議に出席した熊本の八淵蟠龍や、一八九七年に南洋開教を開始した宮崎の佐々木芳照などが、その一例である。これら真宗の初期海外開教に関わった先駆者たちと同様、東陽学寮も開教事業に携わった。

ただし、地理的条件だけでは説明として不十分である。なぜなら、九州には他にも多数の真宗系私塾が存在したが、それらは必ずしも海外開教の拠点とはならなかったからである。東陽学寮から同時多発的に社会的・国際的な僧侶が養成された理由を説明するには、地理的条件以外の別の要素も考える必要がある。そこで次に着目したいのが、東陽学寮の思想的支柱であった円月の信仰的立場である。

六　東陽円月の信仰的立場

東陽円月がもつ特徴としては、社会活動家としての面に加えて、「国家主義者」や「排耶論者」としての一面が指摘される。(29) その様子が端的に顕れる場面として、一八九〇（明治二三）年、「教育勅語」公布にともなう円月の動向を見てみたい。

絶対不可侵なる天皇の神聖性を国民に認知させるべく実施された勅語渙発以降、多種多様な業界の人物が勅語解説書である『勅語衍義書』を刊行した。その数は一七〇近くにのぼる[30]。執筆者は、教育関係者をはじめ国学者や漢学者などが大勢を占めたが、なかには赤松連城や井上円了、釈雲照などの僧侶もいた。真宗僧侶が刊行した『勅語衍義書』は七部あったとされ、そこに円月も名を連ねている。これは、円月がいかに国家的要請に敏感であったかを物語っているといえよう。

円月が著した『勅語奉体記』（一八九三年）では、日本には、儒教や仏教伝来以前より、万世一系の天皇の祖先たる神々がいたことが紹介される。そして、後に聖徳太子が『十七条憲法』において神儒仏の三教をもとに政治を行ったという趣旨の歴史観が提示され、三教一致の重要性が述べられる[31]。加えて、円月は次のような排耶論にも言及している。

彼洋教ノ如キハ独一ノ真神ヲ捏造シテ真理ニ非ス。真神ヲ崇メテ大君トシテ帝王ヲ以テ仮ノ君ト言フ。是則ソノ安心ノ性質国体ニ反対スルヲ以テコレヲ信スルモノハ皇太神宮ヲ軽蔑シ一系不易ノ神ノ御末ノ尊位ヲ悔慢スルニ至ル[32]。

円月は、キリスト教は捏造された唯一絶対神を尊崇するがゆえに、皇祖神を軽んじて国体と相容れないとして批判を展開している。さらに、

近来万国交際ノ世トナリシヨリコノカタ洋学ノ盛ニ行ハルルモノハ勢ノ止ムヘカラサル所ナリ。

然ルニ洋学ノ行ハルルニ随テ我国体政体ニ協合セサル彼洋教ノ濫入スルニ至レリ。我邦ノ人民悉ク洋教ニ入リシト云ニハ非スト雖不レ知不レ識ソノ教意ニ化セラルルモノ少ナカラサルヘシ(33)

と述べて、西洋学問の流入が結果的にキリスト教の流入を招き、日本国民が無意識のうちにその影響を蒙る危険性を指摘している。こうした発言からは、当時、盛んに導入されつつあった西洋からの近代的学問に対しても、円月が批判的であったことがわかる。真宗において、清沢満之や井上円了らが最先端とされた西洋的な学知を導入して哲学的に仏教を捉え直したのとは対照的に、円月にはそうした態度はほとんど見られない。円月の場合、その護法論はあくまで真宗の有用性を真宗内部の論理をもってアピールする傾向が強かった。

排耶論に関して、それが曜日蒼龍のハワイ渡航の動機の一つであったことはすでに述べた。キリスト教に対する排他的姿勢は、同時代の多くの僧侶が共有するところだから、円月一人からの影響をことさらに強調するのは適切でない。しかし、学寮を通して曜日が円月に薫陶を受けるなかで、キリスト教への対決姿勢を強固にしていったであろうことは想像に難くない。

東陽学寮の有力門下の一人であり、円月を「我師」と称す雲山龍朱（後、龍谷大学教授）は、従来の宗学者は絶対他力を強調するあまり、社会問題に無関心であり、当時の青年らから、真宗が「悪人製造の宗教」であるなどと批判されていた実情を紹介し、そうした弊風を一掃したのが円月だったと評した(34)。雲山によれば、国家・社会奉仕に熱心だった円月は、そうした活動により多くの真宗者を動員するための教学的裏付けとして、「真俗二諦論」をしばしば引用し、俗諦道徳の重要性を強調したという。

儒仏神ノ三道イツレノ教ニテモ其教ヲ受クルトキハ人道ヲ守ルヘシ。今家ノ仏法トハ如来回向ノ法ナリ。上ニ引ク所ノ弥陀仏智コレナリ。コノ仏智を全領スルトキハ法徳内ヨリ薫シテ固ヨリ有スル所ノ五倫五常ノ理自ラ現行スルナリ。喩ハ提灯ニ記号アリト雖暗夜ニハコレヲ弁セス内ニ燭ヲトモストキハ定紋姓名鮮カニ見ルコトヲ得ルカ如シ。提灯ニ記号アルハ人ノ五倫五常ノ性ヲ有スルナリ。暗夜ニ之レヲ見サルハ一切ノ教導ナキナリ。燭光内ヨリ照シテ記号ヲ見ルハ法徳ノ威力内ヨリ薫スルナリ。信心ノ行者自ラ人道ヲ守ルヘキコト可レ知。(35)

このように円月は、信心を通して仏智を獲得すれば、個々の内面より法徳が薫じて、人々が元来有していた倫理道徳的要素が自ずと実践されるようになると説いた。そして提灯の喩を用いて、提灯内に光が灯れば自ずとその提灯の記号が浮き上がるように、仏徳によって遵守すべき人道が見えてくると説いた。円月は他の場所でも、「仏智全領が即不可称不可説不可思議の功徳は行者の身にみてるなり」(36)などと述べて、阿弥陀仏の力が個々の一挙手一投足にはたらくことで、社会有用なる人材になることを強調した。

だが、こうした円月の教学理解は後に物議を醸すこととなる。

七　二人の失脚

最後に、曜日蒼龍に対する教団の支援撤回と密接な関連性が窺える円月の異安心疑義事件に言及して本章を閉じたい。

事件の発端は一八九〇（明治二三）年七月、円月が勧学として安居の本講師を務めた時のことだった。ある夜、昼間の講義を終えた円月は、夜の法話会で法話を行い、そこで彼が発した「滅罪」に関する内容が教団内で問題視される。その内容とは以下のようなものだった。

> 自己反省スルニ真宗ニテ安心ヲス、ムルモ悪アリ乍ラ往生ナリ善根モイラス功徳モイラス其儘御助シヤト説教シマスカ之ヲ局外者ノ聞ク所テハ如何ヤウニ聞トリマシヤウカ。悪アリ乍ラコノママ御助ケナリ御浄土参リナリト申シテハ阿弥陀様ノ御慈悲トカ願力ナトト申シテモ局外者ヨリ云ヘハ矢張道理ノツマヌ事ナリ。（中略）信後ニ地獄行ノモノヲ御助ト信相ヲ述ルノカ私ノ心得難キ処ナリ。私ハ一念ノトキニ地獄行ノ種ハキヘ、光明ノ中ニスム身ナリ。所謂南無阿弥陀仏ニ身ヲ丸メラレテトノ玉フヨリ見レハ如実ニコレハナレト存ス。[37]

円月は、信心を得た後も引き続き「地獄行」の存在と自認して個々の罪悪性を強調するのは、真宗外部の人々にとっては受け入れ難い理解であると指摘して、大多数の宗学者の真宗理解を批判した。その上で、真俗二諦論と同様、信心を獲得すれば仏の力によって罪悪性は抑制され、より善的な行為が顕現してくると主張した。このように、「滅罪生善」を強調することによって、社会的に有用な人材を育てたいというのが円月の目論見であった。

しかしながら、保守的な考えの学僧たちに円月の理解は受け入れ難く、異安心を問われた彼は、結局、安居本講師を道半ばで解任されてしまう。その後、円月に対する詳しい安心調査が実施され、結果的に安心上の不正は認められないと結論づけられた。しかし、教義上の解釈が論理的整合性に欠け、人々を惑わしかねないという理由をもって、執行長・大洲鉄然の名義で「譴責」処分に付されることとなった(38)。

だが、この事件は円月にとって極めて不可解なものだった。なぜなら、円月にとって、安居で言及した滅罪論は安居に至って初めて公にしたものではなく、事あるごとに主張し続けてきた内容だったからである(39)。

以下、推測の域を出ないけれども、円月の異安心疑義事件は曜日蒼龍の失脚との関連性が疑われる(40)。異安心疑義事件が生じたのは、曜日が本山からのハワイ開教支援撤回の憂き目にあったわずか三カ月後のことであった。つまり、両者の失脚の背景には、九州で独自に活動を進める東陽学寮の影響力を弱体化させようとする本願寺教団の意図があったと考えられるのである。いずれにせよ、この事件をきっかけに、円月は本山中枢とは距離を置き、地元大分で後進の育成に注力することとなった(41)。

東陽学寮では、こうした円月の排耶論や真俗二諦論、滅罪論などが、門下生へと教授されていた。社会的有用性を優先して構築された円月の信仰的立場は、東陽学寮を介して門下生に強く内面化されたと考えられる。すなわち、東陽円月という「行動する宗学者」の生き様が、門下生の生き様へと反映されやすい環境を、学寮という私塾空間が提供したことによって、社会的・国際的な僧侶が多数養成されたのである。曜日蒼龍らによる初期ハワイ開教とは、まさに私塾がもつ団結力と機動性が実現した事業であったといえよう。

「日本仏教と西洋」の問題は、教団派遣による海外視察や留学経験をもつエリート僧を中心に描かれる傾向が強い。したがって、彼らこそが仏教近代化の担い手であったという印象をもたらしている。けれども、実際には地方の伝統寺院に拠点を置き、中央の英才教育とは無縁の僧侶によって行われた海外進出があったのだ。東陽学寮門下の初期ハワイ開教を通して窺い知れるこの事実は、「日本仏教と西洋」、さらには仏教の近代化に関する従来のとらえ方に、再考を促す。

註

(1) 例えば、Louise H Hunter, *Buddhism in Hawaii:: Its impact on a yankee community* (Hawaii: University of Hawaii Press, 1971)、守屋友江『アメリカ仏教の誕生——二〇世紀初頭における日系宗教の文化変容』(阪南大学叢書六四、現代史料出版、二〇〇一年)、中西直樹・吉永進一『仏教国際ネットワークの源流——海外宣教会（1888年~1893年）の光と影』(三人社、二〇一五年)など。

(2) オリオン・クラウタウ「近代仏教と真宗の問題」(『日本思想史学』四三号、二〇一一年)、三六頁。
(3) 羽溪了諦「明治仏教者の海外進出」(『現代仏教』一九三三年)、九七~一〇八頁。
(4) 曜日蒼龍『布哇紀行』(曜日蒼龍、一八八九年、『仏教海外史料集成　ハワイ編』第二巻所収)、一頁。
(5) 有元正雄『真宗の宗教社会史』(吉川弘文館、一九九五年)、三七七頁。
(6) 曜日註(4)前掲書、一頁。
(7) 三浦尚司校註『東陽円月吟稿集』(恒遠醒窓顕彰会、二〇一四年)、二〇一頁。
(8) 日浦保典『九州真宗史と四日市別院』(本願寺四日市別院、一九七〇年)、一二三頁。
(9) 『海外仏教事情』(第一集、一八八八年一二月)掲載「本会報告」。
(10) 『伝道会雑誌』(第一九号、一八八九年一二月)。
(11) 曜日註(4)前掲書、一頁。
(12) 日浦註(8)前掲書、一二二頁。高山秀嗣「ハワイ初期開教と九州における真宗ネットワーク」(『年報日本思想史』一〇、二〇一一年)、六頁。
(13) 海外宣教会の詳細については、中西・吉永註(1)前掲書に詳しい。
(14) 曜日註(4)前掲書、三一頁。
(15) 『伝道会雑誌』(第一二号、一八八九年五月)。
(16) 『本山達書』(自明治二十年至明治二十二年、本派本願寺)。また、本訓告は、『明教新誌』(一八八九年一一月二六日)にも同一内容のものが掲載されている。
(17) 『本山月報』(第五号、真宗本山本願寺執行所簿書部、一八九〇年五月一二日)。
(18) 藤井秀五郎『新布哇』(文献社、一九〇二年)一七三頁。常光浩然『明治の仏教者　上』二〇〇頁。
(19) 常光浩然『布哇仏教史話――日本仏教の東漸』(仏教伝道協会、一九七一年)、五四~五七頁。註(1)中西・

吉永前掲書、三六頁。

(20) 中西・吉永註(1)前掲書、三八～三九頁。

(21) 東陽円月の略歴については、「明細帳」(西光寺所蔵・未翻刻資料)および堀順乗「略伝」(堀順乗編『二諦の精神』法藏館、一九〇一年)を参照した。

(22) 海原徹『近世私塾の研究』(思文閣出版、一九八三年)、一八頁。

(23) 井上哲雄『真宗本派学僧逸伝』(永田文昌堂、一九七九年)。

(24) 藤井健志「大日本仏教済世軍の展開と真宗教団」(『東京大学宗教学年報』三、一九八六年)、五五頁。

(25) 龍溪章雄「東陽円月研究序説――青年期修学時代を中心とする伝記考証」(『真宗学』一二九・一三〇合併号、二〇一四年)、一二五頁。

(26) 児玉識「月性と真宗教団」(『維新の先覚　月性の研究』一九七九年)、三宅守常「明治仏教と教育勅語――二―真宗僧東陽円月の場合」(『大倉山論集』一九八七年)、藤井註(24)前掲論文、高山註(12)前掲論文、龍溪章雄「宗学と安居」(『龍谷大学三五〇年史』二〇〇〇年)などに詳しく指摘されている。

(27) 『光雲』「西光寺報」(一一一号、一九九四年)。

(28) 日浦註(8)前掲書、九七～九八頁。

(29) 三宅守常『三条教則と教育勅語――宗教者の世俗倫理へのアプローチ』(弘文堂、二〇一五年)、一三五～一四五頁。

(30) 日本大学精神文化研究会・教育勅語関係資料編『教育勅語関係資料』(全一五集、日本大学精神文化研究所、一九七四～八三年)。

(31) 東陽円月『勅語奉体記』(阪本棣次郎、一八九三年)、四～六頁。

(32) 同前、六～七頁。

(33) 同前、八頁。
(34) 東陽眠龍編『摂善院法話』(非売品、修道会本部、一九三一年)、八七〜八八頁。
(35) 東陽円月『真宗掟義』(香々地村、一八八〇年)、八〜九頁。また、『二諦の精神』(堀編註(21)前掲書、五六〜五七頁)にも同一内容が示されている。
(36) 東陽円月『二諦妙旨談　前編』(永田長左衛門、一八九二年)、五九頁。
(37) 『明治二十三年　安居記録』(西光寺所蔵・未翻刻資料)。
(38) 『本山月報』(第七号、執行所簿書部、一八九〇年八月)。
(39) 安居から退いた円月は、後日、本山に異議申し立ての意を込めて送付した「再往御検査願」(西光寺所蔵・未翻刻資料)のなかで滅罪論に関して、「数年来教導致居候得共、惑ヲ生シ候者モ無之」と述べている。
(40) 中西・吉永註(1)前掲書、三九頁。
(41) 堀註(21)前掲書によると、異安心疑義事件以降の円月の様子について、「爾来十余年、西海の草盧に静臥して専ら青年の薫陶と著書とに全力を注ぎ、著す所の書積て等身以上に及ひ、広く世に刊行して人の知る所となる」と記されている(『二諦の精神』二頁)。

付記　本稿は博士論文「東陽学寮とその実践論の研究」(二〇一七年)に収録した内容に加筆訂正を加えたものである。論文作成にあたっては、東陽円月生家の西光寺様のご厚意により、多数の貴重資料を拝見することができた。衷心より御礼申し上げる次第である。

前田慧雲

――本願寺派宗学と西洋の対峙

内手弘太

一　前田慧雲の修学歴とその特徴

前田慧雲《えうん》（一八五七〜一九三〇）は、伊勢国桑名町（現・三重県桑名市）の真宗本願寺派西福寺の長男として生まれた。彼は、「大乗仏教大衆部起源説」を論じた仏教学者として、あるいは、真宗本願寺派の宗学に歴史的研究を導入した宗学者として、積極的な評価を受けている(1)。

幕末の動乱期に生を受けた前田は、少年期から青年期にかけて漢学塾で学び、一八七五（明治八）年、一九歳で、その年四月に近代的学校制度に改編されたばかりの西本願寺の学問機関である学林に遊学。この時、本願寺派教団近代化の中心人物であった赤松連城に認められ、公私にわたって庇護を受けた。翌年、学制改革に伴い開設された西山教授校に移り、一年ほど勉学に励んだ。卒業後は、広島や和歌山の西本願寺小教校で教員を務め、一八七八年九月から翌年冬にかけて、西本願寺留学生として三井寺の学僧大宝律師に師事し、天台宗学の研鑽を積んだ。一八八〇年、二四歳の時、父覚了の死去に際して住職を継ぐも、一年後、京都に出て本山に奉職した。一八八四年四月には、再び留学生として九州に遊学し、宗学者松島善譲の私塾で宗学研究に励んだ。

こうした前田の学問遍歴を窺った時、その内実はさておき、同時代の人物に比べ、江戸期以来の伝統的な宗学研鑽に励んでいたといえる。例えば、前田の学友であった藤島了穏は、西山教授校卒業後、本願寺派第二一世法主明如（大谷光尊）の命により、法律を学ぶために東京へ、また一八八二年から七年間、フランスに留学している。あるいは、帝国議会の議員となる菅了法も、本願寺派の留学生として、一八八二年にオックスフォードへ。さらに、『仏教小史』を著したことで知られる藤井宣正は、西本願寺留学生として慶應義塾に入学し、その後、東京帝国大学で学んでいる。彼らと比較すれば、前田は他の近代仏教の先駆者たちとは異なり、直接「西洋世界」を見聞した、もしくは近代的な機関で学んだとは言い難い。むしろ、そうした場所とは程遠いところで仏教研究を行い、思想を形成していったといえよう。

たしかに、前田は東京大学の講師をはじめ、様々な教育機関で教壇に立った近代日本屈指の仏教学者であった。ただ、彼の内面を丁寧に覗けば、宗学を近代化していくことが念頭にあったと考えられる。高輪仏教大学事件で僧籍を一時剝奪されるものの、本願寺派の教学研鑽機関である宗学院長や龍谷大学学長などを歴任し、さらには真宗本願寺派新法主学問所出仕（大谷光瑞の教育係）を務めるなど、一九三〇（昭和五）年に七四歳でその生涯を閉じるまで、前田は常に本願寺派教学の先頭に立ち続けた。

このような前田の生涯と西洋世界との関係性を考えるならば、本願寺派教団がいかにして西洋世界の知識を輸入したのかを踏まえながら検討する必要があるだろう。そこで本章では、本願寺派教団の動向を考慮しつつ、前田がどのように西洋由来の仏教学や思想に対峙したのか、または受容したのか。そして、それが宗学の場にどのような影響を与え、その後の本願寺派における宗学（真宗学）を方向づけたのか、併せて検討していく。

二　真宗本願寺派の教育制度の変遷と西洋

一八八四（明治一七）年八月の教導職廃止は、仏教教団の僧侶養成における一つの転換期であった[2]。中西直樹が指摘するように、明治以降に設立された「教校」「学林」「檀林」といった教導職養成学校は公的な存立意義を失い、官立学校やキリスト教主義学校などとの競争を余儀なくされた[3]。そうした時代の動きに、本願寺派教団はいち早く対応し、同年九月二二日、宗学のみならず一般学問を広く教授し、信者であれば入学に僧俗を問わない教育機関として、普通教校を開校した[4]。普通教校の様々な動きからは、西洋への強い関心を垣間見ることができる。例えば、後に海外宣教会と名称を変える「欧米仏教通信会」が普通教校の教員を中心に創設され、また学生有志が組織した反省会の機関誌『反省会雑誌』には、欧米やキリスト教に対する言説が多数見られる。さらに、同校の英語教員であった松山松太郎を中心に、アメリカの神智学協会と交流し、英字紙 *The Bijou of Asia*（『亜細亜之宝珠』）や『海外仏教事情』などが創刊されていく[5]。こうした欧米との交流や関心が、普通教校の開設をきっかけに広がっていった[6]。

普通教校は、その後、一八八八年に「文学寮」と改称し、宗学を専門に教授していた「大教校」から名を改めた「考究院」「内学院」とともに「大学林」に包括される。しかし組織改編の背後には、本願寺派内の「守旧派」と「開明派」の対立があったとされ、合併後もその対立は収まらなかった。

そのため、一八九一年七月に「文学寮規則」が発布され、文学寮は大学林から独立した。ここには様々な思惑があったと指摘されているが、(7)独立する前後の文学寮には、西洋帰りの中西牛郎や藤島了穏、東京で学んだ藤井宣正といった人物が次々に教員として登用された。若手仏教者たちは、彼らから最先端の仏教論や宗教論を受容することで、その後の「新たな仏教」を形成していった。(8)そのような空気のなかで、宗学の近代化も進められた。その中心にいたのが、前田慧雲であった。

三　宗教改革と前田慧雲——歴史的研究の導入

先に見たように前田は、海外や近代的な教育施設で学んだわけではない。しかし、当時の仏教界の議論に対し、敏感に反応している。例えば、一八八九年に、『教学論集』に寄稿した「仏教百年之大計」では、

我国学士ノ間、往々西洋哲学ノ理ニ拠テ、以テ仏教ノ真理ヲ発顕スル者アリ、（中略）又国粋保存ノ説盛ニ興リテ、仏教ヲ吾国固有ノ美徳トシテ、之カ護持ヲ試ムル者アリ、然ルニ、仏教ノ威勢ハ、之カ為ニ少シモ隆盛ヲ加フルノ傾向モアラスシテ、猶耶蘇教ノ侵略スル所トナラントノ懼アルヲ免ル能ハサルハ、亦不思議ト謂ハサルヘケンヤ、嗚呼、仏教ノ運命ハ果シテ将ニ艾ラントスル乎(9)

と論じている。西洋哲学による仏教真理の発見や、仏教の護国性によってキリスト教への優位性を示す様子からは、仏教改革の火付け役である井上円了の存在が想起される。そうした状況を踏まえつつ、前田は仏教を改革するうえで「ユニテリアンとの連合」の必要性を主張した。

ユニテリアンは、一八九七（明治三〇）年に宣教師が来日し、本格的な活動を展開し始めたプロテスタントの一派である。彼らは、伝統的な三位一体・原罪・聖書に対する無謬性などを否定し、理性や合理性を重要視した。よく知られるように、文学寮教頭であった中西牛郎はユニテリアンを高く評価し、彼が文学寮在職中に著した『宗教大勢論』には、ユニテリアンを「宗教改革の先鋒者」[10]として論じている。前田も、ユニテリアンの理論を「仏教中最モ高妙ナル天台ノ三千融妙ノ法門ニ符合スル者」であるとして、その哲学性を評している。

しかしながら、ユニテリアンは、その思想が評価されただけではなかった。むしろ、彼らの聖教に向き合う姿勢が若手仏教者たちに影響を与えた。いわゆる彼らの「自由討究」という態度は、伝統的な宗学における解釈の枠組みを乗り越える歴史的・批評的な方法として、明治三〇年代における新仏教運動の理念になっていく。福嶋信吉は、こうした歴史的・批評的に仏教を考えることは、ドイツ哲学や進化論が受容された当時において珍しいことではないとしながらも、ユニテリアンは、その「自由討究」自体に思想・教義的位置をもたらした点で若手仏教者たちに影響を与えたと論じた。[11]前田も、ユニテリアンの影響により、宗学に批評的・歴史的研究を導入した存在として評価を受けている。[12]

前田は一八九一年に『真宗教史序論』を著し、その「系統篇」序述でこう示し、宗学にも歴史的研究が必要であると主張した。

現今の諸学術には大概皆其理論を説明する所の本論と、古今の進化発達を叙述する所の歴史との二科を分てり。（中略）然るに真宗の学者に於て、古来未だ其法門に就て此如く二科を分て之を研究せし者あるを聞かざりしが、余曾て諸学術の例に倣うて真宗の典籍を考究して、始めて見真大師既に此の二科を分て、其著書に於て判然として其区別を存せしことを発見せり。[13]

明治二〇年代中頃から三〇年代にかけての前田の著作を見渡せば、その多くは歴史的研究を宗学上に採用したものが並ぶ。[14] 特にこの『真宗教史序論』は、本願寺派の宗学史上で歴史的研究の地平を切り開いた著作とされる。だが、この著作を含む前田の執筆活動の前半期に著された歴史書では、あくまで「宗祖親鸞」から逆算した「系統と発達」の記述に止まっていた。それが、明治二〇年代後半に入り、仏教研究に歴史的研究が本格的に導入されることで、前田のみならず宗学も、その姿勢を進展させていくこととなる。そのきっかけの一つとなったのが、ヨーロッパで成立し日本に輸入された近代仏教学による「大乗非仏説」という問題であったと考えられる。

四　宗学と近代仏教学の出会い

本願寺派の教学や宗学と西洋世界の出会い、特に「大乗非仏説」の根幹にある近代仏教学との対峙を考えたとき、文学寮で教員を務めた藤井宣正（一八五九〜一九〇三）に注目する必要がある。[15]

藤井宣正は、新潟県与坂町の光西寺第一五世住職宣界の次男として、一八五九（明治六）年に出生した。一八七九年より三年間、島地黙雷のもとで仏典を学ぶ。一八八二年に、本願寺派の留学生として慶應義塾へ入学するも、英語を正確に学べないとの理由から退学。その後、シェイクスピア全集を翻訳したことで知られる坪内雄蔵（逍遥）などに、英学と数学を学んだという。一八八四年に大学予備門、一八八七年には東京帝国大学哲学科に進学した。藤井は本願寺派において東京帝国大学に進学した初めての人物であったといわれ、この頃、『令知会雑誌』などに、マックス・ミュラーの宗教論の翻訳や西洋の近世哲学史を投稿している。

一八九一年七月に卒業すると、明如の「藤島（了穏）を助けて文学寮を整理せよ」との命によって、文学寮に赴任する。文学寮では、「地理地文、動植物、生理、英語、心理、倫理、哲学史、会読、修辞、仏教史、等」、仏教の伝統的学問である会読から英語・地理にいたるまで、幅広い講義を担当し、また一八九二年の文学寮改正にあたり、首席教授として授業上の指針を述べるなど、文学寮の中心的役割を務めた。[16]しかし一八九七年、突如、文学寮教授を解職され、その後は埼玉県第一尋常中学校校長に任命された。一九〇〇年に、西本願寺からイギリスの政教関係の調査を命じられたために渡英し、一九〇二年には、島地大等らと大谷探検隊の一員としてインドの仏跡調査に参加したが、その翌年、フランスの地で病により亡くなった。

藤井は四〇年余りの生涯で数多くの論稿を執筆している。なかでも、文学寮在職中に刊行した『仏教小史』全二巻は、西洋の史書を通覧したうえで書かれた日本で最初の仏教史書であった。同書では、東西の説を紹介するだけでなく、例えば、仏滅年を西洋の学説を典拠として断定するなど、自身の見解も示されている。

さて、藤井の文学寮における授業の様子を、高輪仏教大学で教員を務めた梅田謙敬は次のように回顧している。

予が先生に就ひて第一に記憶するものは、彼の京都西六条の本願寺の学舎に於て、仏教古来の歴史及事実に就て、欧州学者の懐疑論を注入せられしこと是なり、予当時先生に就て哲学史を聞けるものなり、而して先生、其の話次、大乗の仏説、非仏説は元より、其の経典の多くが攙入雑揉的に成立しあるを論し、後世の仏徒が盲目的信仰の妄遇を通論するもの毎次、今日にして之を思ふ、(中略)当時予等の脳中に向つて、劇烈なる懐疑説を注入せるものは、実に先生を以て嚆矢とするなり。(17)

梅田によれば、藤井は文学寮の講義において、西洋の学者による大乗非仏説論を紹介していたという。そうした藤井の講義は、たびたび教団保守派との対立を招いたとされる。だが、藤井は『仏教小史』で、

蓋シ思フニ、大乗仏徒ノ宗義ハ、殊ニ結集等ノ如キ歴史的事実ニ重ヲ置カザル傾向アリシニヨリ、長年時ヲ送ル間ニ於テ、存留セル若干ノ史実モソノ伝ヲ失ヒ、遂ニ後ノ仏教徒ヲシテ大乗非仏説ノ妄見ヲ骨頂セシムル資材ヲ供ヘシメ、又、角ヲ矯ントシテ却テ牛ヲ殺シタルコト数次ナルガ如シ(18)

と論じるように、決して大乗非仏説論者ではなかった。指方伊織が推測するように、論難に負けない信仰を学生に確立させることを目的に大乗非仏説を講義したと、筆者も考える(19)。

こうした文学寮の雰囲気のなかで、前田慧雲は一八九六（明治二九）年より、文学寮教授を務めるとともに、宗学を中心に研鑽する大学林の講師として着任し、一八九八年には大学林副綜理に就任した。足場を大学林中心にすえるといえども、文学寮教授を務め、また藤島了穏や藤井宣正らとの親交が見られるなど、前田にとって、文学寮の動向をいかに引き受け、宗学上で対応していくかは、喫緊の課題であったといえるだろう。さらに一八九四年には、村上専精によって『仏教史林』の刊行が始まり、仏教研究の場にも本格的な歴史研究が導入された。

以上のような文学寮の雰囲気や歴史的研究の導入は、宗学研鑽の場でも多分に意識されていく。一八九九年、大学林の同窓会報から始まった『六条学報』では、方法論をめぐる論説や歴史研究を取り入れた論稿が多数掲載され、そのなかで、主要なテーマの一つとして「大乗非仏説論」も盛んに論じられた。前田も一八九七年、『三宝叢誌』に「普寂和尚大乗仏説弁」と題して江戸中期の浄土宗僧普《ふ》寂《じゃく》の論説を紹介することを手始めに、大乗非仏説論に正面から対峙していく。そこでは、藤井宣正が重要な役割を果たすのである。

五　前田慧雲と大乗非仏説

前田慧雲は、一九〇三（明治三六）年に『大乗仏教史論』を著し、「大乗仏教大衆部起源説」を主張したことで知られる。この研究は、大乗仏教と初期仏教の教理的な類似点を、文献に則して丁寧に論証しており、その後の仏教研究者に大きな影響を与えた。しかし戦後、漢訳仏典のみに依拠している点や史料論の問題などから、平川彰を筆頭に否定的に乗り越えられている[20]。ここではそうした議論に参加するのではなく、「大衆部起源説」を主張した背景について見ていくことで、前田における近代仏教学の受容を明らかにしたい。

前田の大乗仏説論を窺うと、普寂の論説を基礎として、大乗は仏説であることを論じていると考えられる。西村玲が詳述するように、普寂は、大乗教を釈尊が密かに伝えたものであると主張した。彼は、第二結集による根本分裂が行われる以前、釈尊滅後直後の第一次結集の時に、すでに後の大衆部（後番大衆部）へと連なる「前番大衆部」なる集団がいたとする。そして、この「前番大衆部」に大乗が秘密裏に伝わっていたと述べた[21]。前田も『三宝叢誌』に、普寂の主張が明確にあらわされた『顕揚正法復古集』を紹介し、「是亦近来の説を圧伏するに足るの力ある者に非すと雖も、此種研究の参考としては、一読の価値ある[22]」としている。

前田は『大乗仏教史論』で、仏の直弟たる目連造の『（阿毘達磨）法蘊足論』に語気として大乗に酷似するものがあるだけでなく、提婆設摩造の『（阿毘達磨）識身足論』に、目連が大乗的思想の「過未無体」を述べていることへの批判が見られると論じた。そのため、目連がすでに大乗的思想を有していたと主張した。また精緻な文献研究から、初期経典といわれる『四阿含経』中にもすでに大乗的思想が含まれており[23]、さらに、根本分裂以前に「萌芽を発し居」たと述べたのであった[24]。

しかし同書に先立って、『高輪学報』（第一・二号、一九〇一年）に掲載した「大乗非仏説に対する考」（『大乗仏教史論』の付録として「大乗仏説考」の名称で所収）では、仏滅五〇〇年の段階に大乗経典が存したことを客観的に証明することができたとするも、

仏滅四百年代已上の事に至りては、僅に二三の伝説に依て主観的に其消息を考へるに止りて、之を客観的に証明し得べき材料とては殆ど之なしと云ふも可なり。是故に大乗非仏説を反証して、以て大乗仏説論を確立せしめ得べき事は、此一科即ち支那訳典籍中に散見する所の歴史的事実の

みにては到底なし能ふべからざるものなり。[25]

と、それ以前に大乗の教えがあったか否かの論証はできないと述べていた。それが、その約二年後に著した『大乗仏教史論』では、積極的に「大衆部起源説」を論じるのみならず、部分的にではあるが、根本分裂以前に大乗的要素が見られると指摘するに至っている。それは、村上専精が一九〇一年に『仏教統一論』を刊行したことを承けて、白髪になるまで悩みぬき[26]、文献研究を精緻に行ったことが最たる理由であろう。ただそれに加え、藤井宣正によって西洋の研究書が紹介されていたことが、前田の見解を後押ししたと考えられる。

『大乗仏教史論』では、藤井の『仏教小史』で紹介された史料やその見解がたびたび参照されている。前田は、とりわけ第二結集での上座部と大衆部の分派について、『仏教小史』を「参酌して詳に叙せり[27]」と重要な論拠として活用した。前田は根本分裂の起因となった「十事の非法」をめぐる争論を紹介したうえで、「諍論は単に律に就ての諍論に止りし乎、将又教理の異同にも関係ありし乎」と疑問を呈した。そして、『仏教小史』で引用された『ディーパヴァンサ（島史）』（なお藤井はリス・デイヴィス『仏教』から紹介）を典拠として、教理の側面も争論に関係すると主張した。藤井も同書を引用し、魔訶提婆（大天）によって二部に分立したのではないと述べ、「諸大乗経ヲ取リテ小乗教ニ雑糅セルコトモ、ソノ以前ヨリ既ニアリシコト疑ナシ[28]」と論じている。根拠とされた『ディーパヴァンサ』は次の文である。

大衆（東都）ハ宗教ヲ破壊セリ、古経典ヲ棄テ、新経ヲ摂取セリ、甲処ノ議論ヲ乙処ニ移シテ法義ヲ紊乱セリ、五「阿含」ノ教義ヲ乱リ、昏迷ニシテ正義ヲ知ラズ、自家ノ言ヲ仏陀ノ真説ト説ケリ、[29]

前田はこの説示を受け、さらに教理上の分析を合わせることで、大衆部が唱える教理は「仏滅後第一回結集の際より第一世紀を通じて諸遺弟の間に相承し来れる思想」であると指摘した。そして、大衆部の教理は、大天が目連の思想である大乗教的思想を相承し宣揚したものである、と論じたのであった。

このように前田は、普寂が論じた「前番大衆部」という考えを引き受けながら、藤井宣正によってもたらされた、南伝を中心とする西洋の歴史的仏教研究の成果を反映させることで、大乗的思想が初期仏教から連なることを述べた。もちろん、前田自身も自覚しているように、決して大乗経典が釈尊の直説であると証明できたわけではない。ただ、西洋由来の近代仏教学の影響から、大乗非仏説が隆盛を極め、保守派と進歩派の対立が見られるなかで一定程度の支持を受け、大乗起源をめぐる文献学研究の嚆矢となった。この事実は、日本仏教の性格を象徴するものといえよう。なぜなら、その内実を窺えば、村上専精とそれほど変わらないように思えるからである。村上は『大乗仏説論批判』で、前田の大乗仏説論を批判している。だが、末木文美士が指摘するように、同書において、他方で大乗が大衆部から展開したと推測している様子が見られる。[30]いずれにせよ、前田説は広く支持されていく。

そこには、宗派仏教が主流を占め、その根本にある大乗仏教こそが正当な仏教であることを主張し続けたい、日本仏教者たちの特徴が現れているといえよう。

ところが、こうした一連のつながりとして捉える意識は、宗派の教義や思想にも影響を及ぼすことになる。そこに、前田のみならず、日本仏教者が西洋との出会いを通して抱えた次なる課題があった。

六　大乗仏教としての「真宗仏教」

前田は『大乗仏教史論』で、大乗仏教と初期仏教の連続性を主張した。こうした主張は、従来「小乗仏教」に対する大乗仏教の教理的優越性を論じてきた日本の仏教者たちの意識に、変化をもたらした。つまり連続性を主張することで、日本の仏教者は、初期仏教と大乗仏教の教理的な連続を論じたうえで大乗の優位性を示すという課題を背負うことになった。それは、宗学者にとって初期仏教に見られる大乗仏教的思想に基づき、自宗の教学を語り直すことであった。

前田は『大乗仏教史論』で、馬鳴が論じた「真如縁起」と龍樹が示した「諸法実相」が、大衆部にも見られると述べた。そのうえで、前田は馬鳴『大乗起信論』を龍樹以前として位置づけ、両者の相違は表面上にすぎず、同一法門であると主張した(31)。さらに浄土真宗に至る展開を示すなかで、わざわざ「龍樹大士の易行品は、全く起信論の説を相承して之を敷衍したものなり(32)」と論じている。前田在世時より、『大乗起信論』の撰述は龍樹以前とは考え難いとする指摘が見られ、彼もそうした見解を知っていただろう。にもかかわらず、浄土思想上からいえば龍樹より以前に成立していると主張し、前田は『大乗起信論』から仏教を統一的に捉えようとした(33)。

もちろん、『大乗起信論』を大乗仏教の典型とすることは、村上専精や鈴木大拙にも見られ、決してめずらしいことではない。また、浄土教の源流とする考えも、近代日本で再び脚光を浴びた鎌倉後期の華厳宗僧凝然による『八宗綱要』（一二六八年）にも、「浄土宗教、（中略）源出二於『起信論』一、継在二龍樹論教一。天親菩薩、菩提流支、曇鸞、道綽、善導、懐感等、乃至二日域一、或作二解釈一、競而弘通」(34)とあるように、古くから見られる。しかし、言うまでもなく、親鸞は『大乗起信論』の著者とされる馬鳴を「真宗の伝統」として位置づけていない。そのため、『大乗起信論』と真宗教学をどのように会通していくかは、前田に課せられた問題であった(35)。

前田は明治三〇年頃に著した「印度浄土教史」で、『大乗起信論』には、後代に展開する浄土教の要素がすでに備わっている。しかし、親鸞が浄土教の系譜としなかったのは、「阿弥陀仏の本体に対する理想的観念、及び阿弥陀仏と吾人凡夫との関係、幷に念仏の行相」などが判然としないためであると論じた。そのうえで、だが、『大乗起信論』全体を見渡せば、「阿弥陀仏の本体」や「仏と衆生の関係性」について示されていると述べた。

> 若し起信論の全体を通観して精く其義趣を察するときは、阿弥陀仏の本体、及びそれと吾人との関係は十分に説尽して、尚ほ余りあるを見るなり。換言せば起信論一部は、阿弥陀仏の本体と生

仏の関係とを説明せんが為めに制作せられたるものなるやの観あるなり[36]

さて、前田は大衆部と大乗思想の連続性を「真如縁起論」を中心に見ている。詳細な議論は避けるが、前田は、「真如縁起は如来蔵縁起とも称す。如来蔵といふは具には如来蔵心と云ふ。所謂自性清浄心」であるとし、これは西洋哲学的にいえば「絶対的唯心論」であると論じた[37]。そのため、本来的に衆生と仏は相違しないと主張する。

仏陀と衆生との関係は如何といふに、吾人衆生も亦仏陀と同く、宇宙理体が因果的に現象したるものに外ならず。たゞ其因に染浄の別異あるのみ。即ち妄想妄業を因縁として現象したるが吾人衆生たるなり。因に別異ありと雖も、其体は同一の真如即ち宇宙の理体なれば、衆生の表面一方は迷妄にして他の裏面一方は真実なり。換言すれば、衆生の裏面は即ち仏陀の法身なりと謂ふべきなり[38]。

しかし、こうした教理構造は阿弥陀仏を本師本仏とし、一般的に救済教とされる真宗教義にとって必然と問題になる。前田も、「阿弥陀仏と他の十方諸仏との主判的関係」や、「衆生が阿弥陀仏を信念する其信象行相は純他力的なりや、将半他力的なりや」といった仏性の問題は、解決しなくてはならないと述べた[39]。では、前田はいかに応答したのだろうか。

前田は一八九一年に刊行した『真宗教史序論』で、善導『往生礼讃』や親鸞『入出二門偈』を引用し、「此等の他力の法門に就ては、阿弥陀仏独り諸仏の本源即本師の資格を有して、他の諸仏は皆其末仏分身の位地に立つ者なることを顕」わしていると述べていた[40]。だが、一九〇〇年に刊行した『仏教古今変一斑』に至ると、

聖人の阿弥陀仏に対する論に時間空間二種の説ありて、而してその時間的論即十劫久遠の説は、本典に於て未だ顕はに之を説出せず[41]。

と論じている。ここで前田は、親鸞から本師本仏のような説示を確認することはできるが、教理上では露わになっていないと説示した。そして、親鸞の孫である覚如が「対日蓮策として、阿弥陀如来を以て三世諸仏の本師本仏なり」と強調した、と論じたのである[42]。

一方「仏性」についてはどうか。この点に関して、前田の文言から具体的な変遷を窺うことはできない。しかし、『仏教古今変一斑』で、『起信論』に説かれる真如薫習の二義（体・用）を、阿弥陀如来の実相身（法性法身）と為物身（方便法身）に当てはめ、弥陀（名号）と衆生の関係性を捉えている様子が見られる。

前田は阿弥陀仏について解説する箇所で、本願寺派第三代能化である若霖の『正信偈文軌』の大要を示した。そこでは、弥陀の実相身を一切衆生の心性として捉え、「常恆に衆生の心性中に薫発」し

ている。そのうえで、阿弥陀仏の光明は名号（為物身）として示現しており、その名号を聞信する者は「光明即名号」のために、たちどころに無明を破し、心性中の実相身と相融する。それにより、仏果に至る因縁が成立するとされる。若霖は仏性を認める立場に立つとされるが、一切衆生の心性（仏性）は、弥陀の実相身が遍満したものである。ただ、衆生はこれが自己の心性であり、弥陀と相違しないことを知らない。その衆生が為物身である名号のはたらきを受けることで、衆生身中の如来の心性と合わさり、往生の因縁が成就するという(43)。前田は、阿弥陀仏を説明するために、この説を唯一詳述した。そのことは、若霖の解釈を評価していた証左といえるだろう。

以上のように前田は、如来のはたらきを基調としつつも、些細な変遷ではあるが、『大乗起信論』に基づき真宗教義を再解釈し、教理上における本師本仏説を否定して仏性を認める説示へと移行させたのであった。

さてこうした問題は、前田のみならず宗学の現場でも共有されており、本願寺派の宗学において、重要な転換点になったと考えられる。やや脱線した話になるが、結論に代えて見ておくことにしたい。

七　本願寺派における宗学の展開

先に述べたように、前田は明治二〇年代中頃から、本願寺派の宗学に歴史的研究を提唱・導入し、宗学近代化の道筋を示したとされる。特に、一九〇一（明治三四）年に発表した「宗学研究に就て同窓会諸君に白す」（『六条学報』第六号）は、宗学に対して厳しく変革を迫った論稿であり、現在の真宗学の下地をつくったとされる。前田は同論稿で、「宗祖眼的解釈」を否定し、「真宗法門成立の順序」を意識しなくてはならないと述べた[44]。つまり、親鸞を起点として浄土三部経や七祖の書物を解釈するのではなく、歴史的順序を意識し研鑽することを求めたのである。

こうした主張の背景には、同論稿を掲載する二カ月前の一九〇一年一〇月における本願寺派第二六回定期集会で、「宗義ニ関スル著書取締条例ノ建議」（議案提出者・松嶋善海）なるものが提出されたことが関係する。議案が提出された理由の一つとして、「大乗非仏説仏教統一論」が挙げられ、そのような「異解」が宗門に生じることを予防するために建議された。そして、「若宗義ニ違反スルノ文書ト認ルトキハ直ニ其出版ヲ差シ止メ」ると示された[45]。この建議を受けて、前田は宗学研究法についての論稿を発表した。さらに同論稿では、一例として本師本仏の議論へとつながる「十劫久遠」という阿弥陀仏の問題を論じ、研究意識の改革を求めており、前田の念頭に「大乗非仏説」により生じた真宗の再解釈があったことを想起させる。

此の理は如何、此の物、此の事は如何。即ち理そのもの、物そのもの、事そのものに就て、真理実相を研究することに改めたきものなり。一例を挙げて云へば、十劫久遠の如き、如何なる経文の証拠ありや、又は祖師の此の御言は如何なる意味ぞと云ふ研究よりは、寧ろこの十劫久遠と云へる中に、如何なる真理を含有し居る乎と云へる研究を致したし[46]。

しかしこのような提言が、教団内ですんなりと受け入れられたわけではなかった。前田も、宗学変革に関する論稿の翌々号（第八号）に、「『宗学研究法に就て』の弁」と題する論稿を発表した。そこでは「安心を除て外義解なれば」と、法主に帰属する「安心」と「義解＝解釈」を区別した[47]。それは前田に限られたことではなく、その後に刊行された書物では、「教義史（親鸞と歴代法主を対象とする安心）」と、「宗学史（江戸期以降の宗学者による親鸞教義解釈）」が分けられ、真宗教義の展開が描写されている[48]。ただ、こうした制限によって、本願寺派の宗学は独自の歩みを見せていくことになったともいえよう。それは、前田慧雲のその後の活動とも重なり合う。

大乗非仏説が論壇を賑わすと、先に見たように、「本師本仏」および「仏性」が問題になった。こうした思想の問題に対し、宗学者以外からも解釈や批判が寄せられた。例えば、文脈は少々異なるが、姉崎正治（仏性肯定）と境野黄洋（仏性否定）が、「他力救済と仏性」について雑誌を跨いで議論している。それに対し、本願寺派の宗学者是山恵覚は、江戸期の宗学者である石泉僧叡の論説を読みやすい形で『三宝叢誌』に寄稿し、間接的ではあるが、真宗教学の立場から応答している[49]。石泉僧叡は、仏性を肯定する立場として、最も精緻な理論を明示した宗学者であった。北村教嚴によると、前田慧雲も、仏性を否定する僧鎔から石泉僧叡へと、その依拠する学説を変えていったとされる。

師は原口針水師に就いて宗乗を学び、明教院僧鎔師並に石泉僧叡師のものを愛読された。始めの中は、僧鎔師の学説の随喜して居られたが、晩年に及んで、石泉師の学説に最も敬意を表せられた。石泉師を以て古今独歩の宗乗学者と為し、祖師聖人の心髄を捉へて、是を学説に編み込んで、宗乗を建設したる事は、此人の右に出づる者なしと讃仰して居られた(50)。

ところが、『龍谷大学三百五十年史』にも論じられるように、石泉僧叡は当時の宗門で否定的な評価を受けていた。大教校・大学林時代には、彼の著作や学説は無視され、図書館にも所蔵されていなかったという。しかし仏性論の議論に際し、是山恵覚は真宗教学の立場として、石泉僧叡の学説を掲載した。さらに、是山によって多数の著作が復刻・刊行され、宗学界に公開されると、石泉僧叡の教学理解は一つの「解釈」として市民権を得ていく(51)。こうした動きは石泉僧叡に限られたことではない。前田が若霖の学説を参照して阿弥陀仏について示したように、本願寺派の宗学者は、江戸期の教学解釈を紹介・分析することで、時代に起こる教学や思想の問題に対し自身の立場を鮮明にしていった。というよりも、「安心」との関係で教学解釈が制限されるなかで、自らの思想を表現する手段として活用したとも考えられる。

西洋由来の近代仏教学によって教学解釈の再考が求められるなかで、積み重ねられてきた多様な教学解釈が公開された。それは、大正期における前田慧雲の活動へとつながると同時に、現在の真宗学を形作っていった。一九一三年より、『真宗全書』が妻木直良を中心に編纂・刊行されるが、前田はその編集顧問として編集指導を行っている。この全書は全七四冊を数える一大叢書であり、江戸期の宗学者の著作が幅広く掲載された。もちろん、辞書や大蔵経の出版が活発に行われていた一般学術界や仏教界の状況が、『真宗全書』の刊行を後押しした。だが、江戸期の著作を、学派に偏ることなく網羅的に収集した『真宗全書』の制作には、当時の宗学の問題関心や姿勢が表れているともいえるのではないか。そして、こうした江戸期の著作を重要視する姿勢は、その後、本願寺派宗学（真宗学）における一つの特色となっていくのである。(52)

註

（1）龍溪章雄「前田慧雲にみる近代真宗学形成の前駆的性格――方法論の定位をめぐって（上）」（『龍谷大学論集』第四三四・四三五号、一九八九年）など。なお、前田の生涯についても、同論稿を参照している。

（2）林淳「宗教系大学と宗教学」（『季刊日本思想史』第七二号、二〇〇八年）。

（3）中西直樹「明治期仏教教団の在家者教育の一齣――一八九二年「文学寮改正事件」と中西牛郎」（赤松徹眞編『日本仏教の受容と変容』永田文昌堂、二〇一三年）。

（4）ただし、谷川穣が指摘するように、僧俗（緇素）の範囲は議論になっていた（谷川穣「明治前期における僧侶養成学校と「俗人教育」――真宗本願寺派普通教校の設置をめぐって」〈『日本の教育史学』四六巻、二〇〇三年〉）。

（5）中西直樹・吉永進一『仏教国際ネットワークの源流――海外宣教会（1888年～1893年）の光と影』（三人社、二〇一五年、第一章）。

（6）しかし吉永進一によると、神智学は一部で称賛されたものの、宗門関係者にとって、仏教復興や海外宣教の道具にすぎず、思想内容への関心は薄かったようである。その要因として、小乗仏教より大乗仏教のほうが優れているといった日本仏教者たちの先入観が、神智学が提携していたセイロンやビルマの南方仏教に対してあったためとされる（吉永進一「オルコット去りし後――世紀の変わり目における神智学と〝新仏教徒〟」〈『近代と仏教』第四一巻、二〇一二年〉）。
（7）中西註（3）前掲論文。
（8）大谷栄一「明治期日本の「新しい仏教」という運動」（『季刊日本思想史』第七二号、二〇〇八年）。
（9）前田慧雲「仏教百年之大計」（『教学論集』第六一編、一八九〇年一月）。同論稿は「蔬香逸史」という名前で掲載されている。雑誌『新仏教』所収の「将来之宗教」のなかで、前田自身が『教学論集』に「百年之大計」を掲載したと述べている。
（10）中西牛郎『宗教大勢論』（興教書院、一八九一年）、一四四頁。
（11）福嶋信吉「明治後期の「新仏教」運動における「自由討究」」（『宗教研究』第七二巻第一輯、一九九八年）。
（12）岩田真美「明治期の真宗に見る新仏教運動の影響――高輪仏教大学を事例として」（『真宗研究』第五八輯、二〇一四年）。
（13）前田慧雲『真宗教史序論』一八九一年（『前田慧雲全集』〈以下『全集』〉第四巻）、三三二～三三三頁。
（14）龍溪註（1）前掲論文、一〇六頁表参照。
（15）藤井宣正の生涯は、島地大等編『愛楳全集』（森江書店、一九〇六年）を参照。
（16）龍谷大学三百五十年史編集委員会編『龍谷大学三百五十年史』通史編上（龍谷大学、一九九一年）、四八八頁。
（17）梅田謙敬「藤井先生逸事の一二」（島地大等編『愛楳全集』〈森江書店、一九〇六年〉）、六五七～六五八頁。
（18）藤井宣正『仏教小史』第二巻（『現代仏教名著全集』第四巻、印度の仏教(3)、隆文館、一九七二年）、一九三頁。
（19）この節における藤井のエピソードは、指方伊織「近代真宗史における大乗非仏説論の意味」（『真宗研究』第五三号、二〇〇九年）を参照している。
(20) 平川彰『初期大乗仏教の研究Ⅰ』（『平川彰著作集』第三巻、春秋社、一九八九年）。
(21) 西村玲『近世仏教思想の独創――僧侶普寂の思想と実践』（トランスビュー、二〇〇八年）第五章参照。
(22) 含潤道人「普寂和尚大乗仏説辯」（『三宝叢誌』第一五五号、一八九七年二月）、六～九頁。
(23) 前田慧雲『大乗仏教史論』一九〇三年（『全集』第一巻）、二二一～三二二頁。
(24) 同前、五～六頁。
(25) 前田慧雲「大乗仏説考」（『全集』第四巻）、三三三頁。
(26) 和田徹城「前田慧雲を語る」（『現代仏教』一〇五号、一九三三年、六六二～六六五頁）。
(27) 前田註(23)前掲書、二二二頁。
(28) 藤井註(18)前掲書、二〇〇頁。
(29) 同前、二〇〇頁。
(30) 末木文美士『思想としての近代仏教』（中公選書、二〇一七年）、第四章。
(31) 前田は「大乗諸法実相論即ち無相皆空論は、従前の学者は多くは龍樹菩薩の創唱する所のものとなせども、其実は龍樹菩薩に先つて馬鳴菩薩既に同一の説を唱へたるなり」（『大乗仏教史論』一二八頁）と論じている。
(32) 前田慧雲『仏教古今変一斑』一九〇〇年（『全集』第一巻）、三七〇頁。
(33) 前田慧雲「起信論の勧帰浄土の段と易行品との比較」一九一〇年（『全集』第四巻）、一四七頁。
(34) 凝然『八宗綱要』巻下（『大日本仏教全書』巻三巻、三九頁上～下）。
(35) もちろん、本願寺派の安居において、江戸期以来（一八四四年の普天）、『大乗起信論』はテキストになっている。（『真宗人名辞典』附録、三一～四三頁参照）。
(36) 前田慧雲「印度浄土教史」（『全集』第四巻）、一二七頁。

(37)前田註(23)前掲書、九二頁。
(38)前田註(36)前掲論文、一二一頁。
(39)同前、一二二頁。
(40)前田註(13)前掲書、三二三頁。
(41)前田註(32)前掲書、三八一頁。
(42)同前、三九七頁
(43)村上速水「真宗教学史における仏性論議の回顧と問題点」(『龍谷大学論集』第四〇四号、一九七四年)参照
(44)前田慧雲「宗学研究法に就て」一九〇一年一二月(『全集』第四巻)、三一六頁。
(45)浄土真宗本願寺派宗会編『本願寺宗会百年史』史料編下(浄土真宗本願寺派宗会、一九八一年)、二二三～二二五頁。龍溪註(1)前掲論文参照。
(46)同前、三一二頁
(47)前田慧雲「『宗学研究法に就て』の弁」一九〇二年三月(『全集』第四巻)、三一四頁。
(48)龍谷大学三百五十年史編集委員会編『龍谷大学三百五十年史』通史編上、五四〇～五四三頁参照。
(49)姉崎正治「真宗及基督教の中心問題」(『日本宗教』第二巻第三號、一八九六年三月)、同「他力解脱の概念并其基礎」其一～其二(『反省雑誌』第十一年第四～五号、一八九六年四～五月)、境野黄洋「純粋他力解脱」(『新仏教』第百十六號、一八九六年七月)、同「純粋他力論」(『新仏教』第百十九號、一八九六年一〇月)。掲載年は前後するが、境野は一本目の論稿で姉崎の『反省雑誌』を取り上げ、二本目で「近刊の『日本宗教』に於て、「真宗及ひ基督教の中心問題」と題して公にせる一論文は、(中略)暗々に「純粋他力説」を駁し嘲りたるものと見ゆれば」として、「純粋他力論」を著したと述べている。
姉崎の初めの論稿からもわかるように、この一連の論稿はそもそもキリスト教と真宗の比較をしたものであ

る。そのなかで、姉崎は「浄土真宗の弥陀経は仏性教に転進せざるべからず」と述べた。それに対し、その二本目の論稿で、姉崎は『大乗起信論』を引用したうえで、「此宗教観が所謂七高祖を経て今日の真宗を生み出せしは人の熟知せる所」であると論じている。こうした一連のやり取りに対し、真宗大谷派の巴陵宣教が「他力成仏と仏性との関係に就て」と題する論稿を『三宝叢誌』(第一五七号、一八九七年四月)に掲載し、応答している。それに続いて、是山恵覚が以下の石泉の仏性論を同雑誌に掲載している。石泉僧叡「真宗仏性論」(『三宝叢誌』第一五九号、一八九七年六月)や、同「妙法蓮華」(『三宝叢誌』第一六二号、一八九七年九月)など。なお「妙法蓮華」の初めには「妙法蓮華トハ如来蔵ノ異称ニシテ」とあり、仏性の議論を意識したものが紹介されていると考えられる(杉紫郎「明治時代に於ける真宗学の大勢」〈『龍谷大学論叢』第二九三輯、一九三〇年〉、五一~五七頁参照)。

(50) 北村教嚴「前田慧雲師を憶ふ」(井上哲雄編『前田慧雲師語録』〈興教書院、一九三一年〉)、四八二頁。

(51) 龍谷大学三百五十年史編集委員会編『龍谷大学三百五十年史』通史編上、五三三頁。是山恵覚が石泉僧叡の書物を公開したことで、彼の学説が復権したと指摘される。『三宝叢誌』に掲載された時期などを考慮すると、その背景には「大乗非仏説」などの近代仏教の影響があったことが推察される。

(52) 末木文美士は「大谷派系が清沢の影響下に、個人の信仰に基づいた主体的な受け止めを重視するのに対して、本願寺派では近世の注釈を重視し、客観的に理解しようとする傾向が強い」と指摘するが、そうした背景には教団と宗学の関係性があったといえる(末木文美士『親鸞——主上臣下、法に背く』〈ミネルヴァ書房、二〇一六年〉、一一一~一一三頁)。

Ⅱ　留学と翻訳

南条文雄

——近代仏教学と宗学のはざまで

嵩 宣也

一　南条文雄と西洋世界

南条文雄《ぶんゆう》（一八四九～一九二七）は、笠原研寿《けんじゅ》（一八五二～八三）と共にイギリスに留学し、いわゆる「近代仏教学」を日本にもたらした碩学として知られる。本章では、南条文雄と「西洋世界」との接点を広く取り上げ、近代仏教学と宗学のはざまで揺れ動く、南条文雄の葛藤を考察することにしたい。

一八四九（嘉永二）年五月一二日、岐阜県大垣船町の真宗大谷派誓運寺の三男として、南条文雄は生まれた（幼名は格丸という）。幼年期より、菱田海鷗と実父である毛芥のもとで習字・素読・経史を学び、特に漢学の才に優れていたという。現如（大谷光瑩）にその学術的な素養が認められ、一八七五（明治八）年には英国留学の候補生に選ばれた。

一八七六年六月、南条文雄は笠原研寿と共に英国への途についた。渡英の目的は、サンスクリット仏典を学ぶこと、なかでも浄土教の原典の翻訳にあった。渡英以前の南条の語学力は笠原に比べて、十分ではなかった。それでも、南条がサンスクリット仏典の研究にかける熱意は並々ならぬものがあった。その様子は、自伝である『懐旧録』のなかで、次のように綴られている。

　リス・デヴィス氏であるが、私がマ博士の門に投ずる前、すなわちロンドンのモリソン氏の家に寄寓していたとき、同氏はわざわざ私の寓居を尋ね、最近の著であると言って『Buddhism』一冊を私に与えられ、盛んに巴利語を研究すべく勧められたことを記憶しているが、私はどうしてもこれをがえんせず、梵語研究の初志を貫徹したのである。(1)

当時のヨーロッパ仏教学を牽引した一人リス・デイヴィスが、南条にパーリ仏典研究を持ち掛けても、彼のサンスクリット仏典研究に対する熱意が揺らぐことはなかった。その背景には、宗門の期待を背負って留学に来ているという、南条の強い使命感があったのだろう。

かくして、南条文雄は日本におけるサンスクリット仏典研究の先駆的存在となった。一八八四年、オックスフォード大学のマックス・ミュラーの指導のもと、『大明三蔵聖教目録』(*Catalogue of the Chinese Translation of the Buddhist Tripitaka, the sacred canon of the Buddhism in China and Japan*)を提出、Master of Artsの学位を取得する。南条が大成した研究業績は、通称「南条カタログ」として、仏教学研究という場において、いまなお受け継がれている。(2)

このように、南条が近代的な仏教学の手法を日本にもたらした偉大な学者であったのは疑いようのない事実である。だが、その一方で、宗学者としての南条文雄の姿があったことも忘れてはならない。南条が梵文の『極楽荘厳経』(『無量寿経』)に初めて触れた際の所見には、近代仏教学者ではなく、宗学上で最も大切な点とされている第十八願成就文中、至心廻向の一句に相当する文がない」(3)。

学者としての彼の一面が垣間見られる。当然のことながら、南条は近代仏教学者である前に一人の宗門人なのである。しかし、こうした南条の持つ二面性は、翻訳を通じて西洋世界と対峙するなかで、あるジレンマを抱えることになる。

本章では、南条文雄が携わった日本仏教あるいは、真宗関連の英訳言説に注目する。最初に南条文雄が英国から帰国する一八八四（明治一七）年に、いかなる問題が日本の仏教界で起きていたのかを確認する。次に、南条が関わることで、日本仏教および真宗教義の英訳がいかに変遷したのかを考察する。最後に、明治初期に多くの英訳の現場に携わってきた南条が、なぜ日本仏教の英訳の現場から姿を消したのかを検討する（なお本論における英文は拙訳を用いた）。

二　南条文雄の帰国と大乗非仏説論

南条文雄は英国での八年間の留学を終え、一八八四（明治一七）年に日本へと帰国することになった。南条が帰国を決心した理由は、実父である毛芥院の訃報と、養母寿光院の疾病の知らせにあった[4]。英国からの帰国を前にして、南条の恩師であるマックス・ミュラーは、「なお滞英二、三年を経れば既住幾年の成果に倍するであろう。君がこちらで医学でも勉強しているならばともかく、いま帰ってもしょうがあるまい[5]」と述べ、南条をどうにかして引き留めようとしたようである。しかし、恩師の熱心な説得にも、南条の決意は揺らぐことはなかった。南条は日本への帰国を決意し、帰国後には数多くの翻訳に携わる立場になっていく。

一八八四年五月八日、南条は日本に帰着した。その同年に南条は、大谷大学教授・東京帝国大学講師を務める傍ら、『教学論集』『令知会雑誌』などにサンスクリット語の講義を矢継ぎ早に連載することになった。こうした南条文雄の活躍ぶりについては、先行研究ですでに述べられる通りである。(6)しかしその一方で、南条はある問題に遭遇する。それが、当時の日本仏教界を揺るがしていた、M・L・ゴードンによる「大乗非仏説論」であった。(7)指方伊織によれば、日本の「大乗仏教」を批判したゴードンの講演には多くの真宗僧侶、門信徒たちが訪れ、ときには聴衆がゴードンに対して詰め寄る場面もあったという。(8)このように、日本の仏教徒たちを震撼させたゴードンの「大乗非仏説論」であったが、特に南条には、この論説を無視できない大きな理由があった。それは、ゴードンの批判の多くが、南条の恩師であるマックス・ミュラーの論説を根拠とするものだったからである。実はミュラーは、南条と笠原にサンスクリット語を指導しながらも、その一方では、大乗仏教、特に浄土教には痛烈な批判を加えていたのである。(9)

たとえばミュラーは、一八八〇年の論説のなかで、浄土真宗の所依の経典の一つでもある『阿弥陀経』の異質性に注目し、次のように言及している。

阿弥陀経が釈尊の直説と全く異なることは、疑いようがない。（中略）阿弥陀仏の教義とあらゆる大乗の教義は、仏教の二次的な形態であり、釈尊の純粋な教説の堕落しきった形式である。したがって、彼らがもしも本当の仏教徒になるつもりならば、釈尊の言葉に立ち返るべきなのである。(10)

ミュラーによれば、「阿弥陀経は二次的な仏教の形態」であり、「堕落しきった形式」である。それゆえに、大乗仏教のあらゆる教義は、その根本である釈尊の言葉に戻していくことが必要なのだという。当時、徹底した「実証主義」に基づく研究が主流を占めていたヨーロッパの仏教学であったが、この研究態度はミュラーにおいても同様であり、当然、この「原典主義」ともいえるミュラーの学術的態度は、教え子である南条と笠原にも求められた。

南条文雄と笠原研寿がサンスクリット語とパーリ語を懸命に勉強し、日本に帰国してから素晴らしい成果を挙げることを願っている。もしも、ほかの若手僧侶が日本から私のもとに来るのであれば、時間が許す限りは、いつでも彼らに指導し、彼らの献身的な努力に手を貸そう。(11)

ミュラーは南条や笠原のような熱心な日本人僧侶が英国に留学し、サンスクリット語もしくはパーリ語を学ぶことに好意的な態度を示しており、日本から若手僧侶が学びに来ることも歓迎している。だがその一方で、大乗経典に対するミュラーの評価は、あくまでも異端の仏教（Buddhism）というものであった。

「東洋のイングランド」と呼ばれる日本には素晴らしい未来があると私は信じている。それゆえ、何を差し置いても、彼らの宗教（Religion）を原典の教えへと浄化（purify）することは、重要な

ことなのである。(12)

ミュラーが「Buddhism」であると認めるもの、それはあくまでも釈尊の直説、すなわちサンスクリット語、あるいはパーリ語に基づいた仏教なのである。そのため、日本仏教が西洋でいう「Buddhism」として認められるためには、日本仏教の教義をサンスクリット仏典に回帰させることが急務なのだという。文中の「浄化する（purify）」という言葉からもわかるように、ミュラーが大乗経典を純粋な仏教ではないと評していたのはあきらかであろう。

南条が帰国後に直面したゴードンの「大乗非仏説論」は、ミュラーの浄土教批判を援用し、日本の仏教の在り方を論難したものであった。また、それだけに留まらず、ゴードンは論説の最後で「南条と笠原は、英国留学後に自らの宗派を釈尊の教義とは異なる、馬鹿馬鹿しい教説に依った仏教なのであると発信するのだろうか。彼らの反論を待とう(13)」と挑発的に締めくくっている。こうした「大乗非仏説論」に基づく浄土教批判は、南条の帰国後にも衰えることはなかった。

一八八四年、ゴードンの講演筆記である「仏教頼むに足らず」が『六合《りくごう》雑誌』に掲載される。ゴードンは講演のなかで、大乗仏教だけではなく、浄土真宗に対しても批判を加えている。いわく真宗は「仏教の因果論を度外視」し、いわゆる「肉食妻帯」を容認している。それゆえに「開明に進歩しようと試みる日本」に、真宗は全く適していない仏教なのだと。(14)

もはやゴードンの「大乗非仏説論」を南条も黙認するわけにはいかなかった。ゴードンの論説に対する意見を求め、すぐにミュラーへ書簡を送付したようである。その結果、一八八四年九月一四日付で、南条はミュラーから次のような返答を得ている。

ゴードンの講義を読んでみたが、私にとって、そこまで問題のある講義ではなかった。たしかに、大乗経典の成立年代に関して、ゴードンは正確ではない。だが、大乗経典の成立年代や著者名はそもそも明らかではないのである。それゆえに、大乗の起源は、依然として謎のままである。私の印象では、インド仏教と中央アジアのサカ(Saka)の教義が混合して、大乗仏教が誕生したのではないか。だが、これはあくまでも推測である。(15)

ゴードンの一連の論説は、ミュラーにとって大きな問題にはならなかった。それどころか、ゴードンの論説に概ね賛成だったようである。大乗経典の起源はいまだに謎である。したがって、ゴードンが述べるように、大乗仏教の正当性を証明するのは難しい。最終的にミュラーは、次のように書簡を締めくくっている。

大乗には数多くの良い点や有用な教説も含まれている。だが、いうまでもなく阿弥陀仏の名を繰り返して称えることが罪人を救うなど、もはや仏教(Buddhism)の崩壊である。これは、祈り(prayers)の言葉やマリアの名前を繰り返し称えることが罪人を助ける、という教えがキリスト

教の退廃に繋がっているのと同様である。(16)

ミュラーは大乗仏教には有用な点があることを認めつつも、阿弥陀仏への「祈り（prayers）」が罪人を救うというのは、馬鹿げた話であると浄土教を強烈に批判する。そのうえで、当時のキリスト教の退廃の現状と重ね合わせるように、浄土教の思想を語っている。その論調は、あたかも、浄土教思想は仏教の退廃した結果であるといわんばかりである。

南条文雄とマックス・ミュラーが固い絆で結ばれていたことは、周知のとおりである。(17) とはいえ、ミュラーは「浄土教」を西洋の仏教学でいう「Buddhism」だと認めたわけでは決してなかった。

南条とミュラーは同じサンスクリット仏典に向き合いながら、その立場は明確に異なっていた。すなわち、ミュラーにとってのサンスクリット仏典は、ただの研究対象であり、信仰対象ではない。一方、南条にとって、サンスクリット仏典は研究対象であると同時に、信仰対象なのである。近代仏教学者でありながら、浄土真宗を信仰する宗学者でもある南条文雄のジレンマがそこにはあった。そして、南条の持つこうした二面性は、ミュラーとの間にある論争を呼び込むことになる。

三　「祈り」という言葉をめぐって――マックス・ミュラーとの論争

一八九一年の *The Open Court* 誌では、マックス・ミュラーと南条文雄の論争が紹介されている。

ミュラーは「宗教の良し悪し」を論じるつもりはないと断ったうえで、南条との論争を回顧する。その内容は、「祈り（prayer）」という言葉をめぐる南条文雄とマックス・ミュラーの討論であった。二人の論争の発端は、南条文雄がマックス・ミュラーに、「prayer（祈り）」という言葉に対して疑問を呈したことに始まる。当時の二人の討論の経緯を、ミュラーは次のように回想している。

私の良き友達であり、仏教僧でもある南条文雄がprayerに疑問を持っていることを知り、彼の教団ではprayerとは罪深いことであり、ほとんど冒瀆にも近い言葉だという事実に私は驚きました[18]。

ミュラーは浄土真宗の教えにおいて「prayer」という言葉が冒瀆にも近い言葉であるという事実に驚愕する。「祈り」は、キリスト教徒にとって日常的な行為である。したがって、キリスト教文化圏のミュラーにとって、これは当然の反応であろう。では、ミュラーがいう「prayer」とは、具体的にどのような行為を指すのか。

私は南条にprayerとは全世界に普遍的な習慣であり、人間の心の最も根源的な衝動から生じるようなものであること、つまり、prayerとは私たちの無力感を表現する唯一のものである。だからこそ、私たちは信仰を大いなる力に託せることを示しました[19]。

ミュラーは「prayer」が「人間の最も根源的な衝動」から生じるものであり、人間ならば、誰しもが持っている習慣だと主張する。人は無力であるからこそ神に祈らなければならない。逆にいえば、人間は、神に祈ることで救われる存在なのである。しかし、こうしたミュラーの反論にも、南条は納得できなかった。その結果、二人の論争は熱を帯びていく。

南条は納得しませんでした。彼は、もし私たちがその大いなる力を信じているのならば、それこそ私たちの小さな智慧は大きな智慧に対する侮辱になり、小さな智慧によって大いなる力のはたらきを邪魔することになると述べたのです[20]。

南条によれば、人間の小さな智慧は大いなる智慧を妨げることになる。すなわち、南条は罪深い人間の「prayer」は、大いなる「prayer」の妨げになるということを主張したのである。凡夫たる我々の自力の行いは、阿弥陀仏の他力のはたらきを阻害することになる。「私たちの小さな智慧は大きな智慧に対する侮辱」という南条の反論は、明らかに真宗の教義を意識したものである。だが、ミュラーも引き下がらない。南条に対して、次のように説得を試みている。

私は南条に世界には創造主がいること、我々はあらゆる自然現象の背後にはその代理人がいることを信じなければならないように作られているのだ、と説得を試みた。だが、南条は、少なくとも最初の理由（世界の創造主がいること）に対しては異議を唱えた。

南条は肯定も否定のどちらもせずに、ただブッダがそのような事柄についてのあらゆる質問を禁止してきたことを述べた。それは南条にとって、ブッダの存在が自分の心の中に宿っていることの否定でもあるのだろう。つづけて南条は、もしあなたが全知全能のすべてを愛する世界の創造主を信じるのであれば、地球上で私たちが目撃する不完全な神の創造、要するに、「苦しみ」「悲惨さ」「病気」「犯罪」に対しては、どう責任を取ってくれるのか、と私に尋ねた(21)。

南条は世界の創造主の存在そのものに異議を唱え、こうした質問自体をブッダは禁じているのだと述べる。つづけて南条はミュラーに、この世の中に起こる神の不完全な創造は誰が責任を取ってくれるのかと尋ねる。この南条の反論に対するミュラーの意見は紹介されていない。最後にミュラーは、南条との論争を次のように総括している。

私は納得したわけでも、彼の質問に返事の余地がなかったわけでもない。ただ、もしもそこに合理的な説明がなかったとしても、議論をしてみれば、最初に未知だった時よりもそれほど馬鹿げたものに見えないということがわかった(22)。

最終的に二人の論争は、ミュラーが南条に歩み寄る形で終わった。真宗の文脈で「prayer」という言葉を理解した南条、キリスト教の文脈で「prayer」を理解していたミュラー、二人の論争の原因は、こうした両者の宗教観の相違にあったのだろう。

この論争は、マックス・ミュラーが回想する形で紹介しているため、いつ頃のものであったかは、定かではない。しかし、南条文雄が実証的な仏典翻訳を試みながらも、他方では宗学者として西洋世界に向き合っていたことがよくわかる論争だといえる。

それでは、こうした二面性を抱えた南条が関わった日本仏教あるいは、真宗教義の英訳言説は、どのようなものになるのだろうか。

四　日本仏教の英訳——漢文基礎から梵文基礎へ

一八八五（明治一八）年一〇月二一日、大阪および神戸の英国領事 James Troup[23]（ジェームス・ツループ）が、日本亜細亜学会（*The Asiatic Society of Japan*）において、真宗教義の英語解説書 *On The Tenets of The Shinshiu or True Sect of Buddhists*（『英文真宗教旨』）を朗読発表した。本書は、一八七六（明治九）年に発刊された小栗栖香頂『真宗教旨』[24]を英訳したものであった。英訳の完成を目指して、ツループが南条文雄の元に足繁く通っていたことは、『令知会雑誌』二一号「仏書英訳」のなかで次のように述べられている。

大阪及び神戸英国領事ゼームス・ツループ氏は嘗て大谷派本願寺に於て刊行せし真宗教旨を英文に翻訳し近々出版する都合にて同書中仏教の成語（隠顕頓斬等）にして解釈し難き箇所を南条文雄師に質疑致し越されたり[25]

この文言からもわかるように、ツループは、真宗教義上の疑問を南条にぶつけていたようである。ただし、本書の英訳を紐解いてみると、南条が校閲者でありながら、サンスクリット仏典を原典とした英訳ではなく、漢訳仏典に準拠した英訳方法が用いられている。それは、ツループが漢文を原典とする小栗栖香頂『真宗教旨』を翻訳の底本にしていたことに起因する[26]。南条が日本仏教の英訳言説を規定していくのは、翌年のことであった。

一八八六年一二月、*A Short History of The Twelve Japanese Buddhist Sects*（邦題：『英文仏教十二宗綱要』）が発刊されている[27]。本書では、日本仏教を十二宗に分け、各宗派の翻案を英訳した[28]。その発行目的は、発行人の佐野正道が「日本仏教の十二宗派の概論[29]」を作りたいと申し出たことに始まる。そして、日本仏教の英訳全体を統括する編集者に選ばれた人物こそが、南条文雄であった。本書の序文において、南条は英訳方法を次のように規定している。

原文は固有名詞や専門用語が多かったため、私は、そのほとんどをサンスクリット語に戻し、中国語の翻訳や音訳の日本語の音を加え、英語の翻訳も加えた。サンスクリット語の名称や用語の表記には、発音区別符号を使用しないマックス・ミュラー教授の伝道アルファベット法を採用した。イタリックのkとgは英語で普通発音するためには、chとj（ママ）にするという特異性がある。これは、これらの口蓋音が側溝に由来するためである。和音の表記に関しては、ローマ字会の方法を採用した[30]。

南条は本書において、原文を一度はサンスクリット語に戻すという方法を採用した。また中国語の翻訳語と日本語の音写も加えることで、三言語間の校訂を図った。こうした業績は三カ国語に精通していた南条であったからこそ、可能であったといえる。南条文雄がヨーロッパ仏教学の最新の知見を導入した英訳仏書こそ、『英文仏教十二宗綱要』だったといえよう。こうして完成した本書を紐解くと、そこには二つの発見がある。

一つに、「大乗仏教」「小乗仏教」という分類方法を用いた点である。ヨーロッパ仏教学の研究方法においては、仏教を分類する方法として、「北伝仏教」「南伝仏教」という地域区分を使用していたことは周知のとおりである[31]。それに対して本書では、日本仏教の区分方法に基づき、「大乗仏教」「小乗仏教」という分類方法を施した。たとえば、本書では次のように「大乗仏教」と「小乗仏教」を定義している。

インドで仏陀が入滅したのちに二つの学派が存在する。一つに、上座部、二つに大衆部である。

上座部は、Kâsyapa, Ânanda, Madyhântika,Sanavâsa と Upagupta という指導者によって受け継がれた教義である。彼らは小乗仏教と大乗仏教を同様に受け継いだ弟子たちである。[32]

このように南条は、西洋で用いられた「北伝仏教」あるいは「南伝仏教」ではなく、「大乗仏教」と「小乗仏教」という分類方法を用い、歴史的な分類を施した。そうすることで、「大乗」「小乗」という日本仏教内の分類概念を国際的に拡大しようと試みたのであろう。この記述の後には、歴史的に「大乗仏教」と「小乗仏教」がどのように日本へ辿り着くのかを、二〇頁にわたり紹介している。該当箇所は、小栗栖香頂による執筆であるが、これは日本仏教を西洋の「Buddhism」の文脈に位置づけるための一つの戦略であったと考えられる。

二つに、真宗に関する英訳語の発見がある。すなわち、真宗教義の英訳において、「本願」の「願」を「Prayer」と訳出した着想である。従来の研究において、「本願」の「願」を「Prayer」と訳出した最初の人物は、鈴木大拙であるとされてきた。[33] しかし、実は本書の英訳のなかでこの着想はすでに南条によって用いられている。そのため、この訳語は大拙が創出したというよりも、明治初期の英訳者たちの訳語を、大拙が復権したといったほうが正しい。[34] そして、この訳語が登場した背景には南条文雄の存在があった。実際に、「Prayer」という言葉を用いた理由について、ジェームス・ツループは後の英訳のなかで次のように述べている。

私は、「願」の翻訳語を「Vow」ではなく、「Prayer」とすることにした、それは、ここで言われる「願」はpranidhānaと等しい意味だと知ったからである。したがって、「vow」よりも「prayer」の方が妥当である。「本願」（*On The Tenets of The Shinshiu or True Sect of Buddhist* 八頁などの翻訳）は「Great Prayer」にした方がよかった(35)。

このように「願」の訳語をサンスクリット語に照らし合わせた結果、「Prayer」が用いられることになった(36)。前述の「Prayer」をめぐる論争からも、真宗教義を解説する文脈でこの訳語を用いる危うさについては、南条は十分に認識していたはずである。にもかかわらず、「Prayer」という訳語を用いる決断を下したことになる。

本書の名声は日本国内だけにはとどまらなかった。一八八九（明治二二）年には藤島了穏（一八五二～一九一八）が本書を仏文に訳出し、フランスにて出版している。その序文において、藤島は南条に感謝の意を述べている。藤島は、南条が編集した『英文仏教十二宗綱要』を下地に本書の仏訳を試みたようである(37)。この功績が認められ、藤島はフランス政府からOfficier d Académieを叙勲、表彰された(38)。こうした事実からも、当時の仏教研究を牽引したフランスでも、本書が高い評価を得たことは間違いない。

かくして南条文雄は、近代仏教学者と宗学者という二面性に葛藤しながらも、英訳においては、徹底的に近代仏教学者の視点から翻訳をし続けた。そうすることで、日本の仏教が「Buddhism」になるための一つの道程を創り上げたのである。

五　シカゴ万国宗教会議——歴史的な英訳から教理的な英訳へ

これまで見てきたように、サンスクリット語に準拠した南条の英訳は好評を博した。にもかかわらず、一八九三年のシカゴ万国宗教会議において、南条文雄が携わった英訳が用いられることはなかった。もちろん、南条の著作が同会議に持ち出されなかった一因は、内容以前の政治的な理由にあったことも推察できる。しかし私見では、政治的な文脈のみならず、英訳仏書の内容的な問題も存在したのではないかと考えられる。最後にシカゴ万国宗教会議に持参された英訳仏書とその内容を検討することで、南条の英訳がシカゴ万国宗教会議において用いられなかった理由を考察したい。

シカゴ万国宗教会議にて、日本の仏教徒は合計三万冊以上の英訳仏書を配布した(39)。それらの書名を挙げておくならば、①赤松連城訳 *A Brief Account of Shinshiu*（「真宗大意略説」、一八七九年訳出）、②加藤正廓訳 *A Shinshu Catechism*（「真宗問答」、一八八九年訳出）、③前田慧雲編、薗田宗恵訳 *An Outline of the True Sect of Buddhism*（『真宗綱要』、一八九三年訳出）、④清沢満之編、野口善四郎訳 *The Skelton of A Philosophy of Religion*（『宗教哲学骸骨』、一八九三年訳出）、⑤黒田真洞 *Outlines of the Mahayana As Taught by Buddha*（『大乗仏教大意』、一八九三年訳出）がある。また英訳経典としては、大原嘉吉訳「四十二章経」（一八九二年訳出）が持参された。

一瞥してわかるように、いずれもが浄土教系の僧侶による英訳であった。ここで疑問になる点は、なぜシカゴ万国宗教会議では、日本仏教の各宗派を要領よく概説した『英文仏教十二宗綱要』が持参されなかったのかという点である。

先行研究において、日本仏教徒のシカゴ万国宗教会議での演説は、「釈迦牟尼の中心化」を巧みに利用したものだと評されている。(40) この特徴は英訳仏書においてもよく当てはまる。なかでも、「大乗非仏説論」に対する意識が英訳言説のなかにも反映されたことは間違いない。英訳仏書を見ていくと、そのほとんどが「大乗仏教」と「小乗仏教」という構図を用い、日本の「大乗」は「小乗」よりも優れているのだという立論がなされている。そして私見では、それこそが、南条が携わった英訳が持参されなかった一因ではないかと考えられる。例えば、黒田真洞は「大乗」と「小乗」の関係性を次のように述べている。

> 仏陀の戒律はとても広大かつ広範である。しかし、そこには常に「大乗」と「小乗」というものが含まれている。「小乗」の教義は、私たちに「生と死の苦難」を教える。それゆえに、「完全なる苦難を通じた悟り」と呼ばれている。「大乗」では、生と死は「涅槃」と一如であると考えられている。すなわち、偉大な智慧を会得して仏の偉大な果徳を得ることが目的である。(41)

最初に黒田は、仏教には「大乗仏教」と「小乗仏教」が存在することを説明する。そのうえで、両者の「涅槃」の相違を説いていく。それでは、「小乗」と「大乗」はいかなる点において、異なっているのか。

「小乗」と「大乗」の二つの教説は違いがないわけではない。だが、どちらも一人の仏によって教えられたものであり、人間の妄想を取り除いて真の悟りに導くという目的においては同じである。両者は同じ原理の異なる側面にすぎず、衆生の機根に適応している。すなわち、大乗仏教は小乗仏教を包括するものなのである。(42)

黒田によれば、「小乗」と「大乗」の教説は異なるが、真の「悟り」を目指すという点において、両者は共通性を有する。最終的に黒田は「大乗仏教」は「小乗仏教」を包括する教えであると結論づけている。こうした説明は、たとえば、前田慧雲の著作のなかでも用いられた。

小乗の涅槃は、消滅した光と同じような虚無の状態です。それに対して大乗の涅槃は、すべての煩悩が消滅した状態なのです。これこそが涅槃の真の意味であり、「真如」というすべての功徳が存在する状態であるのです。真宗の信者は、浄土に生まれるために仏の大智と大悲を受けており、仏が涅槃に至ることで、智慧と慈悲が完成するのです。(43)

前田は「涅槃（Nirvāna）」の言葉に注目し、小乗仏教と大乗仏教の解釈の相異を述べている。いわく、「小乗」の「涅槃」は、明かりを消すような「虚無」の境地である。その一方で「大乗」の「涅槃」は、煩悩を滅し、あらゆる功徳を備える「真如」の境地である。そして、この「真如」に基づく、「大智」と「大悲」の教えこそが真宗なのだという。これらの前田の記述には、釈尊を中心とした仏教理解への危機感があったと考えられる。

近頃、仏教は西洋諸国に紹介され、教えが広がりつつあります。しかし、現在のヨーロッパ各地で広く普及している仏教は、ほとんどがセイロンやシャムなどで説かれている小乗仏教であり、中国や日本で説かれている大乗仏教ではありません。西洋諸国に大乗を勉強しているものは、わずかながらいるのですが、聖道門の教義に従っています。聖道門の教義は厳格かつ実践することが非常に困難なため、一般人には適していません。その一方で、浄土門は、その簡易な教義にもかかわらず、最も深遠な真理を具現化しており、すべての人々に適した教えなのです(44)。

ここで前田は、ヨーロッパ各地で普及しているほとんどの仏教は、小乗仏教であると指摘している。前田によれば、ヨーロッパでも大乗仏教を学ぶ者はいる。しかし、それは実践することが困難な聖道門の教えであり、最も深遠かつ実践可能な浄土門の教えを知らないのだという。

さて、南条文雄が携わった英訳言説とシカゴ万国宗教会議に持ち込まれた英訳言説は、次の点において決定的に異なる。シカゴ万国宗教会議において、日本の仏教徒たちは、「日本仏教」としてのアイデンティティを確立するために、西洋の仏教学に基づいた英訳方法からの脱却を図った。すなわち「大乗仏教」「小乗仏教」という分類概念を歴史的な意味から教理的な意味へ転換したのである。その結果、西洋の仏教学を忠実に取り入れた南条文雄の編集した『英文仏教十二宗綱要』は、日本仏教の概説方法としての有効性を失い、棄却されることになった。

南条文雄が近代的な仏教研究の泰斗であったことは疑いようのない事実である。しかし逆にいえば、南条の携わった英訳は、西洋の仏教学に忠実に基づいた英訳方法であったからこそ、シカゴ万国宗教会議では、用いられることがなかった。日本仏教激動の明治時代、「近代仏教学」と「宗学」のはざまで揺れ動きながらも最後まで西洋の仏教学に基づいた翻訳者であり続けた南条文雄の姿がそこにはあったのである。

註

（1）南条文雄『懐旧録』（大雄閣、一九二七年）、一二七頁。
（2）小川原正道「南条文雄――そのインド体験の宗教的・思想的意義」（同編『近代日本の仏教者――アジア体験と思想の変容』〈慶應義塾大学出版会、二〇一〇年〉）参照。
（3）南条文雄『懐旧録』（大雄閣、一九二七年）、一二九頁。
（4）F. Max Müller, *Biographical Essays*, New York Scribners sons, 1884, p. 183. 参照。

（5）南条文雄『懐旧録』（大雄閣、一九二七年）、一七二頁。

（6）小川原註(2)前掲書、中村薫「南條文雄と楊仁山の典籍交換」（『同朋仏教』、二〇一二年）、陳継東「釈迦への回帰——近代日中における釈迦原典探索の始まり」（『インド哲学仏教学研究』第二三巻、二〇一五年）などを参照。

（7）M・L・ゴードン（一八四三〜一九〇〇）は一八七二（明治五）年、アメリカンボードの宣教師として来日する。一八七九年、新島襄の招きで家族とともに大阪から京都に引っ越し、同志社の教師となった。積極的に宣教活動に従事し、一八九九年に発病するまで日本に滞在。翌年アメリカで生涯を終えた。指方伊織「M・L・ゴードンの大乗非仏説論」（『近代仏教』第一五号、二〇〇八年）参照。

（8）指方註(7)前掲論文。

（9）同前。

（10）F. Max Müller, *On Sanskrit Texts Discovered in Japan*, The Journal of the Royal Asiatic Society of Great Britain and Ireland. New Series, Vol.12, No.2, April 1880, p174.

（11）Ibid. p174.

（12）Ibid. p175.

（13）M.L.Gordon, *The Doctrine of Amida Unauthentic*, Chrysanthemum — A Monthly Magazine For Japan and the Far East. Vol.2 January to December, Yokohama: R. Meiklejohn and Company, 1882. 参照。

（14）ゴルドン「仏教頼むに足らず」（『六合雑誌』第六四号、一八八四年）、三六六頁参照。

（15）「南條先生遺芳　笠原遺文集」（『南條文雄著作選集』一〇巻、うしお書店、二〇〇三年）、二六頁。

（16）同前、二六頁。

（17）林寺正俊「南条文雄・笠原研寿の留学目的とF・マックス・ミュラーの期待」（『印度哲学仏教学』第一八号、

北海道印度哲学仏教学会、二〇〇三年)。
(18) F. Max Müller, "Bright Eyes and Dark Eyes" (*The Open Court* 一八九一年六月一八日)
(19) Ibid.
(20) Ibid.
(21) Ibid.
(22) Ibid.
(23) ジェームス・ツループ(一八四〇〜一九二五)はスコットランドのアバディーン大学で修士課程を終え、一八六三年八月三一日に日本での学生通訳として配属される。一八七七年四月一日に長崎で領事に昇進し、一八八二年四月一日、兵庫と大阪の外交官として配属となる。一八八八年六月二三日には横浜に移り関税委員会の一員として、一八九五年七月一六日の日本とイギリスの日英通商航海条約の締結に協力する。一八九六年一一月一八日には神奈川県総領事に任命され、治安刑事裁判所の補佐官などを務める。一八九八年四月一日に職務を退任(Ian Ruxton ed. *The Semi-Official Letters of British Envoy Sir Ernest Satow from Japan and China* Eureka Press, Kyoto, 2013, p. 90. 原文は英文で本稿では拙訳を用いた)。
(24) 小栗栖香頂『真宗教旨』(好文堂、一八七六年)。
(25) 「仏書英訳」(『令知会雑誌』二二号、一八八五年一二月)参照。
(26) 序文において、英訳者であるジェームス・ツループは真宗が中国の天台宗にルーツを持つ教団であると述べている。
(27) 中西直樹「仏教英書刊行の濫觴——オルコット『仏教問答』の刊行とその影響」(中西直樹・那須英勝・嵩満也編著『仏教英書伝道のあけぼの』〈法藏館、二〇一八年〉)、一七頁では、オルコットの存在が本書の刊行理由として大きかったことが述べられている。

(28) 中西・那須・嵩編著註(27)前掲書参照。
(29) 南条文雄 *A Short History of the Japanese Buddhist Sects*（仏教書英訳出版社、一八八六年）、六頁参照。
(30) 同前書 Preface 六頁〜七頁参照。
(31) 馬場紀寿「釈宗演のセイロン留学――こうして「大乗仏教」は生まれた」（『図書』二〇一七年四月）。
(32) 小栗栖香頂 Introduction（南条文雄 *A Short History of the Japanese Buddhist Sects*〈仏教書英訳出版社、一八八六年〉）、一九頁参照。
(33) 田村晃徳「動き出す大悲――The Original Prayer についての考察」（『現代と親鸞』第三六号、二〇一七年）。
(34) 南条文雄、ジェームス・ツループ、赤松連城らとは異なる着想から、鈴木大拙が「Original Prayer」という言葉に至っている点には注意しなければならない。鈴木大拙は「本願」の「願」の訳語が「Vow」よりも「Prayer」が適している理由を次のように述べている。「親鸞の著作を翻訳するにあたり、キリスト教的色彩があるとはいわれるものの、筆者は“Prayer”と訳する方が“Vow”よりもふさわしいと考えるようになった。筆者の言う“Prayer”とは、神に対して特定の恩恵を求めるということではなく、単に強烈で真摯である願い、決意、あるいは意志ということを表現しているに過ぎない。それは何ら特別にあつらえられた成果、見返り、好意あるいは補償を求めるものではない。この絶対的な本願における意志とは、愛（agape）、大慈（mahāmaitrī）、大悲（mahākaruṇā）mahākṛpā であり、高いあるいは低い領域からのどのような種類の見返りを期待することなく、絶対的に自由であり、遊戯的という以上の理由はなく絶対的に遊戯的（vikrīḍita）である。」（鈴木大拙／武田浩学編、常塚聴訳「英訳教行信証のための序文」〈『松ヶ岡文庫研究年報』二六号、二〇一二年〉、一五五頁〜一五六頁）。
(35) James Troup, *The Gobunsho or Ofumi of Rennyo Shōnin*, The Asiatic Society of Japan, Vol. 18 PART. 1 1889 p.111 参照。

(36) 「Prayer」という訳語が使われるのは、少なくとも明治初期だけであり、その後の「願」の訳語には「Vow」が定着することになる。なぜ「Prayer」という言葉が使われなくなったのか。その理由は定かではない。しかし、先に述べたミュラーと南条の論争が示すように、浄土真宗の英訳において「Prayer」という言葉を用いることに対して、宗学者たちが慎重であったことは間違いない。

(37) Ryauon Fujishima, *Le Bouddhisme Japonais Doctrines Et Historie Des Douze Grandes Sects Bouddhisques Du Japon*, Paris Maisonneuve Et Ch. Leclerc, Éditeurs 25 Quai Voltarie, 25, 1889, p. 2 参照。

(38) 『本願寺史』第三巻（本願寺出版社、二〇一九年）、三九〇頁参照。

(39) 『真宗綱要』八五〇〇部、『真宗大意略説』二〇〇〇部などを含め、合計三〇七五〇部の英訳が配布されたことはわかっている。しかし、そのほかの英訳の発行部数は明らかではない（中西直樹「海外宣教会とその時代」〈中西直樹・吉永進一『仏教国際ネットワークの源流――海外宣教会（1888〜1893年）の光と影』三人社、二〇一五年〉、四五頁参照）。

(40) ジュディス・スノドグラス「近代グローバル仏教への日本の貢献――世界宗教会議再考」（『近代と仏教』四一号、二〇一二年）参照。

(41) 黒田真洞 *Outline of the Mahayana As Taught by Buddha*（仏教学会、一八九三年）、二頁。

(42) 同前、二頁。

(43) 前田慧雲著、薗田宗恵訳 *An Outline of the True Sect of Buddhism*, The Buddhist Propagation Society Kioto, Japan, 一八九三年四月十一日、一七頁。

(44) 同前、一七頁。

付記　本稿を作成するにあたり、本願寺慶華財団奨学金を賜った。ここに記して感謝を申し上げたい。

高楠順次郎

―日本人の近代仏教学

碧海寿広

一　高楠順次郎と西洋

高楠順《たかくすじゅんじ》次郎《ろう》（一八六六〜一九四五）は、日本に西洋流の仏教研究を定着させた主要人物である。先輩格の南条文雄らに続き、明治期に西洋に留学。マックス・ミュラーをはじめ西洋の学者たちのもとで学び、その学知を日本に持ち帰った。そして、自身の研究の推進や著作の執筆、後続する研究者の育成、さらに『大正新脩大蔵経』をはじめとする大規模の出版事業を主導し、日本（だけでなく世界）の仏教研究を飛躍的に発展させた。影響力の大きさや知名度の高さからして、日本（だけでなく世界）の近代仏教史上、頂点クラスの人物の一人だろう。

本章では、明治期の高楠の活動や言論について検討する。すなわち、高楠が西洋世界の重要性に開眼し、西洋留学の後に、西洋流の仏教研究や東洋学に取り組む姿勢を鮮明にするまでの時期に注目する。この時期の高楠の言論の推移には、後年の彼の巨大な業績やプロジェクトの根幹を支える思想の形成が、すでに見て取れる。したがって、日本仏教と西洋世界の関係を、とりわけ学術研究の方面から解明するにあたり、本章の考察は、一定の知見を提供できるだろう。

次節で本題に入る前に、まず、高楠の生涯の概要を記述しておく(1)。

高楠順次郎は、一八六六（慶応二）年五月一七日、広島県御調《みつぎ》郡八幡村字篝《かがり》に生まれた。性は沢井、幼名は梅太郎。後の名前とは「郎」しか重ならない。幼少期に祖父から四書・五経などの漢籍を学び、小学校を卒業後、一五歳で小学校教師に就任。この頃、自由民権運動の波が彼の地元にも届いており、政治の研究団体「龍山会」を仲間と立ち上げるなどした。一八八四（明治一七）年に小学校教師を辞め、翌年に西本願寺の普通教校に進学。この際、彼の能力を高く評価していた西本願寺の学僧・日野義渕が、福山から英語に堪能な人物を招き、入学試験の準備のため彼に英語を学ばせたという。

普通教校の学生時代、高楠は勉学以外にも精力的な活動を展開する。筆頭に挙げるべきは、禁酒運動の団体「反省会」の組織および機関誌『反省会雑誌』の発行だろう。これについては後で詳しく述べる。また、同校の友人が立ち上げた「海外宣教会」による英語仏教雑誌 *The Bijou of Asia*（『亜細亜之宝珠』）の出版にも協力した(2)。二二歳のとき、彼は、神戸の実業家である高楠孫三郎の一人娘、霜子と結婚し、婿養子として高楠順次郎に改名する。

一八八九年、普通教校を卒業した高楠は、翌年にイギリスのオックスフォード大学に留学。マックス・ミュラー（一八二三～一九〇〇）の指導下で、サンスクリットやパーリ語を学び、西洋流の仏教研究を修得する。同大学を卒業後、さらにドイツのベルリン大学とキール大学、フランスのコレージュ・ド・フランスでそれぞれ学び、チベット語、ウラル・アルタイ語の修得に加え、ヴェーダ文学やウパニシャッド哲学、西洋哲学史を修めた。そしてオックスフォード大学で Master of Arts の学位を得て、一八九七年一月に帰国する。

帰国後、高楠は東京帝国大学文学文科大学の講師、次いで教授を務めた。同大学では、おもに博言学（言語学）そして梵語学（サンスクリット研究）の講座を担当する。ここを拠点として、彼は西洋発の近代仏教学を日本で確立し、木村泰賢や宇井伯寿ら、日本の仏教学を大成する多くの後進を育てた。

一九二二〜二四年、高楠は翻訳書『ウパニシャッド全書』（全九巻）を刊行、また一九二四〜三四年に渡辺海旭らと『大正新脩大蔵経』（全一〇〇巻）を編纂、さらに一九三五〜四一年には、パーリ語仏典の全訳として『南伝大蔵経』（全六五巻）の刊行を導いた。このうち『大正新脩大蔵経』は、一九二九年にフランス学士院からスタニスラ・ジュリアン賞を受けている。また、一九〇二年に中央商業学校（現・中央学院大学）、一九二四年に武蔵野女子学院（現・武蔵野大学）を設立し、広く教育活動に従事した。

一九三八（昭和一三）年には、ハワイ大学東方学院からの招きで、同大学の客員教授となり、ハワイで英語の仏教講義を行った。日本からの移民の多い当時のハワイは、「東西文明の十字路」と称されたが、「東西文化の融和」のためには仏教が最適だと、帰国後の高楠は述べている。(3)

一九四五年六月二八日に、高楠は死去。「宏学院釈順成」という法名は、彼の学者あるいは教育者としての人生をよく物語る。

二　国粋保存の西洋化

一八八六（明治一九）年三月、普通教校の学生有志が集い、沢井（高楠）と常光徳然を「会幹」として、反省会が発足される。禁酒を中心に、仏教界の風紀改善をとおして、宗教と社会の改革運動を志した団体だ。この反省会の機関誌として翌年に刊行されたのが、『反省会雑誌』（後の『中央公論』）である。[4] 高楠は同誌の主筆として、とりわけ西洋への留学以前、多くの論説を執筆した。そのなかには、学生時代の彼とその同志たちの西洋観が、よく表れた文章もある。

まず明確なのは、西洋から渡来してきたキリスト教への、敵対的なスタンスである。たとえば次の文章では、キリスト教への対抗意識を燃やしつつ、仏教を西洋世界に輸出する可能性について述べている。

彼耶蘇教徒が西洋に於て未だ嘗て目に見ざる大敵は、即ち我仏教なることを記憶せよ、而して我仏教は学者に遇ふて光りを発する東洋哲学を以て経緯せる、特種の宗教なることを記憶せよ、（中略）仏教果して太平洋を渡る能はざるか、願くは今後吾人の運動を観察せよ、吾人は必ず世人の希望を空くせず、又吾人が有せる高遠の希望を成就せんことを誓言するものなり[5]

こうした主張は、当時の先進的な仏教者には広く見られたものだろう。仏教がキリスト教とは異なり「哲学」として通用する、という見解を含め、この頃の仏教界をリードした、井上円了からの影響が見て取れる。そして、仏教者としての高楠たちのキリスト教への強い対抗意識は、その後の生涯を通じて、おおよそ一貫したものとなった。

とはいえ、哲学や科学、とりわけ進化論を用いてキリスト教の打倒を企図した円了らとは異なり、[6]

高楠たちの世代では、キリスト教から優れた部分を学ぼうという意欲が、割合に強かった。この辺は、廃仏毀釈を受けた仏教存続への危機感や、舶来のキリスト教への脅威をより強烈に感じていた、円了らの世代との微妙な違いと思われる(7)。

たとえば、「新旧思想の調和を西洋主義に依らざるべからず」と題した記事では、日本仏教の改革は「西洋教会の方向」に依拠すべきと指摘した上で、次のように論じられる。

教会の活動は彼れが如く円転ならさるべからず、教会の紀律は彼れが如く公正ならさるべからず、教会の政治は伝道的社会的の両元素を包含せざるべからす、況や女子教育法の如きは徹頭徹尾西洋主義に依らざる可らさるに於ておや(8)

宗教としての活動のあり方や組織作りのルールのみならず、布教や社会的な対応についても、キリスト教を模範とせよ、という見解だ。また、特に女子教育に関しては、絶対的に「西洋主義」を採用すべきという意見は、後に仏教精神に基づく女子大学を構想する高楠のアイデアのルーツに、「西洋」があったことを示唆する。

ただし、高楠らは、キリスト教や西洋文明の丸飲みによる日本仏教の改革を目指したわけでは、まったくない。西洋主義を、丸飲みにするのではなく「咀嚼」し、その先に、最終的には「国粋の保存」が目標とされたのだ。

吾党は信仰検定条例を再設し、器械的人為の信仰を模造し、我自由の仏教をして再び基督教古風の儀式を賤行せしめんとするものに非ず、（中略）国粋の保存すべきを即保存し、欧風の模倣すべきは即模倣す、故に之を西洋主義と云はんよりは、寧ろ之を西洋咀嚼主義と云ふべきなり(9)

日本の仏教は、すでに一定の「自由」を獲得しており、そこに必要なのは、キリスト教の古風な伝統ではなく、さらなる仏教改革に役立つ要素である。西洋から学ぶべきことは学ぶが、それに完全には染まらず、むしろ日本の伝統――「国粋」――を守る。こうした発想は、後述するとおり、高楠の仏教学の性格にも通じる。

そして、高楠らが西洋から取り入れるべき最たる要素と考えたのが、反省会の設立の眼目である、禁酒であった。

抑東洋に於て風俗を害し、人種を損じ、思想進歩の大害を為に最甚しきものは、実に非禁酒の一事の外あらざるなり（中略）思ふに禁酒も亦好事家の閑事業なりと論下すべからざるなり、是実に西洋分子の最善なるものなりと謂わざるべからず(10)

禁酒こそ、日本の悪しき現状を改善し、仏教の未来をつくる、最高の「西洋分子」である。そう考えていた高楠らは、禁酒を日本仏教のなかにどう位置付けたのだろうか。

三　禁酒の宗教

飲酒は、仏教の戒律に反する。「不飲酒戒」が、初期仏教から現在まで維持されている。したがって、西洋に学ばずとも、そもそも仏教では禁酒を守るのが当然のはずである。だが、日本では僧侶をはじめとする仏教徒の飲酒が、歴史的にまま見られた(11)。仏教の本来性を回復するため、不飲酒戒を復興させようとする動きもあったが、この戒律を固守する僧侶は、近代以降もあまり多くない。

こうした事情もあり、反省会による禁酒の試みは、仏教の戒律よりも、一九世紀の欧米で社会改良の試みとして開始された、近代的な禁酒運動（テンペランス）の影響下で行われた。高楠らが禁酒を「西洋分子」と評したのには、そのような背景がある。

だが、もともと西洋の禁酒運動に触発されたにせよ、活動の過程で、反省会は仏教の不飲酒戒の意義に、改めて目覚めていく。たとえば「日本の禁酒運動」という記事では、仏教ではそもそも飲酒を戒めている、と読者に想起させながら、「酒を飲を以ての故に、能く四戒を犯し四逆を犯す」と述べる(12)。すなわち、戒律を破り飲酒をした仏教徒は、酔って理性を失い、他人に暴力をふるって相手を殺したり、強盗を行ったり、不倫をしたり、不倫をしていないと嘘をついたりする。したがって、一つの戒の違反が、さらにほかの四つの戒（不殺生戒・不偸《ちゆうとう》盗戒・不邪淫戒・不妄語戒）の違反につながる、というわけだ。

これは、明らかにやや極端な説明だろう。だが、ここには、禁酒を単に西洋的な運動ではなく、仏教の立場から受け止めようとする姿勢が、はっきりと確認できる。

一方で、反省会は本願寺派の普通教校の関係者を主要メンバーとしたため、彼らにとって最も身近な仏教は、浄土真宗であった。そして、浄土真宗では開祖の親鸞の意向により、戒律が宗派の教義から除かれている。いわゆる「肉食妻帯」の宗派で、それは近代以降も何ら変わりがない。それどころか、「肉食妻帯」の伝統が、真宗の他宗派に対する優位性の根拠にすらなった[13]。この点で、真宗仏教徒が禁酒を行うにあたり、戒律とは別の説明も必要とされたようだ。たとえば、次のような語りである。

宗祖大師〔親鸞〕は肉をも許され、妻をも持てと仰せられましたが酒の事は何とも仰せられません、こゝが大事です、酒を止めても宗意に差支はありません、酒を飲んでも彼土得生〔浄土往生〕の障にはなりません、だが、人間の道がはづれます、人間の道がはずれては、永き世、開山の門徒ではありません[14]

禁酒をしてもしなくても、浄土真宗の教義には関係がない。だが、酒を飲むのは「人間の道」に反し、それは真宗仏教徒の理想から逸脱する、というわけだ。戒律とは異なる文脈で、禁酒を日本仏教〈浄土真宗〉のなかに位置付けようとしたのである。

とはいえ、真宗とは異なる仏教の伝統に不飲酒戒が存在したことは、高楠はじめ反省会のメンバーにとって、やはり心強かったようである。特に、ライバルのキリスト教には酒を禁じるルールが明確に存在しなかったため、仏教の教義を誇る際には、不飲酒戒の伝統が強調された。

常に呼んで外道と称する耶蘇教徒は、巧みに「バイブル」の酒の意味を変じ、苦んで「〔イ〕エス、クリスト」の教語を説明し禁酒宗と為さんことに汲々せり、我党はかゝる苦労を用ゐず、仏祖の教へを其儘奉持せば即可なり[15]

かくして、はじめは「西洋分子」として受容された禁酒が、むしろ仏教の宗教としての高い価値を説くための要素の一つとして、とらえ返される。世界に正しい文明を築くために必要な禁酒に、最も適した宗教こそが仏教なのである、と。

物質文明の感染力を支配し、真成の文明を造出するは、独り禁酒的の宗教あるのみ、仏教は実に禁酒的の宗教なり[16]

ここには、西洋的なフィルターを通過させることで、東洋の仏教に新たな光を当て、そうして肯定的な価値が再発見された仏教を、世界へと発信しようとする意欲が見える。こうした意欲を、高楠はやがて、禁酒とは別のかたちで表現するようになる。すなわち、近代仏教学という営みを通して、である。

四　東洋人の近代仏教学

高楠がイギリスをはじめヨーロッパに留学し、同地で西洋発の近代仏教学に接したのは、明らかに南条文雄らの後進としての活動である。高楠は、日本の近代仏教史における、西洋留学組に位置付けられる。[17]

だが、南条と高楠には、決定的な違いがあった。それは、留学に際しての宗派性の有無という背景である。南条は、真宗大谷派の学問的な基盤を強化するため、宗派の資金を用いて西洋に留学した。それに対し高楠は、岳父の資金援助により、純粋に西洋で学問をしたくて留学した。イギリスに渡った当初の高楠は、政治・経済学を学ぼうとしたらしい（ミュラーとの面談をふまえ、インド学・仏教学を専門分野に定める）。

この違いが、彼らの学びの対象の相違にも、はっきりと現れている。南条は、大乗仏教の一部である真宗の聖典とは直接関係のないパーリ語の研究を拒み、もっぱら浄土教に関連したサンスクリットの学習に専念した。対して、宗派性にあまりこだわる必要のなかった高楠は、サンスクリットだけでなく、パーリ語についても熱心に学んでいる。[18]木村泰賢など高楠のさらに後進の西洋留学生たちも、サンスクリットとパーリ語の双方の学びを基本とした。

高楠は、生涯を通して本願寺派という宗派や、同派の僧侶たちとの密接な関係を持ち、本人も親鸞を尊崇した。しかし、仏教を学び伝えるにあたり、真宗だけにこだわる態度は示さず、むしろ、インドの釈迦の教えを中心に据えた。この点は、僧侶ではなく俗人として、さらには近代の仏教学者として仏教の普及に努めた、高楠の特徴の一つだろう。それは、彼の生涯最大の業績である『大正新脩大蔵経』の編集方針にも、明確に見て取れる。同書の第一には、初期仏教の『阿含経』が置かれたのだ。「これは、大乗こそが最上とみる日本仏教史上、画期的なものであった」[19]。

ただし、西洋流の仏教研究を日本人が受容するにあたり、漢文の読解力を通して、西洋では不十分だった領域を埋めたという点は、南条と高楠で共通する。漢訳仏典の英訳や、サンスクリット文献と漢訳のそれを照らし合わせての校訂などは、両者の得意とするところであった。南条がイギリスで出版した『大明三蔵聖教目録』の英訳（一八八三年）は、専門家のあいだでは今なお重宝される。

高楠の欧文での論文も、漢訳された資料に基づく業績が多い。サンスクリットやパーリ語資料と漢訳資料に共通するものを西洋の学者に提供したり、パーリ語仏典の理解を進めるために、アビダルマ仏教の漢訳資料を翻訳・紹介したりした著作である[20]。東洋人に特有の学知も動員した新たな近代仏教学が、ここに姿を現したわけだ。

五　学術による宗教改革

一八九七（明治三〇）年の帰国後、高楠は東京帝国大学を拠点に、近代仏教学の発展に尽力する。それは、単にアカデミックな取り組みにはとどまらず、日本の宗教と社会のあり方を改良するためのプロジェクトであった。

一九〇一年一月、高楠は『中央公論』に「学術と宗教――我国学者の任務」と題した論考を発表する。同論の冒頭で彼は、日本の学者はなぜ宗教に敬意を示すべきかを論じて、それは宗教が「偉大なる過去を有し」ているからだと述べる(21)。文学や美術を筆頭に、日本も含めた世界の歴史や文化は、宗教に依拠してきた。「歴史領土の暗黒は多くは宗教に依りて、若くは宗教の保存せし文章に依りてその光明を得」てきたのだから、これを重んじるのは「学術界至当の本務なり」というわけだ(22)。たとえば、奈良美術の真相を観察すれば、これが仏教に基づき表現され、仏教によって維持されてきたのは明らかだろう、と。

ただし、だからといって「学者は宗教を信奉すべしと云ふにあらず」と高楠は述べる(23)。彼の考えるところ、学者の行うべきは、宗教の資料を精査し、その真価を見定め、学術の発展に寄与するとともに、宗教者の宗教に対する誤った認識を正すことである。つまり、学術による宗教の改革だ。

宗教は他の社会組織と同じく随時改善を要するものにして、釈迦若し今日に再現せば必仏教改革の率先者たるべきなり、而して真正の改善は、学術的地礎を有せるを以て最旨す、学術は自己究明の功果に依り宗教を導ひてその改善の実を挙げしむべきなり、学術界真個の任務此に於て完しと謂ふべし(24)

宗教は時代ごとの改革が必要だが、これを主導すべきは他の何にもまして、学術である、と高楠は主張する。宗教とは何であり、どう改善すべきか、これを決定するのがアカデミズムの真の任務というわけだ。高楠は自らの東京帝国大学での仏教研究を、明確に日本の宗教改革と結びつけていた。

高楠は、現在の世界に存在する仏教文献は、サンスクリット・パーリ語・チベット語・モンゴル語・中国語・満州語の、六種類の聖典に分かれるとする。このうち、サンクリットとパーリ語の文献研究は、ヨーロッパの学者が著しく進展させており、彼我の差が大きい。だが、残りの四つの聖典の研究については、まだ発展の途上にあり、本格的に取り組めば、世界で初めての重要な成果となる。そして、日本はこれらの聖典に関係した漢訳の文献を数多く所持しており、その調査・研究を進めるのも、比較的容易である。「若し欧人に一任せば百年を費すもその完成決して望むべき」ではないが、日本の学者が努力して、サンスクリットとパーリ語の学習に加え、他の四種類の聖典を読み解けるようになれば、六つの言語を用いた仏教文献の研究が可能になる、と高楠は指摘するのだ(25)。

日本の学者に対する彼の提言は、ややハードルの高い要望のように思える。とはいえ、こうした高い水準の試みを成し遂げずには、日本の仏教界の改革もまた不可能である、と彼は考えていたのだろう。逆に言えば、こうした研究を推進できる人物が少なからず存在するような状況であれば、学術による宗教改革にも現実的な可能性が出てくる、と彼は想定していたものと思われる。

仏教の革新のために学術を用いる高楠の戦略は、いわゆる新仏教運動の方向性に対する彼の意見にも読み取れる。[26]『新佛教』に寄稿した文章で、彼は、日本の現状の宗教界の「無能力」を論じ、近年の仏教者による改革運動の意欲に賛同しつつも、その方法には異議を唱える。すなわち、昨今の仏教者は社会改良の手段として「慈善事業」を説くが、これはキリスト教による活動への単純な反応でしかなく、そこに仏教の精神は存在しない。慈善事業に奔走する仏教者は、学が不足しているため、自らが実践すべき仏教が何なのか、まったくわかっていないのである。高楠は次のように述べる。

自己聖典の考究、没歴史的、非学術的にして、教理の解釈に学術を応用するの道を知らず、世の実用に応すべき解釈の方法に暗きに依れり。故に僧侶は、日に世と遠ざかり、而かも世と共に宗教に於ける無智を表白するに至る。自、宗教を研究するの資格を備へず、又人を宗教に導くの地位なし[27]

ここにも、学術とりわけ近代仏教学を離れて仏教の改革や再生はありえないとする高楠の信念が、よく示されているだろう。

高楠はまた、「迷信」の否定を綱領に掲げる新仏教運動に共感を示しながら、何をもって迷信とするか、つまり迷信の範囲を確定するのは意外に難しいと指摘する。従来は釈迦の教理と理解されてきたものも、オルデンベルク[28]などによる研究の結果、「神話的元素」として一種の迷信でしかなかったことがわかる場合があり、歴史的な検討が常に求められる[29]。さらに、新仏教運動は社会的改善を拙速に目指すが、これも「宗教」のあるべきかたちを学術的に見通してから開始すべきだ、と高楠は主張する。

抑、比較講究は真正学術の本領にして、自他の地位を知悉し、その利害を領会せしむるに於て最必要なるものなり。(中略) 一たび他の宗教を講究するや、その曾て与へたる「宗教」の定義、範囲も、従つて変更せざるを得ざるに至れり[30]

要するに、現前の宗教の改革を行う前に、まず「宗教」とは何かを学術的に位置付けた上で、その改革に取り組むべきだ、という意見である。とても迂遠な感じがするが、これこそ、西洋流の仏教研究を現実社会に応用しようとした、高楠の構想であった。

六　西洋と東洋をつなぎ、日本を変える

普通教校の学生時代、禁酒を中核にして仏教と社会の改良を試みた高楠は、西洋留学の後、近代仏教学をとおした宗教改革へと、改革のアプローチを一変させた。だが、方法は大きく異なりこそすれ、双方の活動の根底にある彼の思想や信念には、ある程度の一貫性が見て取れる。

第一に、西洋と東洋をつなぐ、という意欲である。高楠が主導した反省会は、禁酒をもともと西洋文化の一種として受容した。だが、禁酒については、仏教にも不飲酒戒の伝統があり、たとえ日本ではこの戒律が十分に守られてこなかったとしても、反省会のメンバーのあいだで、常に意識され続けた。したがって、『反省会雑誌』には仏教と禁酒の本質的な結びつきを説く文章が散見され、仏教こそ「禁酒的の宗教」だとする自己規定すら見られた。高楠ら反省会のメンバーは、西洋文化としての禁酒の思想や運動に、東洋の仏教の伝統を接続させ、それによって、むしろ仏教の価値を賞揚したのである。

高楠にとっては、近代仏教学もまた、西洋と東洋をつなぐ実践であった。サンスクリットやパーリ語の読解を基礎とする近代仏教学は、あくまでも西洋発の学問である。だが、高楠は——南条文雄らに続き——漢文の素養をおもな武器として、そこに東洋人に独自の学術的な貢献を加えた。さらに、日本には膨大な漢訳文献が保持されているという事実に注意を向けて、近代仏教学の完成は、むしろ日本人によってこそなしうるはず、と明言した。こうした、西洋世界からの文化の輸入による東洋世界の優位性の発見は、反省会の禁酒運動で見られた認識の反復であったと考えられる。

第二の共通点として、日本を改良し発展させるための方法の模索がある。先述のとおり、反省会の究極の目的は、「国粋」すなわち日本の伝統を守ることにあった。そのためにこそ、禁酒などの西洋文化の導入により日本の因習を払拭し、仏教界や社会を変えることが目指されたのだ。一方、高楠が西洋から輸入した近代仏教学もまた、狭義のアカデミズムに閉じられたものでは、まったくなかった。高楠は、近代仏教学こそが、日本の宗教改革に最も資する学知であると考えていたのである。

西洋と東洋をつなぐ運動や学問により、日本を変える、あるいは、変革しつつも伝統を守る。西洋への留学の前後で変わらず一貫する、高楠のこうした願いは、その後の彼の活動の背後にも、引き続き確認できる。たとえば、日本の近代仏教学の知的・人的な資源を可能な限り動員して完成させた『大正新脩大蔵経』は、日本の学知を向上させ、仏教の普及を推進するための試みであった。と同時に、世界に日本のアカデミズムの力量を誇示して、日本の文化や伝統の素晴らしさを諸外国に認めさせるための挑戦でもあった。また、高楠による武蔵野女子学院の創設は、女子教育では遥かに先を行っていたキリスト教への対抗意識と、他方でのキリスト教からの学びの下、仏教精神に基づき日本の女子教育を改善するための事業であった。

オリオン・クラウタウは、大正期の高楠による日本仏教論を分析して、そこに西洋文明に対する日本の「精神」の優位性への意識や、家族主義の観点から日本仏教の価値を称揚する論調を読み取り、高楠の思想のナショナリズムとの関わりを指摘する[31]。確かに、学者としてはインド仏教が専門であった高楠が、日本仏教についても旺盛な議論を展開するようになるのは、明治末から大正期にかけてである。だが、西洋と東洋の文化や学知をつなぎ、両者を比較しながら、最終的に日本の価値を称揚し、日本人を鼓舞していくスタイルは、それ以前から、はっきりと確かめられる。おそらく、これは、高楠が青年時代から西洋留学を経て徐々に確立し、その後かたちを変えながらも、ほぼ維持し続けた基本的な態度だろう。

昭和の戦時下の高楠は、西洋の物質文明と東洋の精神文明の「両刀」を備えた日本こそが、世界を支配しうると主張するに至る[32]。小川原正道が的確に述べるとおり、この種の主張が日本による「大東亜共栄圏」の建設――これもまた日本の変革であり、発展である――を思想的に正当化するものであったのは、確かだろう[33]。そして、こうした彼の発想が、小川原がおもに検討した大正期の高楠のアジア(インド・ネパール)体験のみならず、それ以前の彼の西洋体験からも形作られているのは、間違いない。その発想の形成過程と思想上の功罪について、近代仏教のグローバルな歴史的文脈のなかで検証する作業は、いまだ不十分であるように思える。

註

(1) 高楠順次郎の生涯については、武蔵野女子大学学祖高楠順次郎研究会編『高楠順次郎の教育理念』(武蔵野女子学院、一九九四年)に、コンパクトにまとめられている。その他、以下の文献を参照した。鷹谷俊介『高楠順次郎先生伝』(武蔵野女子学院、一九五七年)、武蔵野女子学院編『武蔵野女子学院五十年史』(武蔵野女子学院、一九七四年)、武蔵野女子大学仏教文化研究所編『雪頂・高楠順次郎の研究――その生涯と事績』(大東出版社、一九七九年)。

(2) 同誌については、中西直樹・吉永進一『仏教国際ネットワークの源流――海外宣教会(1888年~

1893年）の光と影』（三人社、二〇一五年）、嵩満也「The Bijou of Asia——『亜細亜之寶珠』創刊号の巻頭記事」（『龍谷大学アジア仏教文化研究センターワーキングペーパー』二〇一七年）を参照。

（3）高楠順次郎「ハワイより帰りて」（『高楠順次郎全集　第八巻』〈教育新潮社、二〇〇八年〉）、五九〇頁。

（4）『反省会雑誌』はじめ、当時の西本願寺の関係者による旺盛な仏教雑誌の刊行とその背景については、赤松徹眞編『『反省会雑誌』とその周辺』（法藏館、二〇一八年）を参照。

（5）「甘んずべからざるに甘んじ安んずべからざるに安んずるは、宗教家の職に非らず」（『反省会雑誌』第三号、一八八八年）、四頁。

（6）G. Clinton Godart *Darwin, Dharma, and the Divine: Evolutionary Theory and Religion in Modern Japan*, University of Hawaii Press, 2017.

（7）近代日本の仏教とキリスト教の関係は、明治期を通して「対立」から「対話」へと推移した。この点については、Notto R Thelle *Buddhism and Christianity in Japan: From Conflict to Dialogue, 1854-1899*. University of Hawii Press, 1987. を参照。

（8）「新旧思想の調和を西洋主義に依らざるべからず」（『反省会雑誌』第七号、一八八九年）、一頁。

（9）同前、一頁。

（10）同前、五頁。

（11）藤原暁三著、日高彪編『仏教と酒——不飲酒戒史の変遷について』（慧文社、二〇一七年）。

（12）「日本の禁酒運動」（『反省会雑誌』第一三号）、三頁。

（13）Richard M. Jaffe *Neither Monk Nor Layman: Clerical Marriage in Modern Japanese Buddhism*, Princeton University Press, 2001.

（14）「仏事禁酒に付て」（『反省会雑誌』第一五号、一八八九年）、三頁。

(15)「仏事禁酒の解」(『反省会雑誌』第二三号、一八八九年)、四頁、

(16)「反省会の祝日　創立の四周年」(『反省会雑誌』第一七号、一八八九年)、六頁

(17)近代日本で海外留学した仏教者たちは、西洋組と、南アジア組(スリランカ・インド)の二つに大きく分かれる。後者の実態と意義については、リチャード・ジャフィの近著に詳しい。Richard M. Jaffe *Seeking Śākyamuni: South Asia in the Formation of Modern Japanese Buddhism*, University of Chicago Press 2019.

(18)西村実即『新版　荻原雲来と渡辺海旭——ドイツ・インド学と近代日本』(大宝輪閣、二〇一九年)、三〇頁。

(19)同前、六六頁。

(20)前掲『雪頂・高楠順次郎の研究』、三三~三五頁。

(21)高楠順次郎「学術と宗教——我国学者の任務」(『中央公論』一四三号、一九〇一年)、一頁。

(22)同前、一頁。

(23)同前、二頁。

(24)同前、二頁。

(25)同前、三頁。

(26)新仏教運動については、新佛教研究会(代表:吉永進一)編『近代日本における知識人宗教運動の言説空間——『新佛教』の思想史・文化史的研究』科学研究費助成事業(二〇〇八~二〇一一年度)研究成果報告書(二〇一二年)や、大谷栄一『近代仏教という視座——戦争・アジア・社会主義』(ぺりかん社、二〇一二年)が、現時点での基本文献である。

(27)高楠順次郎「仏教清徒の任務」(『新佛教』一巻三号、一九〇〇年)、一二〇頁。

(28)ヘルマン・オルデンベルク(一八五四~一九二〇)はドイツのインド学者。高楠はキール大学時代、彼に師事した。

(29) 高楠註(27)前掲論文、一二三〜一二四頁。
(30) 同前、一二四頁。
(31) オリオン・クラウタウ『近代日本思想としての仏教史学』(法藏館、二〇一二年)の第三章「大正期における日本仏教論の展開——高楠順次郎の仏教国民論を題材に」。
(32) 小川原正道「高楠順次郎——その思想形成におけるインド・ネパール体験」(同編『近代日本の仏教者——アジア体験と思想の変容』〈慶應義塾大学出版会、二〇一〇年〉)。
(33) 同前、三六四〜三六五頁。

木村泰賢

――大乗仏教のゆくえ

川元恵史

一　輸入される仏教学

1　ヨーロッパの仏教研究

西洋によるアジア諸地域の植民地化と並行して、ヨーロッパではアジア研究が盛んになる。なかでもインド研究が本格的になるのは一八世紀末からで、特にイギリス東インド会社の三人の官吏、ウィリアム・ジョーンズ、チャールズ・ウィルキンス、トーマス・コールブックによって、インド古典の研究が始められた(1)。

仏教研究についてはインド研究よりも少し遅れる。「近代仏教学の父」と称されるウジェーヌ・ビュルヌフが、ネパールから大量に持ち帰られたサンスクリット写本を読み解き、一八八四年に『インド仏教史序説』を出版した。これはヨーロッパの仏教研究における記念碑的労作というべきものである。

こうした研究は、ギリシャ・ローマの古典研究をモデルとしており、文献学的な方法論に則っていた。近代日本の仏教研究者もまた、こうした西洋の最新研究、研究法を身につけることが要請された。

南条文雄と笠原研寿は、一八七六（明治九）年にサンスクリット語研究のために渡英し、マックス・ミュラーのもとで研究手法を学んだ。彼らの留学を皮切りに、日本の仏教研究者はヨーロッパへこぞって留学した。これにより、ヨーロッパで成立した近代仏教学が日本に輸入され、日本の仏教研究の方向性を決定づけることとなった。

ただしヨーロッパでの仏教への関心は釈尊とその周辺に集中しており、東アジアで展開した大乗仏教については、軽視され、ひどい場合は蔑視の対象となっていた。近代日本の仏教研究者のほとんどはどこかの既成教団に所属し、しかも僧籍を有する大乗仏教徒であったが、彼らはこうした状況と向き合わなければならなかった。

2　大乗非仏説論

釈尊と大乗仏教との関係については、明治期に村上専精が一つの答えを提示している。村上は一九〇一（明治三四）年の『仏教統一論』第一篇大綱論や一九〇三（明治三六）年の『大乗仏説論批判』で大乗非仏説論を主張するが、特に後者の中で次のように述べる。

大乗仏説論たるや、教理の方面にありては確乎として成立するにも係《ママ》はらず、歴史の方面にありては成立し難し、歴史の方面にありては成立し難しと雖も、教理の方面にありては明かに成立して動かざるなり(2)

つまり大乗仏教は、歴史的には非仏説であるが教理的には仏説だというのである。歴史的研究が進展するにつれ、大乗仏教が釈尊の死後数百年を経てから出現したことは確定的となる。日本の仏教研究者らも、こうした研究成果を意図的に無視しない限り、大乗仏教が歴史的には非仏説だという点は認めざるを得なかった。

これ以降、日本の仏教研究者が大乗仏教を論じる場合には、おおむね村上の「歴史的には非仏説、教理的には仏説」という路線を踏襲することになる。もはや大乗の歴史的非仏説性は覆せないため、「教理的には仏説」をいかに説得力のある形でアピールできるかが、彼らの課題となった。どのような理屈で「教理的には仏説」を主張するかはさまざまで、そこには個々の研究者の仏教理解が反映されていた。

3 木村泰賢の略歴

本章ではその一つの具体例として、大正期から昭和初期にかけて活躍した木村泰賢《たいけん》（一八八一～一九三〇）を取り上げる。先の課題を意識しつつ、木村の西洋への向き合い方を考えてみたい。はじめに木村の生涯を概観しておこう(3)。

一八八一（明治一四）年、木村は岩手県岩手郡田頭村（現在の岩手県八幡平市）に生まれる。父が早くに亡くなり家庭は困窮、酒屋に奉公に出るが、まもなく曹洞宗東慈寺の村山実定に引き取られた。木村は曹洞宗の中等院、そして高等学院に進学。ところが、当時の学院長の忽滑谷快天の俗服着用主義に共鳴したことが仇となり学院を追われる。直ちに青山学院の中等部に編入して、半年足らずで卒業した。

そこから曹洞宗大学〈現在の駒澤大学〉に入学・卒業、その後、東京帝国大学文科大学の選科生となる。しかし一九〇四〈明治三七〉年に日露戦争が勃発すると、陸軍二等看護卒として召集される。このとき、木村は『シェークスピア』とドイツ語辞書を携行しており、従軍中にドイツ語を読むことができるようになったという。

戦後は帝大に復学。在学中は井上哲次郎・村上専精・高楠順次郎・姉崎正治といった錚々たるメンバーに指導を受ける。一九〇九〈明治四二〉年卒業。印度哲学科第三期卒業生となり、恩賜の銀時計を授けられた。ちなみに、後年論争する宇井伯寿は同じ第三期の卒業生である。その後は「印度における純正哲学の発達」を専攻。特に高楠の指導を受けた。

一九一二〈大正元〉年、東京帝国大学の講師となり、一九一四〈大正三〉年には高楠との共著で『印度哲学宗教史』を刊行、翌年に今度は単著で『印度六派哲学』を刊行し、こちらは帝国学士院恩賜賞を受賞している。

一九一九〈大正八〉年一〇月から、印度哲学研究のためヨーロッパへ留学。イギリスに一年半、ドイツに七カ月滞在している。パーリ語研究、上座部仏教研究で有名なリス・デイヴィス夫妻、ウィリアム・ステッド夫妻らと交流。木村の直接的な西洋経験は、二年半にわたったこの留学である。

留学中の一九二二〈大正一一〉年四月に『原始仏教思想論』が刊行される。五月に帰国し、同年一一月、学位論文となる『阿毘達磨《あびだるま》論成立の経過に関する研究――特に主なる四五種の論書に就いて』

を著す。

一九二三（大正一二）年三月、村上専精・前田慧雲が大学を退いたため木村は東京帝国大学の教授となり、同時に印度哲学第一講座担任を命じられる。

一九二四（大正一三）年には一種の仏教修養論である『解脱への道』を、また一九二九（昭和四）年には仏教の現代的価値をアピールする『真空より妙有へ』を出版した。この二冊は、過去の著作に比べてより広い読者層を意識しており、一般の人に向けて仏教、特に大乗仏教思想を伝えようとするものであった。一九三〇（昭和五）年、狭心症のため急逝した。

二　「組織仏教学」の構想

主要な著作を並べるだけでも、木村の研究は、インド哲学・原始仏教・部派仏教・大乗仏教と、広範な領域に及んでいたことがわかる。もちろんさまざまな目的を持ってそれらの研究に打ち込んでいたであろうが、目的の一つとして、インド哲学から大乗仏教までを、一貫するもの、一続きのものとして提示することがあったのは確かである。本書のテーマである西洋との関係を考える際には、特にこの問題の比重が大きくなってくる。

本章冒頭で触れた、西洋での大乗仏教への関心の低さについては、木村も十分に認識しており、しかもその状況を改善する「義務」があると考えていた。

彼等［ヨーロッパの人々―引用者注］の意見に従ひますれば、大乗なるものは元来本物ではない、本当の釈尊の仏教といふものは、パーリー文で書いた所謂阿含の仏教のみであつて、大乗仏教は後から付加へられたものであるから、釈尊の本意ではないといふ事を考へて居るから、大乗といふものに対しては多くの熱心を有して居らない、それが大乗の彼地［ヨーロッパ―引用者注］に余り行渡らない理由でありますが吾々と致しましては彼等の仏教運動を有形無形の方面に於て援けると同時に、又大乗を彼等に紹介してやる義務がある。(4)

木村への追悼文を書いた宗教学者の鈴木宗忠によれば、木村には「組織仏教学」なる構想があったという。その詳細ははっきりしないものの、インド哲学・原始仏教・部派仏教・大乗仏教を含むインド思想全体の体系化を意図したものであったと思われる。そんなものは「時勢後れの意見」で、帝国大学の印度哲学科で仏教神学のようなことをやるのは「甚だ変なこと」だと、これに対する鈴木の反応はそっけない。(5) しかし当時の世界的な仏教研究の風潮、つまり大乗仏教への軽視・蔑視を肌で感じた木村にとっては、時代遅れどころか、むしろ切実な課題であっただろう。事実、木村は一九二二（大正一一）年の『原始仏教思想論』の「序」において、パーリ文献に拠る近代の仏教学者らが大乗仏教を後代の添加と片付ける態度を問題視し、当該書の目的として「後の大小思想特に大乗思想の淵源なり、その原始仏教との内面的関係なりを明にせんとした」と述べている。(6) すでに一九二二年の段階で、木村は原始仏教から大乗仏教までを包括する体系的な仏教思想の叙述を企図していたのである。

木村が急逝したため、その「組織仏教学」はついに披露されなかったが、本章にとっては、木村にこのような構想があったこと、つまり体系化の意欲を確認できたことが重要である。そういった視点を踏まえて木村の著作を読むと、木村がどのような方針でインド思想を体系化しようとしていたかが見えてくる。その際に木村のとった態度は、原始仏教の延長線上に大乗仏教を位置づけてその正統性を主張しようという、当時としては珍しくないやり方に近い。木村の場合、スタートをさらに手前に置き、インド哲学から大乗仏教までを一貫したものとして提示しようとしている。インド哲学と仏教との間に通底するものがあるという論は、木村も講義を受けた姉崎正治の姿勢を受け継ぐものといえよう(7)。

上記の一貫性の根拠として、木村はおそらく三本の軸を意識している。一つめは実践的な面を支える「禅定」、二つめは思想的な面を支える「意志」、三つめは目的としての「解脱」である。以下、一つずつ確認していくが、そこには仏教教義の近代的再解釈となるいくつもの興味深い思索が含まれている。このような木村の仏教解釈は、西洋への向き合い方とも密接に関わってくる。本章ではさらに、木村にとっての「西洋での東洋体験」といえるタゴールの問題にも触れる。西洋の人々の目に映るタゴールが、自身の目に映るタゴールとは異なっていることに木村は気づく。これもまた、木村の西洋へのまなざしに影響を及ぼしたと考えられる。

いささか先を急ぎすぎたが、まずは木村のインド思想解釈の軸となると思われる「禅定」「意志」「解脱」について検討していこう。

1 禅定

一つめは「禅定」である。禅を諸宗教に共通するものと見る思考は、末木文美士が指摘するように、明治の新仏教運動のリーダーであった古河老川らにも見られるものである。(8)

凡そ天地の間、人間の中、事々物々技々芸々、其神に通し其妙を窮むるもの一として禅ならざるものなきに於てをや、(9)

木村も、身心を整え思考を集中させることを禅定と定義するのであれば、インドに限らず、世界で広く行われていると述べる。しかし禅定を極端に重視したのが、インド思想の特徴だと言う。ウパニシャッド以降のインド思想において、禅定は「錬心術の一部門と云ふよりは寧ろ宗教的理想を実現する唯一の手段」(10)となった。そうした行法は瑜伽《ゆが》(yoga)と呼ばれ、仏教もその流れの上にある。

総じて印度の思想は遅くも奥義書時代以降(西紀前八〇〇―六〇〇)となるや、内観的方法即ち術語で瑜伽(yoga相応)の観察法を以て、真理の発見及び体験の道として進展したものであるが、仏教の禅的考察もこの学風一般から来たものに外ならぬ。(11)

「禅定」に関わる話で興味深いのは、仏教における禅定と教理の関係性についての考察である。仏教は釈尊以降、多種多様に展開していくが、木村はそうした教理の多様化の原動力を「禅定」に見る。木村の説明を少し詳しく見てみよう。

そもそも仏教の出発点は、釈尊の菩提樹下でのさとりにある。梵天勧請説話に見られるような逡巡はあったかもしれないが、釈尊のさとりの内実は結果として一定の形式をもって発表された。それが四諦や四念処、十二支縁起といった原始仏教の教理である。禅定から教理へ、つまり体験が言語化されたのである。そして、釈尊によって説かれた教理に基づいて弟子たちは禅定を修する。もちろん、ここで釈尊と弟子との禅定内容は一致すべきではあるが、それはあくまで「一種の要請」で、実際には「何程かその間に開きのあるが普通」である(12)。

そうした開きが生じるのは、教理の解釈はおよそ一致したとしても、それを禅定に移すときは個人の気質や潜在意識がはたらく余地があるためだと木村は言う。つまり禅定はあくまで個人的なものなので、教理の体得の仕方に個性が出てしまうのである。加えて、教理を禅定で体得していくときには、その教理の全体ではなく一部に焦点を絞って修するのが通例である（たとえば四念処を修するといっても、特にそのうちの「心は無常なり」を修する、など）。そうすると一部分の禅定内容が、もともとの教理における地位以上に著しく高められ、また深められることになる。

このようにして、釈尊の教理と弟子の禅観内容との間に広狭・浅深など何らかの相違が生じる。さらに、今度は弟子たちが彼らの禅観内容を表面化し教理化する段になると、釈尊との開きは一層大きくなり、当初とは異なる教理組織が生じることになる。

こゝに即ち表面教理が禅観の力に推されて次第に分化し複雑化し、種々の方向に開展するに到るの契機が存するのである。[13]

師より言葉として示された教理を弟子は禅定を通して体得する。弟子はいつか師となり、自らの禅定体験を言語化・教理化してさらにその弟子に伝える。世代を超えて教えは継承されていき、その過程でさまざまな個性が付与されていく。師と弟子という関係を通して行われるこの体験と言語化との絶え間ない往還が、これほどまでの仏教の分化を生じさせたと木村は言うのである。[14]

具体的な学派の別についても、禅定体験を言語化するときの方法の相違として木村は説明する。禅定内容を客観化・表象したのが三界や浄土であり、禅定内容を論理的に組織立てたのが空観や唯識論であり、禅定内容を体験そのものとして以心伝心しようとしたのが禅である。大乗仏教の中でも禅と浄土教はしばしば正反対のものと考えられているが、木村の論に従うならば、それらは表現方法は異なるものの、体験としての禅定を基礎とする点では同じだということになる。

こうして、インド哲学から大乗仏教まで、実践面における「禅定」という共通性が指摘された。さらに仏教教義の多様な展開についても、禅定で得た体験を言語化する、言語化された教理を禅定の中で体得するという、ただ一種類の往復運動によって説明されていた。

2　意志

もう一つ、木村がインド思想に通底するものと考えているのが「意志」である。そもそも「意志」への注目自体、西洋哲学からの影響であり、すぐれて西洋的な事態といえる[15]。木村も、フリードリヒ・パウルゼンやヴィルヘルム・ヴントによる「意志」説に目を配りつつ論を進めている。意志の働きを重視する哲学上・神学上の立場を主意論・主意主義といい、それは知性を重んじる主知主義に対する。木村は主意論一般の特徴として、「静止よりも活動を重じ、理智よりも意欲を先きと見る所にある[16]」と述べている。

ただしひとくちに主意論といっても、その内容はさまざまである。インド思想を考察する際に木村が特に注目するのが、アルトゥル・ショーペンハウアーによる主意論である[17]。ショーペンハウアーの場合はその対象を宇宙まで広げ、意志が宇宙の本体で、宇宙は意志の顕現だとした。木村は、ショーペンハウアー的な「盲目意志」への注目が、インド思想を理解する鍵になると考えていた。

インドにおける主意論の原点として、木村はリグ・ヴェーダ中の「無有歌（宇宙開闢の歌）」を挙げ、これを非常に高く評価している。宇宙の源である「混沌未分たる一けの種子」が「熱力」によって「欲愛」となり、その「欲愛」が動いて「現識」となり、万物が成立したという内容である。木村によると、「混沌未分たる一けの種子」とは「根本生命」、「欲愛」とは「生命自体の欲求、即ち生きんとする意志」、「現識」とは「表象」を指し、まさにショーペンハウアーの哲学を彷彿とさせるもので、ここにインド主意論の出発点があるという。[18] 続けて木村は、ウパニシャッド、サーンキヤ哲学での主意論を確認した上で、仏教以前のインド哲学における主意論の特徴と問題点を次のように指摘する。

インド哲学の主意論では、根本意志を宇宙意志とした。ただしあらゆる形而上学的主意論は、身もふたもない言い方をすれば、すべて類推の産物である。我々の心理が意志を根源とするという理由に基づいて、宇宙の根源もそうであろうと類推したのだ。しかし、その類推が妥当かどうかをどうすれば確かめることができるのか。インド哲学の主意論にはこの根本的な問題が付きまとう。

こうした欠点をカバーする主意論を打ち立てたのが、原始仏教であると木村は主張する。[19] 原始仏教の基本的な教説の一つとされる十二支縁起を論じる中で、木村は意志に言及している。そこでは十二支縁起の三つの解釈の仕方が紹介されているが、木村はそこに「可なり私見の含まること」を認めた上で、十二支縁起を「生命発動の進展の経過」の説明と捉えることこそが、「私の愛する解釈」だと明かしている。[20]

それによると、十二支縁起中の「無明」とは、ショーペンハウアーが言うところの「盲目的意志」だとされる。「無明」と「盲目的意志」とを同列に置くのは、姉崎正治『根本仏教』の見解と共通する。[21]

しかし、木村の独自性はここからである。十二支縁起の「無明、行、識、名色……」という項目について、「無明」とは「存在の最終根元の、生きようとする意志」、「行」はその動的側面、「識」は認識・主観、「名色」は対象としての客観だと説明を加えるが、[22] 木村は、なかでも「識」に注目する。

「無明」「行」に対してある種の方向性を与えるのが認識作用としての「識」だと言い、木村はここで「識」の発達／未発達という新たな問題を設定する。そして未発達な「識」は、ただ盲目的な欲動たる「無明」「行」に従いその道案内をするだけであるが、「識」が発達すれば智慧となり、かえって盲目的意志の支配から脱出しようとするようになる、というのである。

> こゝで吾等の大に注意せねばならぬことは、識は特にそれは理性的認識にまで進むと、決して飽くまでも意志の奴僕たるに甘ずるものではないといふことである。その大に発達するや却て意志に裏切るの作用をも呈して来るのである。(23)
>
> 抑々、吾等の生命は無明を基とする限り、その心身活動は凡てこの無明の範囲を出でざるものである。乍併、面白いことには、この無明を基礎として起りたる識の次第に進みて、所謂、智慧(paññā)となるや、却て無明自身に裏切り、無明の支配を解脱し超越せんとの希求を起すに到る。(24)

こうした事態が生じるのは、実は、はじめの「無明」・盲目的意志の中にすでにそうした要素が内包されているためで、発達した「識」は「無明」をその潜在的な方向に導くのである。

> 生きむとする意志、拡からんとする意志の裏面には之を延長すれば遂に無限生命の要求が横つてゐる。たとへ之を達することは不可能であるとしても、ともかく要求としては欲動の裏面には無

限生命への進展を予想してゐるといふことは（中略）疑ふべからざる事実である。従て亦この目的を遂行せしむるための光たる認識の役目にも浅深、種々の階段あるべきや言ふまでもない所である。（中略）その進んだ深いものとなると欲動に含まる意味、即ち無限生命を標準として欲動を導くを以て軈て欲動に忠なる所以と見るやうになる。[25]

そうなると、同じ「無明」に基づく欲でも、二種のものがあることになる。三大欲求に代表されるような「劣等欲」「小欲」と、無限生命を要求する「高等欲」「大欲」とである。この枠組みに則るならば、仏教の方針とは、大欲によって小欲を制するものだということになろう。

仏陀に従へば、凡夫は目前の小欲に縛ばられて自由の分を失つてゐるのに対して、道人は無限絶対の大欲を目標として目前の小欲を蹴却しながら、驀直にその目標に突進する決心と実行力とを養うが、軈て意志修養法の根本義であつたのである。[26]

とはいえ、十二支縁起の教説からこうした理解を導き出すことには、かなりの無理がある。もともと「無明、行、識、名色……」の十二支縁起は、苦の表れ方とその滅し方を説明したもので、特定の一支の発達／未発達が問題にされるようなものではない。木村もその飛躍は承知しており、「この点を根本的に原始仏教から説明することは可なりに困難な問題であるが」[27]と断りを入れている。無明が翻って解脱へ向かうというのは、大乗仏教の唯識でいう「転依《てんね》」に近い発想で、木村自身、唯識思想への展開を意識していたことを認めている[28]。

こうした木村の特異な十二支縁起理解が、和辻哲郎や宇井伯寿らとのいわゆる「縁起論争」を惹起するのであるが、本章の関心とは離れるのでそれには触れない。ここでは、木村の見解を承認するならば、意志を基軸としてインド思想の展開を語ることができた、また、そのような意志説を盛り込んで新たな十二支縁起解釈が提示されていた、という点を確認するにとどめたい。

3 解脱

インド思想を語る上で三つめのポイントとなるのは「解脱」「涅槃」である。禅定の場合と同じく、解脱的な発想もまた、インド以外の世界各地で確認できるが、木村はインドほどこの問題と真剣に闘ったところは他にないとして、インドこそ「解脱思想の本場」だと断言する[29]。また村上専精の『仏教統一論』を引き合いに出しつつ、解脱思想が汎インドなものであると主張している。

> 嘗て村上博士はその名著、仏教原理論に於て仏教の各派を一貫する理想の涅槃にあることを指摘して、之によりて仏教を統一し得べしと論ぜられた。然り誠にそれに相違がないのである。乍併、実をいへばこは独り仏教諸派に局るの理想ではなく、拡げて言へば印度諸教派の全体に渉るの理想であり、立前である[30]。

インド哲学、仏教の双方で解脱が説かれたことは間違いないが、西洋世界が仏教を理解していく中で、仏教における「涅槃」の解釈が一時期大きな注目を浴びた。涅槃とは虚無、あるいは魂の消滅を指すと捉えられ、仏教は魂の消滅を目指す恐るべき宗教だと考えられたのである。[31] ただし研究の精度が上がるにつれ、そうした理解が一面的だったことがわかってくる。一九世紀末には、西洋の仏教学者の間では、涅槃の理解はある程度穏当なところに落ち着いていく。そうした海外の研究事情は日本にも伝わってはくるが、西洋とは少し趣きの異なる反応が起こる。

仏教では一般的に、涅槃は有余涅槃・無余涅槃の二種類に分類される。さとりを開いてもまだ身体を保持している状態を有余涅槃といい、さとりを開きさらにその肉体も滅した状態を無余涅槃というが、特に問題となるのが後者の無余涅槃である。この無余涅槃について、木村も一時は虚無的な解釈に傾いたが、考え直したという。

仏陀及び仏弟子がこの無余涅槃を説くに好んで油尽きて灯火が自然に滅するの喩を以てしてゐるが、この喩から推しつめても、亦虚無とならざるを得ぬ。傍々無余涅槃を以て虚無寂滅の義と解するは論理上、至当のやうに見ゆるものがある。(中略)殊に今日に及ぶや東西の学者中にこの種の意見を主張するもの多く、挙げ来れば十指猶ほ足れりとせぬ程である。(中略)有体に言へば、嘗て吾人自身もこの種の意見を以て真なりとし、然らざるかの如くに解するを以て、要するに一種の弁護的救釈に過ぎぬと考へたこともあつた。乍併、その後少しく進んで、聖典文章の背後に仏陀の精神を捜り、（中略）到底、虚無説に賛成し得ざることゝなつた。[32]

無余涅槃の解釈に関する、ヨーロッパの学者に対しての不満が吐露されている。驚くべきことにその中では、ベルギーの大仏教学者プサンによる一九一七年の著作 *The way to Nirvāna* も、涅槃＝虚無を説くものとして槍玉に挙げられている。ところが実際にプサンの著述を読むと、涅槃を単に虚無と決めつけるような乱暴なものではない。プサンは涅槃が最高善（*summum bonum*）を指すのは間違いないとした上で、その内実は（一）存在の消滅、（二）聖者が不滅の状態に達すること、（三）どのような解放か積極的に表現はできないが輪廻から解放されること、のいずれでもあり得ると述べている。[33] たしかに（一）はいわゆる虚無説であるが、プサンはその解釈の可能性を容認しているだけであり、全体としてはきわめて妥当な見解というべきであろう。

木村が英語を読めなかったとは考えづらい。そうするとなぜ木村はプサンの説を批判しなければならなかったのか。木村が涅槃についての論じたものに目を通すと、涅槃を単に静的なものと見ることに、木村は異を唱えている。木村は無余涅槃に積極的な意味を見出したいのだ。

先に木村自身が告白していたように、論理的に考えるならば涅槃を積極的に解することは難しい。そこで木村が注目するのが、論より証拠、成道後の釈尊である。それはさとった後も肉体を保持している有余涅槃の具体例といえる。さとりを開いた釈尊は、静かに座してただ死を待つのではなく、亡くなるまでの四五年間、精力的に布教伝道に当たった。さとりとはこの世界の束縛から自由になることいえるが、釈尊はさとった後、この世界を離れる道を選ばず、この世界において自在な教化活動を続けた。仏教は釈尊を理想とする。そうである限り、有余涅槃・無余涅槃にかかわらずそうした活動性は肯定されなければならない。インド哲学と比したときの仏教の解脱観は、このような活動性にこそ特徴があるのだと木村は言う(34)。

そして、釈尊のこうした積極性を、真如や如来蔵などの教理として打ち出していったのが、大乗仏教である。これらの教理は釈尊が直接説いたものではないが、単なる付加物ではなく、上記のような釈尊の方針を継ぐものだと木村によって説明される。

いかにもこの中［大乗仏教になって立てられる、真如や如来蔵などの積極的原理―引用者注］には後世の発達にかゝるものもあるけれども、何れも矢張仏陀の精神から湧き出たものを引き出したに過ぎないことは仏教史の研究上、吾人の見逃してはならぬ点である(35)。

釈尊の精神を体現しているのであれば、釈尊との時間的な隔たりも大した問題とはならない。木村の口ぶりは、歴史的な非仏説性という大乗仏教の欠点は克服されたという自信に満ちている。しかし本当にそう言えるのだろうか。そんなに簡単に数百年の隔たりを無視してよいのか。あるいは、木村は知らず知らずのうちに、大乗仏教徒として身内びいきに陥ってしまってはいないだろうか。さまざまな危うさを含みながら、大乗仏教は肯定されていく。

さて、ここまで「意志」「禅定」「解脱」という三つの項目についての木村の見解を確認してきたが、これら三つは有機的に連関しており、むしろ仏教の理想的状態は、これら三つの項目を使って説明される。また木村がショーペンハウアーから多大な影響を受けていることは明らかだが、三要素の交差によって、木村はショーペンハウアーの厭世観を乗り越えるのである。

ショーペンハウエルは意志の本質が欲望にあるから意志ある限り苦痛が絶えぬとて意志の否定を究竟理想としたけれども実はこの欲望の絶えぬ意志が驄て禅的修行によつて絶対的満足の郷地を開拓し得ることを見逃したのである。併しながらこの絶対的生命の境地は決して無活動の休止的状態ではない。小なる制限ある依存的差別的生活を離れたれど全一絶対の自主生活が湧くのである。先に述べた如く神通の信仰も見やうによつてはこの自主生活の自由を高調した言ともとれるが、特に支那日本の禅となれば所謂却来門を尊び絶対的生命の光を提げて再び現実生活に戻つての活動を力説してゐる。瑜伽の本質的意義がこゝまで来て初めて完成するのである。

［傍線引用者］(36)

三　タゴール

少し補足的な話になるが、ここでは木村の西洋での東洋体験について触れておきたい。具体的には、西洋におけるタゴールブームとの接触で、私見ではこれも木村の西洋観に影響を与えていると考えられるためである。木村はヨーロッパへの留学中に経験したそれについて、驚きをもって振り返っている。

早い話が、あのタゴールでありますが、あの人は昨年の夏、独逸に参りまして諸方で講演を致しました。然る所その結果は実に全独逸の思想界を風靡しまして、タゴール熱といふものは非常なものになりまして、今尚ほ独逸ではタゴールの研究は盛んにされて居ります。のみならずそれが独り独逸に止まらず瑞西や瑞典の方にまで及んで居るといふやうな有様であります。(37)

ドイツのみならず、スイス（瑞西）やスウェーデン（瑞典）でもタゴールは流行した。木村の分析では、ヨーロッパの人々はキリスト教の代替物、あるいは補完物としてインド思想に希望を抱いており、それが彼の地でのタゴールブームにつながったという。

少し気の利いた人は、何か今までの基督教に代る、若くは代るといはなくとも基督教を補ひ得る何物かを求めんとする所の運動を、諸方に起して居るのであります。其内に於て特に吾等の立場から注意すべきは東洋思想、就中、印度思想でありまして、これは種々の形で、向ふの思想界に食ひ入らうとしてゐるのであります。(38)

木村は以前からタゴールの流行を好意的な目で見てはいたが、その思想自体には特段の新しさを感じていなかったようである。それどころか、日本の禅のほうがはるかに優秀だと言わんばかりである。木村は留学前に次のように書き記している。

少し賞め過ぎて言へば彼［タゴール―引用者注］に来りて印度思想の粋は印度的にして而も現代的に翻訳されたと言つても宜からうと思ふ。しかし進んで言へば彼の抱きゐる位の思想は已に数百年前より日本の大乗仏教徒によりて考へられて来たことで、殊に禅など丶なればモット進んだ所まで達してゐるから、タゴールだからとて強ち驚くには及ばぬ[39]。

木村のタゴール評と西洋の人々のタゴール評との間には、少なからぬ距離があった。ただし後で触れるが、木村には、この乖離をむしろ積極的に活用しようとしていたのではないかと思われる節がある。

四　西洋への期待

ここまで、木村のインド哲学観、仏教観を概観した。木村がインド哲学から大乗仏教までを一貫したものとして描こうとしていたことは確認できたであろう。大乗仏教を過剰に見えるほど評価していたが、当時置かれていた状況を考えるならば、そうなるのもやむを得ないのかもしれない。

こうした木村によるインド思想、特に仏教体系化の構想は、何を意図していたのだろうか。まず考えられるのは、インド思想の延長線上に大乗仏教が位置することを示してその出自を明らかにし、大乗仏教を世界に認めてもらおうというものである。もちろんこうした狙いもあったと考えられる。しかし木村がヨーロッパについて講演した内容を見ると、予想もしない目論見が披露されている。ヨーロッパの人々へ大乗仏教を伝え、しかも彼の地での大乗仏教のより一層の進展に、木村は期待しているのである。

木村はヨーロッパの人々の論理的思考力と独創性を高く評価する。そして、ここまで本章で見たような仏教観に基づきながら、独特な提案をしている。

> 併しながら大乗を紹介すると言ひましても、彼地［ヨーロッパ―引用者注］の人間は如何にも学問的に出来て居る（中略）彼等は仏教の聖典の成立の順序といふやうな事は、極めてよく批評的に考へて居るのでありますから、（中略）大乗を彼地へ持つて行くには持つて行き方がある、それはやはり彼等と同じやうに、釈尊の真説は所謂パーリーの聖典のやうなものであつたといふ事を認めながら、併しながらこのパーリーの聖典の所謂小乗といはれて居るところのその思想の中に、斯ういふ風な点に於いて大乗が孕んで居るのであるといふ事を彼等に納得せしめて、つまり大乗といふものは小乗の論理的結論に外ならぬといふことを十分に彼等に示すやうにして行くな

らば、彼等は大乗は所謂小乗の延長であるといふ風にして取入れて、自由に彼等はこなし得るであらうと思ふのであります。[40]

そしてもしヨーロッパの人々が大乗仏教を受け入れたのならば、そこに彼らの独創性が加えられ、さらに大乗仏教が発展するだろうと言うのである。偏狭な自国文化至上主義者とは少し異なった木村の顔が見えてくる。

私は始終さう思ひまするが、どうも日本人は独創の才に於て西洋人に及ばぬ。残念ながら之は認めねばならぬ事実である。そこでこの仏教も西洋人に伝へて行くならば、彼等は又この仏教を改造する点に於いても極めて優秀なるものがあらう。[41]

木村自身は明言していないが、こうした発言を可能にする一つの要因として、ヨーロッパでタゴールブームを体感したことがあると思われる。大乗仏教を軽視するわりには、（木村に言わせれば）ほぼ大乗仏教思想のようなタゴールをありがたがっているではないかと。タゴールを受容できるのであれば、大乗仏教の移植も不可能ではないはずである。

もちろん講演という性質上、場を盛り上げるために木村が景気のいい発言をしたということも考えられる。しかし、西洋人のほうが日本人よりも秀でていると木村が認めた「独創の才」とは、実は木村が大乗仏教を語る際のキーワードの一つであった。伝承よりも創造性を尊ぶのが大乗仏教だと、木村はたびたび発言している[42]。それに加えて、木村が「禅定」に関して語っていた教理の展開構造、すなわち異なる主体にまたがって繰り返される、禅定体験の言語化と言語化された教理の体得とのサイクルに仏教教理の展開を見た木村ならば、大乗仏教のヨーロッパでのさらなる発展に本心から期待することも、十分にあり得たのではないだろうか。

註

(1) 本節の論述は、末木文美士『思想としての近代仏教』(中央公論新社、二〇一七年)二三九〜二六三頁と、下田正弘「近代仏教学の形成と展開」(『新アジア仏教史　インドⅡ　仏教の形成と展開』〈佼成出版社、二〇〇八年〉)、一四〜五五頁とによる。
(2) 村上専精『大乗仏説論批判』(光融館、一九〇三年)、五頁。
(3) 以下、木村の略伝は、稲葉茂「木村泰賢先生略伝」(『宗教研究』新七巻第四号、一九三〇年)による。
(4) 木村泰賢「最近欧州思想界の所見」(『第五回講習会講演集』仏教連合会、一九二三年)、六〇頁。
(5) 鈴木宗忠「私の接触した木村泰賢君」(『宗教研究』新第七巻第四号、一九三〇年)、五八頁。
(6) 木村泰賢『原始仏教思想論(特に大乗思想の淵源に注意して)』(丙午出版社、一九二二年)、五〜七頁。
(7) 姉崎正治『根本仏教』(博文館、一九一〇年)三〜四頁。
(8) 末木註(1)前掲書、二〇二〜二〇四頁。なお、古河の記述については吉永進一氏から教示を受けたという。
(9) 古河老川「ユニテリアン、新仏教、及び禅」(『禅宗』一二号、一八九五年)、一二〜一三頁。
(10) 木村泰賢「印度に於ける禅定の起原」(『和融誌』第一六二号、一九一〇年)、一〜二頁。

(11) 木村泰賢『真空より妙有へ』(甲子社、一九二九年)、七四頁。
(12) 同前書、七九頁。
(13) 同前書、八一頁。
(14) 「禅的考察を中心とする限り、仏教々理の開展は、禅的体験と表面的教理とが糾へる縄の如き関係を以て相互に規定し合ひながら次第に変化し複雑化した結果である」(同前書、八一頁)。
(15) 木村が「原始仏教を帰着点として印度に於ける主意論発達の経過一斑(一)」(『哲学雑誌』三六四号、一九一七年)を発表したのと同じ一九一七年に、哲学者の桑木厳翼は「意志本位説に就いて——如何にして主意説は可能なるか」(『哲学雑誌』三六一号、一九一七年)と題した論文を著し、当時の主意説の流行に言及する。
意志本位説或は主意説即ち Voluntarismus は成語としては極めて新しきに拘らず、近来に於て最も勢力ある学説を表すものとなつた、と言つて宜い。(一頁)
(16) 木村泰賢『解脱への道』(甲子社、一九二四年)、一四四頁。
(17) もちろん、木村もインドに知性を重視する主知主義的傾向が十分にあることを認めてはいる。
吾人は大体に於て、印度思想は智見主義であるといふことは飽くまで認めながらも、亦この間に主意論的要素の少からざるを忘れてはならぬ。殊に現象界の説明となれば、諸派一致して意志的原理より導き出さうとしたと言つても大差なからうと思ふ。(同前書、一四七~一四八頁)
(18) 同前書、一五一~一五三頁。
(19) 同前書、一七一~一七三頁。
(20) 木村泰賢「原始仏教における縁起観の開展(上)——(特に赤沼、宇井、和辻諸教授の説を読みて)」(『宗教研究』新第四巻第一号、一九二七年)、二~七頁。一色大悟は、木村の十二支縁起解釈がいわゆる無明から老死に向かう還観に基づいており、その出発点となる「無明」は、木村の理解において「人間を苦へと突き動かすものでありながら、同時に人間の未来に向けた自己形成を促すもの」という二面性を持つものであったと分析する。そうした無明理解に立つ木村からは、「人間を未来に向けて積極的に自己形成してゆく当体と捉える人間観」「未来志向の人間観」が読み取れると論じている（一色大悟「近代日本における縁起説論争にみる人間観――説一切有部の三世両重解釈をめぐって」〈日本仏教学会編『人間とは何かⅡ』法藏館、二〇一九年〉、一八一～一八四頁）。木村が無明をある種ポジティブに捉えているところに注目するのは本章と共通する。そして木村が「未来志向の人間観」を有するという一色の指摘については、木村が「此土での具体的な浄土実現」を理想としていたことにも通じると思われる（拙稿「日本近代における浄土観の一考察――木村泰賢を中心として」〈『印度学仏教学研究』第六七巻第二号、二〇一九年〉参照）。

(21) 姉崎註(7)前掲書で、次のように述べられている。

何れにしても生存の意欲が、肉体を維持するも、我見を生ずるも、皆渇愛と称すべく、ショペンハウエルの所謂る生存意志なり。（二三一頁）

而して渇愛とは即ち無明の盲動なり、（二三五頁）

(22) 木村註(6)前掲書、二六〇～二六一頁。
(23) 木村註(16)前掲書、二一一頁。
(24) 木村註(6)前掲書、一六七頁。
(25) 木村註(16)前掲書、二一四頁。
(26) 木村註(6)前掲書、三九六～三九七頁。
(27) 同前書、一六七頁。
(28) 木村註(20)前掲論文、三頁。
(29) 木村註(16)前掲書、五七頁。

(30) 同前書、五八～五九頁。

(31) ドロワ／島田裕巳・田桐正彦訳『虚無の信仰――西洋はなぜ仏教を怖れたか』（トランスビュー、二〇〇二年）、フレデリック・ルノワール／今枝由郎・富樫櫻子訳『仏教と西洋の出会い』（トランスビュー、二〇一〇年）。

(32) 木村註(6)前掲書、四五六～四五七頁。

(33) L.de La Vallée Poussin *The Way to Nirvāṇa*, India, Sri Satguru Publications, 1982（First Edition：Cambridge 1917） pp.114～115

(34) 木村註(16)前掲書、八〇～八一頁。

(35) 同前書、八三頁。

(36) 木村泰賢『印度六派哲学』（丙午出版社、一九一五年）、二九四～二九五頁。

(37) 木村註(4)前掲論文、五六頁。

(38) 同前、五六頁。

(39) 木村泰賢「タゴール所感」（『名士のタゴール観』〈城南社出版、一九一五年〉）、一七六～一七七頁。

(40) 木村註(4)前掲論文、六〇～六一頁。

(41) 同前、六一頁。

(42) 木村註(16)前掲書、二五四頁、木村註(11)前掲書、八一頁など。

III 科学との対話

島地黙雷

——近代日本における科学と宗教

ハンス・マーティン・クレーマ

一　はじめに

日本近代仏教の発達史において、浄土真宗本願寺派の僧侶である島地《しまじ》黙雷《もくらい》（一八三八～一九一一）の役割はよく知られている。(1) しかし、一九世紀のグローバル宗教史のなかで、島地の位置は必ずしも認められているとは言えない。そこで本章では、西洋宗教思想史の発展も含めたグローバル史の観点から、近代科学の意義を先駆的に理解した宗教者として、島地黙雷の再検討を試みる。日本での近代的「宗教」概念の導入に尽力した人物として知られる島地の場合、やはりまずは宗教概念をめぐる問題から本論に入りたい。

現在、日本でも、海外でも、学界や一般社会で使用される「宗教 religion」概念の起源に関して、おおよそ三つの大きく異なる歴史的な説明がなされている。第一に、'religio' というラテン語の言葉の語源を強調し、古代ローマまで遡る研究がある。(2) つまり、religio という言葉は古代ヨーロッパにすでに存在し、主に「神のような崇拝すべき存在に対する取るべき態度」という、人間の特定の行動を指す意味で使用されていた、という主張である。第二に、「宗教」の起源を説明するため、その前提として、宗教の多様性がはっきりと意識されるに至った大航海時代に焦点を置く研究者もいる。キリスト教の宣教師が一五〇〇年前後に南米で土着宗教と出会った際に初めて、「宗教」には、一神教だけではなく、様々な形態があるという認識が生まれた。これとほぼ同時期に、ヨーロッパで起こった宗教改革によって、カトリックとプロテスタントの分裂が生じた。この二つの出来事によって、宗教は多様であるという認識が深まり、一般化したが、これが宗教概念にも反映されていった、という主張である。(3) またそれとは別に、第三の説明として、現在の宗教概念のプロトタイプを、プロテスタント・モデルに求める説明がある。このモデルを典型的に表現したのは、一八世紀ヨーロッパの神学・哲学を代表するフリードリヒ・シュライアマハーである。そのため、宗教概念の起源をヨーロッパ文明期に見るアプローチである。(4)

これらの三つのアプローチには、それぞれそのメリットがあるが、一九世紀のグローバル宗教史の観点からは、より説得力のある、それほど古くまで遡らない時期区分も可能である。

一九世紀以前の宗教理解と、それ以降の、今日まで続く理解を比較すると、大きな違いがあるのがわかる。その基本的な理由は、一九世紀に初めて出現した二つの新たな要素が、宗教の理解を決定付けているからである。すなわちそれは、グローバル化と唯物論的な自然科学の世界観の二つである。しかも、すでにグローバル規模で国々が密接に連絡を取る時代であったため、この二つの要素は日本にもよく見られ、また日本の宗教者もこれら二つの要素をとりまく過程に積極的に関与した。とりわけ、日本の仏教界で最も早く社会的変化に敏感に反応した浄土真宗本願寺派の僧侶であった島地黙雷は、明治維新後まもなく、近代科学の宗教に対する挑戦を理解して、動き出した。島地の活動を分析する前に、まず近代宗教を決定付けた二つの要素を、もう少し詳細に紹介する。

二　グローバル宗教史のなかの科学と宗教

グローバル化も唯物論的な自然科学の世界観も、ある意味で一九世紀以前にすでに存在した現象である。だが、一九世紀、特にその後半に入ると、明らかに新しい段階に達したと言わざるを得ない。また、一九世紀において「科学」（science・Wissenschaft）は、必ずしも自然科学に限って使われた言葉ではない。むしろ、当時の最新先端の学術である歴史科学をも含む概念であった。歴史主義（historicism）の宗教への挑戦も、自然科学のそれに匹敵した。なぜなら、宗教を歴史的に、聖典を文献学的に研究すると、旧来の教会などの宗教的権威による解釈と衝突するところが数多く現れたからである。

しかしながら、ここで強調すべきは、「宗教」とは、以前から存在した分析的カテゴリーではなく、むしろ上述のグローバル・プロセスの結果として現れた、新たなアイデンティティ概念とみなすべきだ、ということである。すなわち、グローバル宗教史研究で対象とするのは、実社会に存在してきた組織的な宗教ではなく、「宗教」についての語り方、または「宗教」言説である。現在の「宗教」言説の系譜を遡ると、今日と同じように「宗教 religion」について語られるようになったのは、一九世紀後半からである。それ以前に「宗教」という言葉自体はあっても、その意味は今日の使い方とあまりにも違う。要するに、第一に、この時期以来、グローバル化の結果として、「宗教」は従来になかったような比較の意味合いを根本的に含む概念となる。第二に、「宗教」と「科学」との衝突を通じて、初めて現代的な「宗教」理解ができあがったのである。

後者の主張をもう少し細かく根拠付けるために、ドイツの宗教学者ミハエル・ベルグンダーの論文に基づく理論的な考えを紹介するのがよいだろう。(5) ベルグンダーによると、一九世紀に生きた宗教家や宗教思想家たちは、自然科学の挑戦に直面した際、基本的に積極的な対応を取らざるを得なかった。信者たちが新しい事情に沿ったかたちの説明を求めたので、自然科学の挑戦を否定・無視し、近代を単に否定するだけの旧来の神学は、その説得力を完全に失っていったのだ。かくして、近代科学を否定するのは、徐々に不可能となった。そして、それを肯定する場合、つまり、宗教と科学の両立性（コンパティビリティ）を主張する際は、宗教家には二つの選択肢が存在した。

ベルグンダーは、両立性を肯定する際の二つの選択肢を、領域分離（separation of domains）と同一性（アイデンティティ）と名付ける。領域分離というのは、宗教と科学がそれぞれの真理を持っていても、その真理の基準や領域は違う、という解決方法である。要するに、宗教は、自然（物理）世界を説明する権能（オーソリティ）を放棄して、これを自然科学に譲る、というわけである。宗教家の主流はこの選択肢を選んだ。例えばキリスト教のプロテスタント教会の主流は、一九世紀後半以降、宇宙の生成を説明できるのは、聖書に基づくキリスト教ではなく天文物理学であると、次第に認容するようになった。ただし、物理世界の真理という領域は近代科学の管轄下に置かれると認めても、宗教にはそれとは別の真理が存在すると、キリスト教の宗教家たちは主張した。それは精神・霊魂・内面的世界の真理で、科学的な方法では把握できない領域の真理である。このような領域分離あるいは役割分担は、近代科学からの挑戦への対応である。その代表例はリベラル・プロテスタントで、やや遅れて二〇世紀にカトリックも同じ道をたどるようになった。ヨーロッパ以外にも、例えばインドのヴィヴェーカーナンダに代表されるヒンドゥー教の改革運動も、同じ立場を選んだと言える。

それに対して、二つ目の選択肢である同一性は、科学が物理世界を説明する権能を完全に有するのを認めず、同時に、科学が宗教についても意義のある説明ができるとする立場である。こちらの方向を選択した団体・運動・個人・思想も、一九世紀後半に出現する。その代表例として神智学（セオソフィー）が挙げられる。神智学協会の会員たちは、神智学とは科学をも含む統合的システムであるとする。また、物理世界は神智学によって説明できる一方、近代科学から精神的現象を解明することもできる、と神智学の代表者は断言する。さらに、この同一性という選択肢の具体例を考えれば、心霊主義的なグループが、セアンス（交霊会）などで起こる現象を物理学や化学の法則で解釈しようとした、というケースも挙げられる。

そして、特に強調したいのは、上述の二つの選択肢のいずれかを選択するなか、宗教と非宗教の分離も決定された、という点だ。つまり、一九世紀の終わりから現在に至るまで、一般に「宗教」として考えられるのは、ほとんどの場合、領域分離の道を選んだ団体や思想である。それに対して、同一性の道を選んだ団体や思想は、おおむね「宗教」として認容されないようになった。宗教研究においては、後者のグループなどには「エソテリック」というラベルを付けるのが普通で、エソテリック研究という専門分野までである。このように、近代宗教史を理解する上で、「宗教」の科学に対する態度のあり方を把握する必要があるのは明らかだ。

では、日本近代仏教史の場合はどうか。それは、必ずしも簡単に答えられる問題ではない。例えば、二〇世紀に世界中で隆盛した仏教の種類（チベット仏教、欧米のZEN）を見ると、ダライ・ラマや鈴木大拙などの発言は、同一性の選択肢とかなり近いと言って差し支えないだろう(6)。事実、釈宗演や鈴木大拙と親しかったアメリカの哲学者のポール・ケーラスは、おそらくアメリカでの宗教と科学の間の激しい闘争を目の前にして、仏教を明示的に「科学的宗教」として絶賛したのである。ケネス田中が指摘したように、「ケーラスは、釈尊を科学の宗教の提唱者と高く評価した。ケーラスにとって、釈尊はあたかも人類最初の科学者であった」。そして、彼はケーラスを引用する。

彼［釈尊］は、歴史上最初の実証主義者で、最初の人道博愛主義者で、最初の急進的な自由主義思想家で、最初の偶像破壊者で、そして最初の「科学の宗教」の提唱者であった。（中略）釈尊は、法則の非破滅性を説き、この点は釈尊の他の教えと同じように、現代科学の理論と全く一致するのである(7)。

周知のとおり、日本の仏教界で近代の様々な挑戦に初めて積極的に対応したのは、浄土真宗である。特に、上述の一九世紀グローバル宗教史が強調する二つの挑戦に対し、真宗は敏感に反応した。しかも、それは新仏教運動が目立つようになる明治三〇年代ではなく、かなり早い時点、明治維新が起こってから、ほとんどすぐである。ここで特に強調したいのは、先駆者としての役割を果たした島地黙雷の生涯や思想だ。なぜなら一八七二(明治五)年前後に、島地がすでに新しい時代の新しい挑戦への対応を探っていたためである。以下では、学問を歴史主義と自然科学に分けて、これら二つの挑戦と、それへの島地の応答について論じる。

三　歴史主義の宗教批判——仏教の学問化

1　啓示から歴史学的方法へ

歴史主義、言い換えれば近代歴史学が宗教への挑戦であった根本的な原因は、啓示の否定にあるだろう。ムハンマドへの天使ガブリエルからの啓示、アブラハム、モーセなどのヤハウェ(エホバ)との対話、神がキリストを通じてイスラエル人と語ったこと、釈迦の悟りなどは、いずれも歴史学から見れば立証不可能の無意味な伝説にすぎない。特に聖典の分析的な研究では、聖典は啓示の産物ではなく、むしろ長い年月をかけて様々な人々が何度も書き換えてきたテキストである、と必ず結論する。これは、近代の歴史的文献学の一つの大きな前提である。例えば、南条文雄や笠原研寿がオックスフォードで行ったサンスクリット経典の分析でも、まず、誰が、いつ、いかなる状況の下でテキストを書いたか、いつ書き加えられたか、または削除されたか、などを解明しようとした。このような態度が本格的に日本の仏教学に根を下ろしたのは、おそらく南条の帰国後、仏教学が近代高等教育機関に設立されて以降であったと思われる(8)。

学者タイプではなかった島地黙雷も、政治や社会活動、教育制度の確立に貢献するなか、宗教の文献学的な研究の必要性を、いち早く、おそらくは日本の仏教界で初めて感じたに違いない。宗教への文献学的なアプローチの必要性を、島地に最も明らかに示したのは、彼がパリで読んだルナンの『イエス伝』である。エルネスト・ルナンは、一八六三年に出版された『イエス伝』で、キリストを神の子ではなく、人間として描いた。島地が翻訳者の助けを借りながら読んだ本書の序章では、ルナンがその方法論を紹介している。そこでは、キリスト教は歴史的・動的なものとして捉えられ、現存するキリスト教はイエスの時代からすでに完全な形で存在したわけではなく、むしろ「西欧全体を征服」した長い歴史を経てキリスト教が形成された、と主張される。

ルナンは、「われらが歴史から奇蹟を排する」と断言し、従来は啓示宗教として理解されてきたキリスト教を、徹底的に歴史化した。近代科学によって証明できる事実のみが、まともな研究の対象になり得る、という理由で、彼は聖書に描かれる奇跡を拒否した。島地に強い印象を与えたのは、聖書の啓示的性格を排除し、各記述を個別の歴史的コンテキストに置くために福音書を詳細に分析した、ルナンの方法であろう。島地がルナンから学んだのは、宗教を合理性の対象にする、という姿勢であった。島地は、ルナンをパリで読んだ時期に書いた文章のなかで、特にユダヤ教とキリスト教の啓示的性格を攻撃した。島地の最も早いテキストの一つである一八七二（明治五）年の「教法ノ原」には、この点が二度にわたり論じられる。

摩西《モーセ》厄日多《エジプト》ニ学フヤ、其造化主ヲ取テ説ヲ立ツ。而シテ之ヲ神授ニ托シ、鳴スニ荒唐ヲ以テス。(9)

按スルニ、西洋造化ノ神ヲ説ク、本邦印度等ト同シ。其説具略些異アルノミ。上古開闢ノ初メヲ云フ、亦如是説カサルヲ得ス。雖然彼旧訳書ノ神宣聖書ト称スルガ如キ、荒唐固リ論スルニ足ラス。(10)

宗教というのは、歴史的にできあがった、あるいは作られたものであるという点も、右の引用にうかがえると思う。歴史的方法によってオリジナルと後世の追加をはっきりと区別すべきだという主張は、島地の同年一二月半ばに書かれた「三条教則批判建白書」においても、よく見られる。

後世、密ノ諸神ニ並事スルガ如キハ、印度古事ノ陋俗ヲ取テ之ヲ仏教ニ混ゼシ者ノミ。開化ノ世宜シク之ヲ禁ズベキ者也。他ノ禁呪・卜占、風化ニ功ナク、人心ヲ蠱惑スル者ニ於テハ、一切之ヲ掃除シテ可也。(11)

ほぼ同時期に書かれた書簡のなかでも、島地は、特に「開張（ママ）・祈禱・卜占等」は教部省が進める近代化に全く適合しない行動であるとみなした。

2　奇跡から合理性へ

ここですでに見られるように、宗教の歴史的批判の一つの結果は、宗教と迷信との識別、あるいは、本当の宗教から妥当ではない要素を排除することである。そうした本当の宗教の基準として、合理性が新たに島地によって導入された。この合理性もまた近代歴史科学と密接な関係があり、例えばルナンは『イエス伝』の序章のなかで、自分の新訳聖書分析の方法を次のように特徴付けた。

> 福音書が一部分伝説的であるといふことは、それらが奇蹟や超自然的のことで充満してゐる点からして明白である。（中略）われらは、福音書によつて与へられたものが、如何なる程度に於て、合理的原理に従つて作られる歴史中に使用され得るかといふことだけを究めたいのである。(12)

これは大正時代の翻訳で、「合理的原理」という言葉がすでに定着した時期であるが、一八七〇年代前半のまだ言葉遣いが曖昧な時期の島地の場合は、次のように表現された。

> 総テ学ハ知識ヲ発明スルヲ要トスルガ故ニ、古人ノ書ト雖モ必シモ則トセズ。只理ニ契フヲ以テ

真トス。教法家ハ之ニ反シテ古賢・先聖ノ遺書ヲ以テ則トシテ、専ラ之ニ背カザルコトヲ要ス。故ニ今日造物者ヲ立ツル者ハ今日ノ教家ノ私創ニ非ズ、昔時伝来ノ説ヲ遵守スルノミ。而シテ昔時之ヲ立ツル、実ニ人智昏蒙、毫モ実理ノ何物タルヲ知ザルガ故ナリ。[13]

再びキリスト教への攻撃だが、ここで面白いのは、「理ニ契フ」や「実理」という、宗教（ここでは「教法」と言われているが）の妥当性を決める基準である。一八七四（明治七）年の別のテキストで、島地はもう一度、宗教であっても「実理」と相反してはならない、と強調する。

此ノ心ト物トノ二ハ宜ク教ト学トノ二ニ分ツヘシ。物ノ開化ハ学問ニ依テ知識ヲ磨クニ根ス。心ノ開化ハ教化ニ依テ其ノ心ヲ忠実ニスルニ根ス。教学ノ二ツ竝進テ初テ真ノ文明開化トナル。而テ教化ノ任専ラ人心ヲ善良ニシ人行ヲ正実ナラシムルニアリ。只其教フル所実理ニ戻ラスシテ開知ノ学問ヲ妨ケサルヲ要スルノミ[14]

四　物質主義的自然科学の宗教批判——宗教の内面化

島地は常に二元論で話をする。例えば、彼による宗教と政治の二元論がよく知られる。先ほど引用した二つの文章でも、「教」を定義する際、「学」「学問」の役割が決定的であった。実際、島地だけではなく、近代仏教では全体的に——とりわけ明治期の真宗にとっては——宗教あるいは仏教の自然科学との関係が、一つの中心的な課題となっていた。

1　キリスト教を非難する道具としての科学

まず強調すべきは、キリスト教との競争のなかで、科学への態度が果たした役割である。特に保守的なアメリカ系の宣教師は、西洋でキリスト教に迫っていた危機を無視して、早い時期から日本仏教を迷信として非難した。しかも、欧米でダーウィン主義者たちによるキリスト教への根本的な批判が顕著になった一八八〇年代でさえ、滞日中の宣教師は、いまだ同様の論を展開していた。

だが、このような批判は一方通行ではなかった。仏教側もまた、キリスト教を非科学的として非難したのだ。ある意味では、それはすでに近世の排耶書にも見える現象で、特に聖書の「創世記」第一章のヤハウェによる世界の創造は、キリシタン時代から、仏教側の冷笑の対象であった。しかし、明治に入ってからは、この種の批判が近代科学という基準に基づくようになった。そして、いち早くこの戦略を展開したのは、またしても島地黙雷である。有名な「三条教則批判建白書」の終わりの部分で、彼は、現在のヨーロッパ文明期においても無宗教という現象はあまり見られないと説明して、次のように仏教を近代科学に対して位置付けた。

凡ソ心ニ属スル者ハ無形也、孰カ空理ナラザル者アラン。然而空理ヲ推窮シテ実ヲ得、欧州窮理ノ学ニ契フ者、世界中仏陀ノ説ニ非ズシテ何レカアル。耶蘇ノ造化主ヲ伝ヘル、又上古ノ歴史ニ従フノミ。豈別ニ造作スル者アランヤ。理学者近来無神ノ説ヲ立ル、此ガ為ナリ。無神説ヲ立ルモノ、英ノダーウヰン氏、仏ノコント氏等此也。（中略）欧州開化ノ原ハ教ニ依ラズシテ学ニヨリ、耶蘇ニ原カズシテ希臘・羅馬ニ基クハ、三歳児童モ知ル所ナリ。之ヲ教法ノ功ニ付セントスルハ、「ミショナル」家ノ私意ニ出ヅ。

一八七〇年代前半の日本では、宣教師は西洋文明とキリスト教をワンセットにして宣言するのがまだ普通で、西洋文明を身に付けるためにキリスト教に改宗した日本のエリートもいた時代である。そうしたなか、島地の主張はかなり新鮮であったと言えるだろう。また、ちょうど「三条教則批判建白書」を書いたのと同じ月に、島地は、本願寺派の梅上沢融、大谷派の松本白華、通訳者の坂田乾一郎と一緒に、当時フランスの唯一の日本学者であったレオン・デ・ロニーを訪問して、書籍を求めたが、そのなかにはダーウィンの作品もあった。そして、特にキリスト教との戦いのためには、ダーウィンがどれほど有効であるかに、いち早く気づいた。この点は、その後の日本の仏教者によっても繰り返しなされた議論である。(15) ただし、キリスト教をめぐり「三歳児童」と皮肉を述べた島地は、科学的な世界観のなかでの仏教の弱い立場も認めており、同時期に仏教界の改革を強く求めた。一八七二年一〇月の『教義新聞』掲載の「欧州留学某生ヨリ来書」のなかで、島地と思われる執筆者は次のように書く。

之カ為ニ僧侶ノ学無益ノ労ヲナスニ至リ遺憾ニ堪ヘス候（中略）須弥ノ有無ヲ争フトモ何ヲ証トシテ之ヲ論センヤ今日実測経量ノ上ニテ地球ナルコトハ万人ノ知ル処ニ候(16)

2　物理世界を説明する権能の放棄

こうした対キリスト教の態度よりも興味深いのは、近代仏教、とりわけ真宗において、科学との関係がどう議論されるようになったか、という点である。結論から言うと、近代仏教の代表者は、ポール・ケーラスの路線とは明らかに異なり、領域分離という選択肢を選んだと言える。例えば、代表的として挙げられるのは、晩年の井上円了である。彼は『迷信と宗教』という一九一六（大正五）年の本のなかで、宗教と科学をはっきりと識別した。

此世界には物質的方面と精神的方面との二様がある、物質界の変化は物理の規則によつて支配せられて居る、天災や病患はもとより其方の所属である、依つて若し天災病患を免れんと思はゞ、学術上研究して得たる規則に依るより外に道がない（中略）依て神仏も宗教も物質界の規則を支配するにあらずして、精神界の帰処を指導するものと見なければならぬ（中略）然るに今日の教育を受けたる人々は学術上の道理を以て宗教問題を解決しようと思うて居る、是れは全く方向違であつて、恰も物差を以て物の軽重を計り、目を以て物の味を知らんとするの類にして、実に笑ふべきの至りである(17)

おそらく、日本で初めてこうした科学と宗教の分野の違いを論じたのは、やはり島地黙雷である。議論や概念のあり方がまだ安定していない一八七四年に、彼は教部省が出した十七論題への、批判ではなく解釈を示した論文で、「教」と「学」との関係について論じた。必ずしもクリアではないが、「教」はおそらく宗教を指し、「学」はここで人文学も含めた学問一般ではなく、もう少し狭く自然科学を指すと思われる。

又世人ヤヤモスレハ教ト学トノ差別ヲ混スル者アリ。教ハ信ニ根シ学ハ智ヲ的トス。其不同霄壌也。故ニ学ハ事物ヲ講究シテ経験ニ至テ止ム。英人ノ発明スル所仏人モ之ヲ用ヒ独人ノ経験スル所米人此レニ順ハサル事ヲ得ス。然而天下終ニ異説ノ起ラサルニ至ルヲ学ノ徴証トスル也。故ニ各国何ノ学ニ於イテモ未タ信ノ言ハヲ以テ附スル者アラス。若シ信ノ言ハヲ付スル如クナラハ則チ学ハサルニ如サル也。彼ノ教タル者ハ之レニ異リテ知ルヘカラサルノ境ニ於テ信ヲ立ツ。所謂生前死後ノ幽冥ナル吾霊魂ノ不測ナルヲ見ント欲ストモ得ヘカラス。知ラント欲ストモ得ヘカラス。神人先知大悟覚証ノ指示ニ依ラスンハ何ニ依テカ此ニ安スルコトヲ得ン。教門異同有リト云ヘトモ一モ証験ヲ眼前ニ求ル者無シ。皆信ヲ以テ根拠トス。学ハ此ニ反シテ皆経験ヲ以テ主トスルカ故ニ確証ナキノ説ト云ヘトモ之ヲ仰信スヘシト云ヘル如キ学則ハ断エテ聞カサル所也。(18)

島地のみならず、井上円了や大谷派僧侶の近角常観をはじめとする真宗関係者に共通するのは、科学の対象は事物や物（島地）、物質（円了）、物（近角）である、という主張だ[19]。宗教の方はどうか。島地によれば、それは「知ルヘカラサルノ境」で、つまり「生前死後ノ幽冥ナル吾霊魂ノ不測ナル」、近角の場合は「絶対」で、円了にとっては「精神的方面」である。このうち、近角が哲学的な言葉で最も明確に論じているが、興味深いのは、これらの仏教者たちが、いずれも科学と宗教それぞれの目的を達成するための方法を求めていることだ。円了は、科学の方法を「学術上研究して得たる規則」として位置付ける。近角は、「実験観察」対「信仰」という図式を立てた。これらは、二二年も前の島地の論とほとんど変わらない。島地は「講究」と「経験」と書くが、そこでの「経験」は、おそらく現在一般的に使われている「経験」（experience）とは異なり、今で言う「実験」（experiment）に当たると思われる[20]。また、宗教は「信」あるいは「仰信」に基づいている、と島地は言う。

3　外面を担当する科学に対する内面を担当する宗教

島地から二〇世紀まで続く二元論を、我々は、宗教の内面化の過程の一側面として位置付けることができる。科学は外の世界、見える、感じられる外面的な現象を司るのに対して、科学の方法は内面的世界まで及ぶわけではなく、そこではまた別に宗教が必要である。そして、宗教の最も著しい特徴は、その内面性にある。近代真宗の場合、少し後の段階で、清沢満之が、内面的経験や私的な他力の経験、自分の人生上の実体験を、真宗の核心として立てた。ジェフ・シュローダーが指摘したように、彼の弟子たちは清沢の思想を、歴史学・心理学・哲学的な方面で発展させた[21]。

例えば佐々木月樵は、一九〇三年の『実験之宗教』のなかで、宗教の基本を実感や実験に求めて、それを「心霊的実験」というレベルにまで具体化している。[22]あるいは、佐々木もまた、宗教の定義は信仰に基づくため、科学とは領域が違うとした。だが、その一〇年ほど前、明治二〇年前後に、大谷派僧侶の吉谷覚寿がもう少し深く、仏教の内面的次元について論じている。『令知会雑誌』の記事で、吉谷は、真俗二諦論を展開して、真諦の核心はやはり内面的な心のなかで仏教を信じることだと定義した。

凡ソ真宗ノ規則ハ内心ト外相ヲ分ケテ内心ニハ仏法ヲ信シテ未来ノ覚悟ヲ要シ外相ニハ只世間通途ノ儀ニ順シテ人間当行ノ務メヲナシ決シテ仏法者ノ相ヲナスヘカラスト教ル所ナリ近来ノ誤解者ハ内外顚倒シテ内心ニ蔵ムヘキコトヲ外相ニ顕シ外相ニ行フヘキコトヲ放擲セントス故ニ真宗ノ正義ニ背キ世道人心ニ益ナク国家保全ノ道ニ無用ナルニ似タリ是甚タ然ラサルナリ[23]

ここでは科学ではなく、「外相」つまり社会・国家・道徳との対立の図式であるが、仏教が最終的に目指すのは、「世道人心」を維持するために必要な、「内心」での「信仰」であるという論理だ。
先に「教」と「学」を論じた際、島地が吉谷より一〇年前の時点で、信仰を宗教の核心として位置付けたのを確認したが、これとは違う文脈でも、彼は信仰に基づく宗教を強調した。特に個人的な信仰という性格が弱い神道との対立のなかで、こうした議論は彼にとっての便利な道具になったようだ。

［神道のように］内ヲ自尊シ、外ヲ侮蔑スルノ教風ハ、文化ノ害未ダ之ヨリ甚シキ者ハアラズ。夫古史ノ尊ブベキハ攷古ノ徴典ニシテ、内知テ而後外ニ及ブハ学問ノ階序也。教ハ然ラズ。古賢・先聖ノ自ラ神人ノ間ニ立テ、遺訓万世ヲシテ感仰景慕セシムルヲ云トキハ、何ゾ必シモ古史ヲ要トセン。若必ズ開国ノ元史皇家ノ所本タルヲ以テ、強テ之ヲ信ゼシメントスルハ、即是朝威ヲ挟ミテ人心ヲ制スル者ニテ、他日皇室ノ患ヲナス、恐クハ端ヲ此ニ発セン。何トナレバ、太古ノ漠然タル、固リ悉ク信ヲ取リ難シ。然而強テ之ヲ信ゼシメントスルモ、人各信ズル所アリ、奚ゾ己ガ信ヲ閣テ、其信ゼザル所ニ従ハンヤ。（中略）欧州昔日ノ大乱、皆己レヲ準トシテ他ヲ強同セシメントスルニ出ヅ。其教戦ノ起ル者ハ信教ノ自由ヲ与フルノ日ニ出ズシテ、其君主ヲ廃立スルニ至ル者ハ多ク威権ヲ擅ニセシ政下ニ出ヅ。費内倫[24]云ク、国君ノ権ハ人心信仰ノ権ニ及バズ、国君ノ力ハ人心天良ノ力ニ及バズ。故ニ教法ヲ以テ任意ニ之ヲ抑揚スル者ハ、是教法ヲ奴隷トスル也。若官威ノ為ニ其信仰スル所ヲ移ス者ハ、是偽信ニシテ小人也ト。語意全ク仲尼ノ三軍可奪帥也、匹夫不可奪志也ニ合ス。然則己意ヲ以テ他ヲ準同セントスルハ、政教ノ固リ取ラザル所ニシテ、下民ノ旦夕志ヲ改ムルガ如キハ、固リ信教ノ実ナシト云フベシ[25]。

この引用には興味深い点が数多くあるが、いま指摘しておくべきは、島地が「神道」対「宗教」を議論する際、どれほど「信」「信ず」「信仰」「信教」を強調したか、という点だけだ。

五　一九世紀グローバル宗教史のなかの島地黙雷

早い時期から、島地黙雷は「宗教」という新しい概念を捉え直す際に、先駆者として信仰という内面的な次元へ目を向けた。このように、島地が合理性に基づいた歴史学に学びながら、同時に自然科学との根本的な距離を強調したことは、そもそも何を意味するのだろうか。右に述べたように、それは近代的挑戦への対応として位置付けるのが妥当だろう。しかも、それは島地黙雷という個人、あるいは真宗という一つの宗派、あるいは日本の宗教独特の対応ではなく、グローバルな規模で起こった反応であった。

島地は、科学の立場を認めることで、宗教を救うための論理を立てた。近代科学を完全に否定するのは、一九世紀後半においてはもはや不可能だと、真宗の代表者はすぐ理解した。そして、この新しい環境のなかで生き残るために、自然科学が届かない一つのニッチ（隙間）を切り開いたのである。それは個人の内面的な信仰であり、信心という前近代からの伝統的カテゴリーが重要視された真宗にとっては、特に行きやすい道であったと言えるだろう。

しかし、この点に関して強調しておきたいのは、ヨーロッパ・キリスト教にとっても、同じ時期が同じように画期であったという点である。たしかに、信仰を宗教の中心として理解するのは、ルターの最も大切な主張の一つで、彼の sola fide（信仰のみ）の思想は、少なくとも一六世紀の宗教改革以来のプロテスタントの主旨の一つである。だが、信仰を教学・神学の内部問題ではなく、人間の行為の根本的な次元として理解し、科学と対立させたのは、ヨーロッパでもやはり、唯物論的な自然科学の世界観が一般的になった一九世紀後半である。そもそも、自然科学の世界観は不可避であると、宗教家ですら容認するまでの過程は、ヨーロッパでも非常に長かった。例えば、カトリックを見ると、二〇世紀後半の第二ヴァチカン公会議までは、世界のあらゆる現象を説明できる権能は教会にある、という考え方が残っていた。

しかし、このような極端な例を避けても、内面的な次元こそ宗教の核心であると決定的に定義されるのは、欧米でも一九〇〇年前後を待たねばならなかった。宗教の内面化をはっきりと表現した代表者として挙げられるのは、ウィリアム・ジェームズ（一八四二〜一九一〇）やエルンスト・トレルチ（一八六五〜一九二三）であろう。ジェームズは、特に一九〇二年に出版された主著『宗教経験の諸相』（日本語訳は一九一四年）で、心理学者の観点から、宗教の起因をもっぱら経験に求めた。次のような、彼の有名な定義がある。

宗教とは各人が神と思ふ何者かと交渉して立つと思ふ範囲に於て、各人が孤独なる折の感情、行為、経験である。(26)

同じように、新しい宗教学だけではなく、古くからあるヨーロッパの神学のなかでも、この時期に人間の宗教的機能が新たに考えられた。一九〇〇年前後にプロテスタントの自由神学のもっとも著名な代表者の一人であったのは、トレルチである。彼は、神学内のいわゆる歴史派の成立者で、ドイツだけではなく、アメリカへの影響も大きかった。トレルチにとって、彼が生きた時代の宗教観で決定的に新しかったのは、その内面性である。一八九七年の論文から引用する。

近代的歴史観から、宗教とその歴史的発展についての新しい考え方も出現した。宗教においても、無数の姿形のあらわれから、いたるところに存在する、少なくとも形式上は同一の核心にまで遡った。その核心というのは、意識の内面的な経験であり、様々な条件が組み合わさることで、初めて固定化されて分岐した。(27)

経験であれ、信仰であれ、宗教の本領を個人の内面的な次元に探る点において、近代日本仏教も欧米のリベラル・プロテスタントも同じだった。日本側でそれにいち早く携わったのは、島地默雷である。しかも、それは欧米の既成事実に追いつくというかたちではなく、東西で同時期に起こった現象であった。その交流の思想的な諸側面は、これからもっと研究されるべき、私たちの課題であろう。

註

（1） 近代仏教史学の黎明期である一九六〇年代にはすでに、島地の重要性が強調された（福嶋寛隆「島地默雷に於ける伝統の継承」〈『竜谷史檀』五三号、一九六四年〉を参照)。今日までもその関心のレベルには変化がない。例えば、村上護『島地黙雷伝——剣を帯した異端の聖』（ミネルヴァ書房、二〇一一年）、山口輝臣『島地黙雷——「政教分離」をもたらした僧侶』（山川出版社、二〇一三年）を参照。

（2） ヨーロッパにおける古代以来の宗教概念史を四巻にわたって非常に詳細に取り扱うものとしては、Ernst FEIL, *Religio. Die Geschichte eines neuzeitlichen Grundbegriffs*, 4 vols. (Göttingen: Vandenhoeck & Ruprecht, 1986–2007) がある。

（3） Jonathan Z. SMITH, "Religion, Religions, Religious" (In *Critical Terms for Religions Studies*, edited by Mark C. TAYLOR, Chicago: Chicago University Press, pp. 271–272.

（4） 註(2)FEIL, *Religio*, vol. 4, pp. 756–801.

（5） Michael BERGUNDER, "'Religion' and 'Science' within a Global Religious History". In *Aries: Journal for the Study of Western Esotericism*, Nr. 16, pp. 86–141.

（6） 後期の鈴木は、特にその海外向けの発言において、よくそう理解されるが、初期の時代の彼もまた、科学と宗教の関係について考え、相互の対応性を強調している。例えば、一八九六（明治二九）年の「宗教と科学との関係」という一章のなかで、鈴木は、宗教と科学は基本的に不可分で、同じ真理を追求していると主張した。すなわち、「吾人は科学を以て宗教の塵垢を洗滌し宗教の真美を発揚するものとなす」といった発言からわかるように、科学と宗教とは同じ次元のものであると考え、その両立性を説いている（鈴木貞太郎『新宗教論』〈貝葉書院、一八九六年〉、一九五頁）。

（7） ケネス田中「アメリカ仏教への貢献者ポール・ケーラス（Paul Carus）——キリスト教と異なる「科学宗教」としての仏教」（『近代仏教』二〇号、二〇一三年）、三九～四〇頁。

（8） そうは言っても、近代的理解の以前と以後の間に、必ずしもはっきりとした時期的な線を引くことはできない。例えば南条は帰国後でも「天台教判の五時」というカテゴリーを利用し続けた。

(9) 島地黙雷「教法ノ原」(二葉憲香・福嶋寛隆編『島地黙雷全集』第一巻〈本願寺出版協会、一九七三年〉)、一八七頁。

(10) 同前書、一八九頁。

(11) 島地黙雷「三条教則批判建白書」(安丸良夫・宮地正人校注『日本近代思想大系　第五巻　宗教と国家』〈岩波書店、一九八八年〉)、二三八頁。

(12) ルナン『耶蘇』(廣瀬哲士訳、東京堂書店、一九二二年)、五一頁。

(13) 島地黙雷「三条弁疑」(『島地黙雷全集』第一巻)、三七九頁。

(14) 島地黙雷「十七論題修齊通書」(『報四叢談』二号〈明治仏教思想資料集成委員会編『明治仏教思想資料集成』「別巻　報四叢談」同朋舎、一九八三年〉)、三五頁。

(15) 例えば、進化論の立場からキリスト教を非難する、天野為之「特別創造を論する」(『令知会雑誌』五号)、二五～三一頁、またはダーウィンを擁護する遜堂逸史「変遷論大意」(『令知会雑誌』三九号)、二〇九～二一七頁を参照。

(16) 「欧州留学某生ヨリ来書」(『教義新聞』二号〈明治仏教思想資料集成委員会編『明治仏教思想資料集成』「別巻　教義新聞」同朋舎、一九八二年〉)、一二頁。

(17) 井上円了『迷信と宗教』(至誠堂書院、一九一六年)、一八〇～一八一、一七三頁。

(18) 島地註(14)前掲書、二八～二九頁。

(19) 近角常観「如何か仏教教理史の基礎を成立せむ」(『仏教史林』第二編二三号、一八九六年)。

(20) 原坦山における「実験」の理解については、本書のリシャ論文を参照。

(21) Jeff SCHROEDER, "Empirical and Esoteric: The Birth of Shin Buddhist Studies as a Modern Academic

Discipline". In *Japanese Religions*, 39, pp. 95-118.

(22) 碧海寿広『近代仏教のなかの真宗——近角常観と求道者たち』（法藏館、二〇一四年）、五五頁。

(23) 吉谷覚寿「仏教門中最モ速ニ改良スヘキモノアリ」（『令知会雑誌』四二号）、三八八頁。

(24) 費内倫はフランソワ・フェヌロン（一六五一～一七一五）を指す。フェヌロンはカトリック教会の大司教で、一六九〇年代に書かれた『テレマックの冒険』（*Aventures de Télémaque, fils d'Ulysse*）という広く読まれた初期啓蒙時代の小説の執筆者でもある。この小説がもとでルイ一四世の朝廷から排除された。

(25) 島地黙雷「大教院分離建白書」（安丸・宮地校注註(10)前掲書）、二四六～二四七頁。

(26) 上野隆誠訳『宗教心理の本質』（理想社、一九四一年）、八九頁。

(27) Ernst TROELTSCH, "Christenthum und Religionsgeschichte". In *Preußische Jahrbücher*, 87, p. 425.

原　坦山

――身理的禅と実験の探究

ステファン・リシャ
（碧海寿広訳）

一　序

明治期の曹洞宗の禅僧である原坦山《たんざん》（一八一九〜九二）は、日本仏教史上に独特な位置を占める。一八一九（文政二）年に生まれた坦山は、一八六八（慶応四／明治元）年の明治維新直後に仏教界へやってきた、短期間ではあれ破壊的な暴力（廃仏毀釈）を直接的に経験し、そして明治初期の激動の時代に名を高める。彼はまた、日本の仏教者たちが西洋化の圧力に直面するなかで感じた、深い衝撃を共有した。西洋化によって、仏教の社会的な地位が脅かされるように思われたのだ。坦山の来歴は、近代的宗教としての「日本仏教」が最終的に出現するに至る過程のはじまりと、軌を一にする。そしてその過程に、彼も積極的に貢献することになる。(1)

ドイツの宗教学者マイケル・ベルグンダーが指摘するとおり、「宗教」の近代的理解は一九世紀後半に形成され、そこには二つの要素の同時的な発展の影響があった。一つは、異なる宗教伝統どうしが互いを同じ「宗教」の仲間だと認識したことである。これが、やがて「宗教」をアカデミックな知識の対象として扱う、宗教史（学）という研究分野の確立をもたらす。二つ目は、自然科学の急速な進展と、その、ときとして攻撃的な世俗主義である。そこから、宗教の正統的な教義の非合理性が主張されるようにもなった。ベルグンダーによれば、これら二つの発展は、宗教の内面化をもたらした。言い換えれば、宗教思想家たちは自らの伝統を、自然科学の猛威から隔離しようと試み、自然界に属する問題については、いかなる真理を語ることも断念した。その上で、宗教の「本質」を、人間の心のなかに位置付けた。ひるがえって、この宗教が存在する内面の空間は、多様な宗教伝統が一堂に会し、「宗教」の普遍的なかたちの見本を示すための、共通基盤となったのである。(2)

だが、「宗教」がもはや目に見える儀礼や式典、あるいは特定の教義にすら見出せず、むしろその信奉者の心や頭のなかにしか発見できないのであれば、この宗教が存在する内面の空間にはどう接近できるのか、という疑問が生じる。これに対する一つの答えは、「宗教」はその信奉者たちの生きた経験のなかに与えられる、というものである。(3) このような経験の強調は、宗教のさらなる個人化と私事化を導く。(4) 日本では、浄土真宗の学僧である佐々木月樵(一八七五～一九二九)が、その近代的な宗教観を一九〇三(明治三六)年に明示した。

宗教もまた一の自覚であります。自己を知ることであります。自己の実験であります。自己の応諾であります。そうですから、宗教は全く事実にして、学問や、説明や、研究ではありませぬ。事実や、応諾や、実験や、自覚やは皆これ我がものであります。(5)

ここで佐々木が示す、近代的な宗教理解を規定する三つの性格、すなわち内面性、経験志向、そして個人性は、坦山の思想にもすでに見て取れる。オリオン・クラウタウが述べたとおり、坦山は空虚な儀礼主義を退け、その代わりに個人的で自由な人間の心の証に意を注いだ。(6) しかし、坦山の仏教理解における内面性や経験の概念は、「現象学的」ともいえる佐々木のアプローチとは、決定的に異なった。以下で見るとおり、〝ほんとうの仏教〟を求めた坦山の、内面への旋回における軸になったのは、近代科学との出会いであった。急速に進展する印象を与えながら、自然科学は物質世界と人体の謎を解き明かす方向に進んだ。そこで坦山は確信する。仏教が近代世界で自己主張したければ、科学的探究を可能にする経験主義のような安定した方法的基盤と同様のものの上に立たねばならない、と。

そうした基盤を構築するための坦山のプロジェクトの中心には、「実験」という概念があった。吉永進一は、坦山の思想に言及して、「実験とは現代の意味でのそれではなく、実践者自身の経験を指す。坦山（中略）の仏教解釈の根拠となったものは「実験」、即ち自らの体験である」と述べる(7)。吉永は、坦山が用いた「実験」という言葉の宗教経験（体験）的な性格を正しく強調する。それゆえ、坦山の使った実験という概念を、現代的な意味と重ね合わせてしまうと、実に誤った説明になるだろう。だが、以下に私が論じる内容の要点は、吉永のように実験を「経験（体験）」という近代的な理解、または佐々木に見られる「現象学的」な理解と結びつけるのも、慎重に条件付けない限り、同様に問題含みになる、ということだ。クラウタウが坦山の実験を「内省的行為」(8)と解釈したのも、同じく問題である。

私は、坦山が仲間の仏教者たちとともに参入した論争を読み解き、次の点を明らかにする。すなわち、坦山の言う実験は、認識論上の機能として、近代の現象学ないしは心理学的な解釈よりも、むしろ、妥当な知識の根拠として経験のみに依拠する、古典的な経験主義のなかの「経験」の役割に近い

料金受取人払郵便

京都中央局
承　　認

1126

差出有効期間
2020年12月
31日まで

(切手をはらずに
お出し下さい)

郵便はがき

6 0 0 8 7 9 0

1 1 0

京都市下京区
正面通烏丸東入

法藏館 **営業部** 行

愛読者カード

本書をお買い上げいただきまして、まことにありがとうございました。
このハガキを、小社へのご意見またはご注文にご利用下さい。

お買上 **書名**

＊本書に関するご感想、ご意見をお聞かせ下さい。

＊出版してほしいテーマ・執筆者名をお聞かせ下さい。

お買上 **書店名**	区市町	**書店**

◆新刊情報はホームページで　http://www.hozokan.co.jp
◆ご注文、ご意見については　info@hozokan.co.jp

19. 5. 50000

ご氏名《ふりがな》		年齢　　歳　男・女
〒□□□-□□□□　ご住所	電話	
ご職業（ご宗派）	所属学会等	
ご購読の新聞・雑誌名（ＰＲ誌を含む）		

ご希望の方に「法藏館・図書目録」をお送りいたします。
送付をご希望の方は右の□の中に✓をご記入下さい。　□

注 文 書

月　日

書　名	定　価	部　数
	円	部
	円	部
	円	部
	円	部
	円	部

配本は、○印を付けた方法にして下さい。

イ. **下記書店へ配本して下さい。**
（直接書店にお渡し下さい）

（書店・取次帖合印）

書店様へ＝書店帖合印を捺印の上ご投函下さい。

ロ. **直接送本して下さい。**
代金（書籍代＋送料・手数料）は、お届けの際に現金と引換えにお支払下さい。送料・手数料は、書籍代 計15,000円未満774円、15,000円以上無料です（いずれも税込）。

＊お急ぎのご注文には電話、ＦＡＸもご利用ください。
電話 075-343-0458
FAX 075-371-0458

（個人情報は『個人情報保護法』に基づいてお取扱い致します。）

ところに位置付けられる。坦山は、彼が「科学的」な真実を語ると見なすものを示すために、実験を持ち出す。だが、これから見るように、彼は実験の体系的な理解には失敗しており、特に論争のなかではそうで、この点では、彼の主張は単にレトリックの水準にとどまった。

要するに、坦山は、仏教を改革するために近代科学のエビデンス重視の基準をわが物にしようとしたが、おそらくは不可避的に、それに従うことはできなかったのだ。出現しつつあった宗教と科学を分ける境界を乗り越え、宗教に、科学からの批判に耐えるだけでなく、その誤りも正すことができる自然主義的な基盤を与えようとした坦山。それにより彼は、近代日本仏教の系譜のなかに、彼だけの独自の場所を占めることとなった。

二　坦山の「身理的」禅

渡辺清が指摘したとおり、坦山の仏教形而上学への理解は、彼が東京帝国大学で講じた書物の一つ、すなわち『大乗起信論』に基づく[9]。同書によると、心は根本的に純粋なものである。だが、この純粋な心が、無明（無知）のため不純な状態となり、悟りと迷いという二重性を生じる。この過程を説明するために、同書で示されるイメージはこうだ――根本的に純粋な心を象徴する、平穏な海が、無明の風にあおられて波を生じさせる。波とは、内部で純と不純が融合する、現象としての意識だ（和合識）[10]。『起信論』は、この基本的なモデルを複雑に展開するが、ここでの目的としては、二つの主要な点だけを記すのが重要である。第一に、根本的な心・無明・現象としての意識は、三つの異なる実体ではなく、むしろ、心それ自体が有する、三つの異なる機能的な状態（相）である。第二に、第一の点の帰結として、もし人が無明を取り去ることに成功すれば、心の根本的な純粋さが自然に現れてくる。坦山は、彼が人体の生理学に見出した十分な「科学的」基礎を、この二つの点に提供しようと試みた。

坦山は、彼の生理学的形而上学を、生涯を通して磨き上げようとし続けた。だが、その基本的な枠組みは、一八四七年から一八六九年までに書いた六つの論考で、すでに明示されており、これらは一八六九年に『時得抄』として出版される。坦山自身がこの論集の序文で言及しているとおり、「六論一説、総顕㆓仏法之正意㆒[11]（これら六つの論説は、仏教の真の意味を示す）」。最初の論考「無明論」で、坦山は基本的な問題の概要を示し、後に続く文章で展開される解答の土台作りを先に行う。坦山は「無明論」を、『起信論』の思想の中心的なメッセージと彼が考えるものの要約から始める。

本爾常寂、全体備足、固無㆓迷悟之実㆒[12]

（自然に静止したものは、その〈純粋な心の〉全体が完全である。迷いと悟りは、もともと実体を持たない）

だが、ほんとうに存在するのは純粋な心だけであり、そこでは悟りも迷いも、いかなる独立した存在をもまったく持たないのであれば、衆生が苦しみを被るよう運命づけられているのは、なぜなのか？　坦山によれば、その説明は経論で与えられている。すなわち、無明である。[13] しかし、続けて彼は、経論は無明の起源と本質については沈黙しており、ブッダだけがその究極の源を見通せる、と主張する。このあたりまでの坦山の説明は、東アジアの大乗仏教において主流の、平板な教説に完全に沿っている。だが、無明に染まらせる意識がいかに生じるかに関する彼の説明には独自性があり、それは、続く複数の論考で詳述される、仏教的実践に関する生理学的な理論の基礎を形成する。坦山は、以下のように、迷いと悟りの形成を、現象としての意識の一部として説明した。

且其〔意識〕質流注積結故、滞㆓結身処㆒、発㆓疾病㆒矣、積㆓聚心地㆒、則現㆓惑障㆒矣。是所㆔以其為㆓迷悟㆒也、[14]

〈意識の〉質量の流れが凝縮され、それが肉体のさまざまな部位に蓄積されて、病を引き起こす。それは意識の基盤の上にも積み上がり、苦悩となる。これが悟りと迷いの原因である）

坦山は、心と体の苦しみは、意識の流れのなかの生理的もしくは心的な「妨害物」のせいだと論じる。ここで、心は、少なくとも半ば物質的な性格のものだと示唆されている。だが、苦悩の根源、つまりは無明が、意識の流れのよどみでしかないのであれば、無明それ自体は、究極的には意識を離れて独自には存在しない、という結論に至らざるをえない。かくして坦山は強調する。もし私たちが心から無明を抜き去ることができれば、永久に持続する悟りの本質が光を放つのだと[15]。

坦山は、「無明論」で二つの重要な点を挙げる。第一に、伝統的な仏教の知見では、無明の起源と本質を特定できず、この問題への解答を、ブッダのみが接近可能な完全な悟りの領域へと追いやってしまう。第二に、坦山は、伝統的な仏教の教学から離れて、意識を半ば物質的な機能として描き、その妨害物が心と体の苦痛を生むとした。『時得抄』に収録された「無明論」のすぐ後の論考「心識論」で、坦山は、無明の問題に対する彼の解答を洗練させる。坦山は「心識論」を、根本的に見て意識には二つのタイプしか存在せず、それは覚心と不覚心だと記すところから始める[16]。前者は、『起信論』が教える、根本的に純粋な心に対応する。後者は、阿陀那識《あだなしき》として知られ、肉体とその感覚器官を維持するものである[17]。

これら二つのタイプの意識に関する坦山の仮定は、伝統的な仏教思想の標準的な理解のなかに見出せるものと、根本的にはそう違いはない。だが、覚心と不覚心が人機（人体）のなかに位置付けられるという坦山の主張は、仏教の標準的な理解とは異なる。彼はこう説明する。覚心は、脳と頭蓋骨の前の部分から発生する。それは生来的に純粋で、永久に変わらず、どこまでも光り輝く。他方、不覚心は、頭蓋骨と脊髄の後ろの部分から生じる。その機能は、体をつくり維持することである。しかし、この不覚心が覚心の源へと染み出すとき、それは無明煩悩となる。覚心が不覚心と和合し、その結果、現象としての意識（一切衆生之心相）が生み出される。不覚心による覚心の汚染を原因とするさまざまな苦悩から自由になるため、仏教の実践者は定慧を発達させる必要がある。定慧は、不純なものの流れをせき止め、根本的に悟った心を導く。

「心識論」で坦山は、「無明論」でもなされた、伝統的な仏教の教説にねらいを定めた批判を続ける。すなわち、経論は無明の起源と本質を説明し損ねている、という批判だ。意識は半ば物質的な流れだとする、自身が先に示した仮定をもとに、坦山は、覚心と不覚心を人体の各部位、とりわけ脳と脊髄へと位置付けていく。そして、不覚心の流入によって覚心に異物が混入した状態が、無明だとした。坦山は、間違いなく、伝統的な仏教の説明を大きく改良したと考えていた。かくして、無明の本質は神経の流れ方の一種であったことになり、その起源は、後脳と脊髄のなかに位置付けられた。ひるがえって、解脱は半ば外科的な手続きの問題となる。不覚心の覚心への流入を、両者を接続する経路を断つことで途絶させればよい、というわけだ。

坦山は、こうした彼の思想の「生理学的転回」が、西洋の科学と医学との出会いと直接的に関係していることを、完全にはっきりとさせていた。「心識論」の前置き的な部分に書くとおり、

心識流布之源支等、経論之所㆑不㆑説、今取㆓捨西洋之説㆒者、以㆑係㆓修証之要道㆒也。[18]

〈意識の源流や支流について、経論では説明されていない。そこで〈私は〉、西洋の説明のなかから取捨選択して、それらを修行とその証への道の要点と関連付けてみよう〉

このように、坦山は、伝統的な仏教思想の弱点と思われる部分を、西洋の科学的理論で補強し、矯

正するつもりでいたのだ。だが坦山は、これが西洋の科学的知識への無批判的な服従を意味しない点も、はっきりとさせていた。

蓋経論心識性相、迷悟修証之説、小大悉備非二異道之可一レ及、而未レ説二其所部一、是為二闕典一耳、西洋の理学、説二心識之所部一甚詳矣（中略）而彼未レ説二迷悟之実体一、（西人唯見二和合之識相一、而為二心之本体一未レ知二覚不覚之実体一）故今以レ彼補レ此[19]、

〈意識、迷いと悟り、修行とその証、小〈乗〉と大〈乗〉の本質や特徴に関する説明については、経論は完璧であり、それ以外の教えは敵わない。だが、経論は〈意識等の〉位置を説明しておらず、そこが弱点である。西洋の科学は、意識の位置をきわめて詳細に説明している。しかし、西洋の科学は迷いと悟りの真の本質を説明していない。〈西洋人は複合的な意識の特徴だけを見て、それを心の全体とみなし、覚心と不覚心の真の本質を知らない。〉それゆえ、私はこれ〈仏教の教え〉を補完するために西洋の科学を用いよう〉

坦山の思い描く構図において、西洋の科学は、意識の生理学的な所在に関する情報を提供し、無明をめぐる謎を解き明かすのに貢献する。だが、医科学は現象としての意識が意識のすべてだと誤って理解しており、それゆえ、その深層にある覚心と不覚心の構造に気づいていない。結果、無明の説明もできなければ、解脱への道筋も提示できずにいる。仏教の教えと西洋の科学的知識が組み合わさっ

て、初めて、無明に関する無明が一掃されるのだ。

とはいえ、もし科学も仏教も単体では無明を説明できないのであれば、両者の合体が正しい結論へと至ることを、どう示せるというのだろうか？　この疑問に対する坦山の答えは、次のとおりである。

是我精究実験之所レ発、毫無二臆論一[20]

（これこそ私が精魂を込めた実験により発見したものであり、そこに主観的な意見は一切ない）

坦山は、無明をめぐる古来の問題に対する自身の解答は、究極的には「実験」に基づくのだと主張する。実験こそ、科学と仏教の両者を裁定する基盤を提供してくれるのだと。そして、いまやこの実験が何を意味するのかという、やっかいな問題に、我々は向き合わねばならない。

三　実験についての坦山の理解

すでに見たとおり、坦山の思想は、伝統的な仏教の教義では無明の問題を説明できない、という理解から生まれた。また、存在を苦しみから解放するという目的を達成しようとするなら、しっかりとした理論的な基盤の上に立つことが急務だとした。近代科学、とりわけ近代医学の知識は、そうした基盤を提供できる。だが、西洋の科学が持つ限界、特に意識の深層構造に関する理解不足のゆえに、それが坦山の目的にかなうようになるには、その内容の慎重な変更と、誤りの除去が不可欠であった。そして仏教の再生と近代科学の裁定がどちらも可能になる基礎は、坦山のなかでは、実験という、つかみどころのない基準にあった。

坦山が科学に向き合い、実験の必要性を強調するようになったきっかけが、蘭学者の小森宗二との論争にあったのは、ほとんど疑いない。『明教新誌』に掲載された坦山の死亡記事には、この運命的な出会いについて書かれており、これは長文で引用するに値する。

〔坦山は〕又蘭方医小森宗二なるものあう、師之に京都に遇ひ、互に相論講し、言六識に及ぶ。師六根の六塵対して、乃ち六識を生ずるを説く。宗二曰く六根なるもの皆局所ありと云ふ、五根は則ち吾争ふ所なし。独り意根の在る所は則ち肉団心にして、肉団心なるものは胸中に在りて、六弁を有すと謂ふもの、吾未だ服する能はず。蓋し医家解剖の術を用ゐ、実に拠りて之を験するに、肉団心に似たるものは独り心臓あるのみ。然れども心臓なるものは血液の出納を司るもの、其法塵に対して因て意識を生ずると謂ふものは、一も憑徴すべきものなし。仏教の虚誕此の如し、子の言空論のみ信を置くに足らざるなりと。師争ふこと能はず、是より西洋の学実験に基き、益する所少なからざるを思ひ、釈書に依りて博く西学を究む。(21)

坦山の人生の転機に関するこの叙述の内容は、当人による知的遍歴の説明や、彼の教え子の証言とも一致する。[22] 坦山が、意識に関する仏教の伝統的な理論を擁護していたことを、このエピソードは物語る。感覚器官が感覚対象に接した際、感覚意識が生じる、という理論だ。この説によれば、感覚意識に近いものとして意識（心の自覚）があり、それは意根（心の器官）と法塵（心の対象）が接した際に発生する、とされる。感覚器官つまり六根は、それ自体は物質的なものではないが、意根を含み込み、生理学的な支えを持ち、それゆえ体の中に物理的な場所を有すると考えられる。意根の場合は、心臓がその場所だと語られている。

小森宗二は、西洋医学の学びに基づき、意識の起源と物理的な基盤に関する坦山の説明を厳しく非難する。小森の説明によれば、意識の物理的な支えだと仏教徒が主張する肉団心は、人体の生理学からすれば、心臓以外ではありえない。だが、心臓は体に血液を運ぶポンプでしかなく、意識を生じさせる役割などまったくない。この事実は、人体の解剖をとおして「実に拠りて之を験する」のだと、小森は述べる。結果として、西洋の科学が生んだ着実な実験法から得られた確実性の高い経験的な知識と比べれば、仏教は空論であり、信用に足りないのだ。言うまでもなく、ここで「実に拠りて之を験する」という考えは、経験的なデータや実験に基づく研究という文脈で用いられており、個人的な「経験（体験）」といった意味ではない。

坦山が仏教の言葉に向き合った際、念頭にあったのは、この経験科学の方法論的な基礎としての、実験という発想であったように思える。この点は、『時得抄』に収録の第三の論考「脳脊異体論」に、明瞭に見て取れる。坦山は、この論考を次のように書き出す。

我仏法の教理に依て人体身心（中略）の義に於て一大事件を発明せり、尚敢て自ら是とせず、以て普く十方の碩学大徳に問質告せんと欲す、(23)

坦山は、仏教の教えを基盤に、人間存在の心的・生理的な状態に関する重要な発見をしたと述べる。そして、その発見を学識者と広く共有したいと願う。特筆すべきは、坦山は仏教徒あるいは宗教関係者にのみ語りかけているわけではない、ということだ。むしろ、彼は学のあるすべての人々に訴えかけようとした。

坦山が描く心理学的な図式の概要は、用語上の違いはともかく、「心識論」で示された意識の三つの形態と同一である。すなわち、覚心・不覚心・現象としての意識の三形態だ。彼は続けてこう述べる。

此理に依て観察研究数十年其実体を発明せり、是に於て医家偏行の書を閲するに（中略）一の大錯あり、所謂頭脳を以て心識心魂の本原となす、確論と謂べし、脊髄を以て脳と同体同用と為者は非也、(24)

坦山は、数十年間の観察研究の後、意識に関する仏教理論の真相を遂に発見した、と語る。そして、西洋の医科学の発見内容に含まれた誤りを正すために、その真相を用いるのだとする。坦山いわく、意識の物理的な場所が脳だと同定した点で、西洋医学は正しい。だが、脳と脊髄が同じ生理学的な仕組みを有し、同じ機能を満たしていると考えたのは、間違いである。脳は覚心の支えにしかなっておらず、一方、脊髄は不覚心を維持する、と坦山は主張する。両者は二つの異なる機能を持ち、異なる種類の意識を支える。両者が一つのユニットの一部として作動することなど、ありえない。こうした説明の仕方からして、覚心と不覚心、およびそれらと人体の生理学的ユニットの関係についての坦山の仏教理論は、観察的な研究の下に組み立てられていた。また、それは西洋医学の説明を論駁するための基礎であったのだ。

ここで注意深く指摘しておくべきは、坦山が「脳脊異体論」に依拠したのは、近代科学が明らかにしたことに異議を唱える、明確に経験主義的な主張だという事実である。この点は、次の一節からも明らかだ。

> 大凡西洋人体の説、二千年来解剖究理の実験を以て立する所、予唯仏教内観の説に依て之を破せんと欲では恐らくば人信しがたからん、故に予又実験親証数件を挙て効拠とす、
>
> 予始定力に由て（中略）腹部の心識を断する時（中略）頭面胸臆心意識の部暴張溢満を覚ゑ、胸部の心識を断する時胸臆の部空浄にして頭面の部暴張し、脳部の心識を断する時頭面胸臆の部皆空浄にして、後脳及び脊髄液流行の部暴張を覚ふ、之一証也、[25]

この一節で坦山は、実験という言葉を、西洋の科学と自身の瞑想をとおした探究の双方の文脈で効果的に用い、両者には意味上の違いはないと示唆する。別の言葉で言えば、坦山は彼が提示する「証」を、瞑想をとおした生体解剖の一つのかたちとして理解している。彼の握る定力（瞑想の力）というメスが、科学者が肉体に切り入れる実際の刃と同等の重みの証拠をもたらす、というわけだ。さらに坦山は、実験に基づく定力の生む証拠を、仏教の内観が導くそれとも区別する。後者は、西洋の経験科学に直面すれば何の説得力も持ちえない、とするのだ。これらすべての点からわかるのは、坦山による実験の概念を近代的な発想としての経験と同義とするには、相応の条件が必要であり、また、それを単に伝統的な仏教瞑想のような「内省行為」と定義もできない、ということである。むしろ、生理学のような経験科学によって生み出されるものと同様の、経験的な証拠を提供しうるもの、といった認識論の枠内で、彼の実験の概念は扱える。

坦山は、小森との論争を通して、近代科学が仏教に投げかける深刻な脅威に目覚めた。小林は仏教の理論を掘り崩すため、西洋医学の経験的知識を用いたのである。この出会いを経て、坦山は、伝統的な仏教思想では意識の生理学的な支えに関する明確な説明を与えられないと気づき、これは仏教の致命的な弱点を表していると確信した。もし仏教が意識について確信的な説を立てられないのであれば、無明の起源に関する説明もまず不可能なはずだが、しかし無明の克服こそ、仏教の教えの根本的な目的ではなかったか？　この疑いは、坦山が何十年も取り組んできた、心と無明の起源をめぐる探究を、さらに駆り立てた。そして、西洋からの学びと仏教の教理を組み合わせたことで、彼の探究は、次節で概説する「身理的禅」の発見に至る。

坦山に勝利の感覚をもたらしたのは、実験の概念であった。この概念は、彼の新しく複合的に組み合わされた思想体系に、安定感のある方法論的な基礎を与えてくれた。本節で見てきたとおり、坦山は、自然科学のそれに似た経験的な知識の一形態を提供するものとして、実験を理解した。それゆえ実験概念は、仏教の教えに科学の共同体に接続しうる議論を提供してくれる、とも彼は理解した。坦山は、自らの実験の考えが、説得力に富むと過信していた。それゆえ、国外の学者に向けて手紙を書き、脳と脊髄はそれぞれ別の生理学的ユニットだという自説を知らせ、また自身の瞑想法で特許を取得しようとすらした[26]。言うまでもなく、彼は無視された。この失敗は、坦山の実験理解をめぐる、また別の失敗ないしは欠陥と思われるものを示唆する。彼自身の信念にもかかわらず、坦山は実験の基準も方法も実際には定義しなかったので、それはいかなる科学的な観点からも、顕著な意義を持たなかった。そこで想定された経験主義は、レトリック的な効果にすぎなかったのだ。だが同時に、この曖昧さは、科学がもたらす脅威ではなく、むしろ彼と同時代の宗教家たちに対して、論争上の効果的な道具として役立った。次節では、実験概念のこうした論争上の機能を探ってみよう。

四　坦山の禅論争

坦山は、自身の活動の初期の頃に、仏教実践へのかなり革新的なアプローチを開拓し、また西洋の科学へ接近した。それゆえ、より慎重な仏教思想家たちからの批判を大いに集めた。本節で私は、そうした坦山への論難を二つ取り上げる。その際、彼による実験の用い方が、彼を批判しようとする仏教者の努力をくじくための戦略であった点に注目する。坦山の新たな意識の理論、特に「心識論」で組み立てられたそれを、最初に論駁しようと試みたのは、西有穆山《にしありぼくざん》（一八二一～一九一〇）であった。穆山は、坦山も属した曹洞宗の学僧として著名な指導者である。

穆山の「心識論」への批判は、坦山の反論とともに、『心識論略反破』として出版された。穆山は、意識の生理学的な基盤への言及が仏典にないことは認める。しかし、坦山が小森との出会いの衝撃から、仏教に致命的な欠陥があると考えたのと異なり、穆山は、意識には形がなく、したがって肉体の特定の部位への位置付けも不可能なのだから、仏教の論理に欠点はなく、問題もないと主張する。(27)

他方で、形のない意識は形をとおして姿を現し機能する、と穆山は考える。よって、肉体の異なる部位と、五つの（意）識のうちどれか一つとの関連性のほうが、より密接である。たとえば、眼は色の（意）識、耳は声の（意）識というように。頭は当然ながら心の（意）識と関連し、そしてこれら六つの識（五つの物理的な識に心を加えたもの）は、とりわけこの心識で活動する。(28)穆山は次のように結論付ける。

唯其根の利鈍によりて属する所の識に全缺乏深浅あるによりて、種々の邪見を生じ、支那以来の邪見は胸腹丹田等に就いて心識の居処を論じ、西洋の邪見は頭脳について論じ、各々一意あり、

然れども皆是れ仏の正見にあらず、唯其邪見深く理尤も巧なるが故に世に誇る、豈誰か是を信ぜんや(29)

穆山は、意識は脳に支えを持つとする西洋人の意見を、意識は胸部あるいは丹田にありとする中国人の見立と同じく、表層的と見なした。ただ仏教だけが、心を形のないものと定義づける正しい説明を与えているというわけだ。坦山と同様に穆山も、科学と宗教は知識の形態として、同じ基準で直に比較可能だと理解する。とはいえ、坦山と異なり穆山は、仏教の伝統的な教えのほうが優れていると主張したのだ。

言うまでもなく、科学と宗教は同じ約束事に従うと考える坦山は、これと根本的に異なる結論を導き出す。心を脳に位置付けるのを拒否する穆山を嘆きながら、坦山は記す。

世既に皆彼等の説実験明確たるに信服、殆んど今や洋の西東を論せず、学者の定説とす、何ぞ耳目の狭少なるや(30)

ここで坦山は、洋の東西の学者が認める近代の認識論的な基準として、実験に依拠する。この基準によれば、心とは、形のないものではなく、脳内にその場所を確定できる存在である。実験というものの科学的な探究上の具体的な役割を、決定的なまでにはっきりとさせないまま、坦山は、論争のためにそれを持ち出す。かくして彼は、穆山による批判を、実際にはそれに向き合うことなく、打ち返したかのような印象を作り出したのだ。
こうしたレトリック上の戦略は、坦山の内観についての言明にもまた見出せる。瞑想の役割と重要性について、穆山はこう述べる。

心識の所部を知らざるも、内観の功成つて而して、明かに惑を断じ真を証するものは真に法中の英傑と謂つべし(31)

穆山は、心の生理学的な基盤をめぐる問いには、さほど意義はないと考える。仏教徒が首尾よく実践を成し遂げるとは、内観をとおして苦悩を除去することを意味する。そしてその営みは、科学的であれ何であれ、心と体の問題に関する基礎理論からは独立して行われる、というわけだ。つまり、穆山は内観を、形のない心のための内省的行為と解したのだ。こうした穆山の内観説を批判するため、坦山は次のように述べる。

楞厳経云、賊を討せんと欲せば先づ賊の所在を探知して之を詳にせざるべからず、然るに今其所在を知らずして内観すと、是何をか観するや、無形の心を以て無体の惑を断ぜんとする乎(32)

この一節で坦山は、内観の効果を批判する。それは形を持たず、空虚で、非現実的な対象を扱っている。そして、人間の生理学への正しい理解に基づいておらず、無効なのであると。言い換えれば、宗教性の開発は、実験のみが提供できる経験的知識の一種に基づく、というわけである。

坦山と保守的な批判者たちとの対峙に見られる、実験の戦略的な役割は、浄土宗僧侶の福田行誡（一八〇九～八八）と彼のあいだで行われた論争的な交わりにも、やはり顕著である。行誡と坦山の対決は、坦山からの応答も含め、『心性実験録批判最後庇』に掲載のうえ刊行される。同書で行誡は、『心性実験録』（『時得抄』にすでに掲載の内容を、坦山が要約しまとめ上げ、一八七二年に出版）への詳細な批判を提示した。この二人の師僧による論争は、近代がもたらした挑戦に対する、相互に相容れない対処法を両者がそれぞれ体現した、という事実をもとに展開された。『心性実験録批判最後庇』の序文で、坦山は両者の意見の対立を次のように要約する。

三異とは一には、［福田］師は経論の典故に依り、予は無始本有の自性に依る、二には、師は経論の理義明弁顕了ならんと欲し、予は自性法体実験明白ならんと欲す、三には師は古仏の法義明要にして仏法を千古に彰揚せんと願ひ、予生仏不二の本性実験し宇宙間不易の実法を確定せんと願ふ(33)

要するに、行誡が経典研究による仏教の復興を試みたのに対し、坦山は実験をとおした仏教改革をもくろんだのだ。この根本的な違いが実践にどう反映されたのかについて、以下に典型的な例を提示してみよう。

行誡は、心を生理学に基礎付ける坦山の考えを、仏教の経典と矛盾する邪教と批判する。仏教のコスモロジーと唯識思想を長々と繰り広げたうえで、行誡は、仏教で宇宙は、欲界・色界・無色界から成ると指摘する。このうち最後の無色界では、意識は存在するが物質は存在しない。ここで行誡が主張するのは、物質は意識から発生し意識に依存するのであって、その逆ではない、という説だ[34]。そして坦山からの応答は、先に引いたのとほぼ同様に拒絶的ものであった。

色無色諸天等、予未だ諸天所住地の須弥山の有無具に実験せず、況や諸天をや、予唯人体上に於て真心仏性の本体頭脳に在ることと確乎として実験疑ひを容れず[35]。

坦山が須弥山《しゅみせん》に言及したのは、およそ偶然ではない。仏教の伝統的なコスモロジーによれば、色界と無色界という瞑想上の幸福な世界は、仏教の実践者であれば瞑想による集中力の高まりによって接近できる。これら二つの世界は、平らな円盤状の世界の中心にある須弥山という神秘的な山の上に、そのレベルの高低に応じて配置されている。つまり須弥山は、仏教のコスモロジーと救済論が密に絡み合った象徴的な存在なのだ。それはキリスト教の宣教師たちにとって都合のよい標的となり、彼らは、仏教が非合理的で反科学的な性格を持つことを示すわかりやすい記号して、須弥山を利用した。

同時に、坦山と行誡の論争でも明らかにされたように、多くの改革的な意識を有する仏教者たちは、西洋科学の進んだ知識と歩調を合わせるために、仏教の伝統的なコスモロジーを捨て去る必要性を強調し始めた。[36] こうした文脈で坦山が須弥山を持ち出したことは、きわめて重要である。というのも、行誡が宇宙の多様性を説示した際、この山の存在には現に言及しなかったからだ。かくして坦山は、論争上の手段として、行誡による批判を、経験的に証明されていない仏教の伝統的なコスモロジーへと接続し、これを彼の実験に基礎付けられた科学的な理解と対照させた。

実験に論争上の効果があったのは、仏教に関する発言のうち何に意味があるかの範囲を線引きするうえでの、規範的な機能を根底に持っていたからである。行誡への応答の結論として、次のように坦山自身が述べるとおりである。

大凡経論中遺教経、起信論の如きは悉く実験証説すべし、唯識論倶舎論等予実験しがたきと多し、其部の論師に質問するに実験に係らざると多し、(若是聖者所見の境界にして凡夫分なしといはば今日に無益の法たるべし) 故に実験論中之を取捨せず、[37]

実験によって検証できないものや、ブッダだけが保持するものは、近代仏教にとってはもはや関係がない。穆山と行誡は、坦山が依拠する経験的な検証の基準から外れており、それゆえ拒絶されたのだ。

五　結

序で私がマイケル・ベルグンダーを参照しながら述べたとおり、「宗教」の近代的な理解を形作る主要な二つの力がある。それは、複数の宗教伝統が出会い、互いを「宗教」と認め合ったこと、そして、近代の自然科学とその世界に対する経験的な説明が投げかける挑戦に、この新たに自覚された「宗教」が出会ったこと、である。これら二つの出会いは、宗教は個人的で、各自の心の内面にかかわるものであり、また人間生活の別の領域から得られるものとは質的に異なる特定の経験の形態に依拠する、という理解を生むのに、決定的な貢献をした。吉永とクラウタウによる先駆的な坦山研究は、日本でも展開されたこうした宗教理解の系譜に、坦山をストレートに位置付けた。だが、私が警告してきたとおり、特に坦山の「実験」に関する理解について、その思想を、時代の文脈を無視して特定の目的に即して読まないようにするため、彼の位置を注意深く評価しなければならない。以下では結論として、これまでの議論に基づき、私が特に述べておく必要があると考える点を示しておきたい。

はじめに、吉永とクラウタウが、坦山の仏教理解で個人性が重要な役割を果たしているのを指摘したのは、確かに正しい。本章でも見てきたとおり、坦山は、彼が仏教の真の理解だと考えるものの探究から、制度的あるいは経典的に正統とされるものを退け、かわりに、彼自身の個人的な努力に信用を置いたからだ。だが、宗教の内面性の問題に向き合おうとすると、事態はもっと複雑になってくる。

坦山の仏教における内面的な空間は、人間の心ではなく、人体の皮下にあった。この意味で、彼の禅は、心理的というよりも身理的だと言える。そして、坦山が菩提は「如実知心」だと主張するのに『大日経』の権威を持ち出した際(38)、彼の念頭にあったのは、穆山や行誡が唱えた形のない心でも、佐々木月樵のような近代的な宗教の弁護者たちが提示した現象学的あるいは心理学的な心でもなく、『心識論』に描かれた、脳と脊髄からにじみ出る心なのであった。

さらに、吉永もクラウタウも、坦山の実験は、自然科学で用いられる意味ではなく、体験(経験)と結びついた内省的行為と理解すべきだ、と論じる。すでに見てきたとおり、坦山はまさに近代医学の実験と出会ったからこそ、仏教の教えにも同様の安定的な基盤を見つける必要がある、と確信したのであった。加えて坦山は、彼の実験から得られた知識を、近代科学が生んだ知識と質的に異なるものとは見なさなかった。むしろ彼は、実験は、ただの内観と比べても証拠としての重みを持っていると規定し、それゆえ脳と脊髄は生理学的に二つの別々のユニットであるという彼の発見の重要性を、科学者に認めさせなくてはならないと考えた。これは、坦山が実験を、経験主義で使われる言葉の意味に限定した「経験」、つまりは、事実としての知識が成り立つ唯一の妥当な基盤と考えていたことを示唆する。

最後に、すでに見たとおり、穆山や行誡と坦山の対立で、実験は、仏教に関する理にかなった主張とは何かをめぐって線引きを行う、規範的な役割を果たした。経論がこの基準の枠外にこぼれ落ちる話題に触れるのであれば、坦山はそれを「今日に無益の法」だと拒絶する。さらに坦山は、実験できることと「聖者所見の境界」を対比し、それをもとに、超自然的で超越的なところから知識を得るのを認めない、自然主義的で経験主義的な性格を有する彼の仏教を強調した。

論争上の武器として実験にそれだけの力を持たせたのは、まさに、経験的知識に対するこの規範的な主張であった。だが、後世の日本の仏教者たちの現象学的な主張とは異なり、坦山が用いた武器は、近代科学による批判から仏教を擁護することを目的としなかった。そうではなく、坦山は彼が「経験主義的」と考えた理論を保守的な批判者から守ろうとしたのだ。坦山の実験理解の究極的な弱点が露わになるのは、まさにこの点である。実験に関する実際的な基準や、その科学的探究との関係性、そして仏教の教えの解釈にそれがいかに体系的に適用されるのかを具体的に示せなかったという点で、坦山の主張は空論の域を決して出なかったと言える。

本章は、近代日本仏教史上に原坦山が占める独特の位置に、注意を向けようと試みた。彼は、時代の先駆者であったと同時に、その最終形態を獲得したがゆえに、時代に置き去りにもされたのだ。坦山は、個人的な努力を表現する語彙と、宗教を実践的に検証するための理論を後世に遺したという意味で、時代の先駆者であった。だが、レトリック的な経験主義の文脈で彼が行った概念形成は、科学の権威に訴えながらも、その基準には従い損ねており、自己の内部矛盾に食いつぶされた。そして、後の世代は、経験主義ではなく現象学的な様式で、仏教の真正性を経験的に明らかにする方向に進んだのである。

註

（1）オリオン・クラウタウ『近代日本思想としての仏教史学』（法藏館、二〇一二年）、七四頁。
（2）Michael Bergunder, "'Religion' and 'Science' within a Global Religious History", *Aries* 16/1 (2016).
（3）Robert Sharf, "Buddhist Modernism and the Rhetoric of Meditative Experience", *Numen* 42/3 (1995).
（4）See José Casanova, *Public Religions in the Modern World* (Chicago: University of Chicago Press, 1994), chapter 1.
（5）佐々木月樵『実験の宗教』（文明堂、一九〇三年）、三九頁。
（6）クラウタウ註（1）前掲書、五六～七四頁。
（7）吉永進一「原坦山の心理学的な禅——その思想と歴史的影響」（『人体科学』第一五巻第二号、二〇〇六年）、七頁。
（8）クラウタウ註（1）前掲書、七三頁。
（9）渡辺清「仏教哲学者としての原坦山と「現象即実在論」との関係」（『哲学科紀要』第二四号、一九九八年）、一〇〇頁。
（10）『大乗起信論』、『大正新脩大蔵経』三二、五七六下。
（11）秋山悟庵編『坦山和尚全集』（以下『原全』と略する）（光融館、一九〇九）、八三頁。
（12）『原全』、八三頁。
（13）『原全』、八三頁。
（14）『原全』、八四頁。
（15）『原全』、八四頁。
（16）『原全』、九三～九四頁。

(17)『原全』、九三～九四頁。
(18)『原全』、九二頁。
(19)『原全』、九四頁。
(20)『原全』、九五頁。
(21)『原全』、三九五～三九六頁。
(22)荒木礒天編『禅学心性実験録』(井冽堂、一九〇七年)、六～八頁。
(23)『原全』、九八頁。
(24)『原全』、九九頁。
(25)『原全』、一〇一頁。
(26)『原全』、三三五～三三六頁。
(27)『原全』、一二五～一二六頁。
(28)『原全』、一二六頁。
(29)『原全』、一二七頁。
(30)『原全』、一二七頁。
(31)『原全』、一三一頁。
(32)『原全』、一三一頁。
(33)『原全』、一三四～一三五頁。
(34)『原全』、一四五～一四八頁。
(35)『原全』、一四九頁。
(36)明治の仏教改革者が同志に向け伝統的なコスモロジーの放棄を呼び掛けた最初期の例は、一八七二(明治五）年に島地黙雷が『教義新聞』に宛てた手紙に見える。明治仏教思想資料集成編集委員会編『教義新聞』（同朋舎、一九八二年）、一一～一二頁を参照。

(37)『原全』、一六三頁。

(38)『原全』、四五頁。

釈　雲照

――戒律復興への見果てぬ夢

亀山光明

一　戒律と近代仏教

いわゆる「仏教 Buddhism」の根本的な教理思想として「因果」「三世」あるいは「業」といったものが重要な地位を占めることは、概ね認められるだろう。むろん、仏教を語るに際し、これらの諸思想を強調するか、あるいは状況に応じてあえて避けるかは語り方の問題であるが、仏教思想から根本的に否定し去るのは困難であるといえる。

しかし、「西洋の衝撃」とも呼ばれる情勢下に、科学知が急速に流入した日本列島の近代において、仏教的世界観を支えた以上のような諸原理は必ずしも安定した位置にあったわけではなかった。例えば、「須弥《しゅみ》山《せん》説」を題材として近代仏教の言説空間を考察した岡田正彦は、次のような課題を我々に投げかける。

「近代」に直面した時点での日本仏教には、千年以上に渡って蓄積された知識と理論の体系が存在していた。これらの知識は、新たな想像力の枠組みのもとでどのように解体され、再構築されていったのか。（中略）具体的な研究対象に取り組みながら、この再構築の過程を丹念に辿ることは、仏教というジャンルの学説史・教義史の枠組みを超えて、広く「近代とは何か」という問いについて考え直すことにもつながるだろう。(1)

右の岡田の指摘は、仏教の「近代化」を西洋思想の輸入などの直線的なプロセスとして把握するのではなく、むしろ仏教者による取捨選択と再構築という苦闘の過程を検討する作業の重要性を端的に表す。これにより単なる勝者・敗者という立場性を超えた、日本仏教の「いま・ここ」へと至る道程の追跡が可能となるのである。

かかる先学の指摘を踏まえ、本章では明治期を代表する戒律復興運動の担い手・釈雲照《うんしょう》（一八二七～一九〇九）を主人公に据えて、彼が直面した実践面の課題を、特に科学的世界観との関係から論じる。戒律は、仏教実践において最も根本的な問題のひとつとされる。一方、日本列島に展開した仏教を他のアジア諸国のそれと比べたとき、しばしば「戒律軽視」の傾向が強いことが指摘され、こうした傾向を「日本仏教」の本質と捉える理解も存在する。しかしリチャード・ジャフィが述べるように、(2)基本的に身分制社会に組み込まれていた近世僧侶において、持戒は宗内の清規《しんぎ》のみならず、世俗法内でも義務づけられていた。よって「戒律軽視」の態度を「日本仏教」の本質的な要素のひとつとする言説は、むしろ一八七二（明治五）年の「肉食妻帯令」と通称される太政官布告以降に展開された戒律論として、考えるべきである。

ただし本章は、これまで論じられがちだった、戒律実践が二次的・形式的なものとして近代仏教の核となる要素から外れていく過程ではなく、むしろこれを内側から支える論理の動揺と再構築の過程を、雲照という持戒僧の営為から検討する。より具体的には、近代日本を代表する知識人・加藤弘之（一八三六～一九一六）と雲照が交わした、「仏教因果説」論争と呼ばれる一連の論争を題材とする。

当時、西洋的な科学的世界観の視座に立ち、仏教者の唱える善悪因果を社会の害悪と見なす加藤の挑戦的言辞に多くの仏教者が応答したが、とりわけ雲照は、その主要な論客の一人であった。

本章では、まず雲照の思想を簡潔に紹介し、論争の背景となる情報を提供するとともに、雲照の戒律思想における善悪因果説の位置を確認する。その上で、雲照・加藤両陣営の対立を通し、近代における戒律の行方を追跡していきたい。

二　論争の背景——科学と宗教の交錯するところ

1　雲照という人物

釈雲照は明治期を代表する持戒僧である(3)。一八二七（文政一〇）年に、出雲国（現在の島根県）に生まれた。真言宗で得度し、江戸期の僧侶として修業を重ねた雲照は、明治初年に新政府が発布した神仏判然令が引き金となった廃仏毀釈に際し、戒律復興を掲げた護法運動を展開した。他方で雲照は、近世を代表する真言僧・慈雲（一七一八〜一八〇四）が宣揚した「十善戒《じゅうぜんかい》」を軸とした仏教の復興を企て、「十善会」を組織し、これを足場として明治一〇年代以降の「徳教の争乱」と通称される国民道徳論争へと参入する。なお、十善戒とは、「十善業道」とも呼ばれ、具体的には、身・口・意の「三業」と、三・四・三に対応した「不殺生、不偸盗《ちゅうとう》、不邪淫」「不妄語、不悪口、不両舌、不綺語」

「不貪欲、不瞋恚《しんい》、不邪見」というシンプルな一〇の項目から成るが、明治期の仏教者たちは、これを国民教化へと広く用いたことでも知られる。

さらに一八七九（明治一二）年に雲照は、三学の復興と僧律の厳格化による宗門の改革に着手するが、まもなくこれに挫折すると、東京目白台の新長谷寺に居を移し、独自の持戒僧育成機関である目白僧園を設立し、また十善会を拡張させた運動を展開する。早くから僧侶養成教育と俗人教育という二つの方向からの教育改良に関心を示していた雲照は、一九〇〇年代に入ると、仏教・神道・儒教を三道一貫の「皇道」と位置づけ、これと戒律主義を結合させた国民教育を企図した。そのため、徳教学校の設立を畢生の事業としたが、これは彼の急逝により未完に終わった。

本章で扱う時期の雲照は、その戒律復興運動が一定の支持を獲得したことで、時代を代表する仏教者として評価を得ていた。一方仏教界では、有名無実と化した妻帯問題をいかに位置づけ、時勢に適したものとして改良すべきかが、盛んに議論されていた。そうしたさなか、加藤弘之が一八九五（明治二八）年に『哲学雑誌』上に掲載した「仏教の所謂善悪の因果応報は真理にあらず」は、仏教界に大きな波紋を広げることとなる。

2　仏教と科学——コンテキストによせて

現代の我々の目には、「宗教」の諸思想を科学の視点から吟味し、これを真っ向から批判するという態度は、いささか奇異に映るかもしれない。しかし、「科学」と「宗教」という二つの領域が交錯した明治期においては、いかに両者の線引きをおこない、調和させるかは、深刻な問題であった。クリントン・ゴダールが指摘するように[4]、今日のような近代科学と並存し得る「仏教」という評価は、一九世紀において必ずしも自明ではなかった。むしろ、国学者やキリスト教宣教師たちは、その「非科学性」を攻撃の的としたのであり、同時代の仏教者にとって、科学的宗教としての仏教の再構築は共通の課題であったといえる。このような状況下において、帝国大学総長も務めた加藤弘之が官学アカデミズムの頂点から突き付けた仏教の善悪因果説への批判は、同時代の仏教者には決して看過できる問題ではなかった。

加藤が展開した善悪因果批判の論旨は極めて単純明快であった。これを要約すれば[5]、仏教者の語る「因果」は、「就中吾人行為の善悪邪正の上に」、「善因」に「善果」が、「悪因」に「悪果」があると述べるが、加藤によるとこれは、「天地間自然に善悪の別」を認めるという過ちを犯しているという。さらにより具体的に加藤は[6]、「自然的善」をおこなうことにより「幸福」を、「自然的善に背く」ことにより「災害」を被るという原理を、あたかも絶対的な「天則」の如く述べる仏教者の稚拙さを攻撃する。これに加えて彼が指弾するのは[7]、この思想によりもたらされる「社会の生存上」における害悪なるものであった。すなわち、仏教者が他人の「福祉」を見ればこれを「前世善業」、「災厄」を見ると「前世悪業」の果と見ることが、荒唐無稽であるのみならず、「功なき人を賞し罪なき人を貶する」ことに繋がるというのである。この加藤の立場は、進化論的学説に基づいており、あくまで社会の組成・進化の産物である善悪を、あたかも天地自然に内在するもののように扱うことは、彼にとって断

じて許容されるものではなかったのである。(8)

ただし、しばしば見落とされるが、この加藤の所論は、必ずしも全面的な「因果」の否定を意味したわけではない。すなわち加藤は、「輪廻」、「前世・後世の業因」を排した「天則上の因果」を認め、そこに善悪正邪の判断を入れることを拒絶する。さらに善なるおこないが、「社会の褒賞と信用」を得やすく、悪行が「貶罰と不信用」を得やすいことは事実として、加藤はこれを「社会的応報」と呼ぶが、(9)これらはあくまでも、善悪の別を自然に求める仏教者の因果応報とは明確に異なるとするのである。

この論争の背景を、長谷川琢也は、古河老川(一八七一~九九)のいう「懐疑時代」へと入りつつある時代思潮下における、仏教形而上学の「独断」的側面に対する「実験的方法」や「経験論」からの挑戦と見る。(10)しかし先のゴダールが指摘するように、西洋でモデル化された唯物論的あるいはニュートン物理学以来の機械論的自然観と、仏教の有した伝統的なそれとの対立・衝突というより大きなパースペクティブから、この問題を位置づけることもできるのであり、(11)この論争とほぼ重なり合う時期に執筆された井上円了(一八五八~一九一九)の『破唯物論』(四聖堂、一八九八年)は、この苦闘を象徴する著作である。

世紀転換期に生じた「仏教因果説」論争は、実証科学と仏教が有する各々の世界観の衝突という様相を呈した。もっとも、科学と宗教との関係自体は、一八九一(明治二四)年のいわゆる内村鑑三不敬事件が導火線となった「教育と宗教の衝突」論争でも一つの争点となっていたことに窺えるように、決して新味のある論争ではない。しかし同時代の仏教者たちは、加藤のラディカルな批判を真摯に受け止め、仏教的世界と科学的世界の整合性を図るよう対処したといえる。

三　「善悪因果」と戒律——論争以前の雲照

加藤と雲照の論争に立ち入る前に、論争以前の雲照の一連の著作を題材として、彼の十善戒思想における「善悪因果」の位置取りを検討しておこう。むろん、仏教学的にいえば、両者は必ずしも結びつくわけではないが、江戸期の仏教者として前半生を過ごした雲照の基本的な立場を確認する上で必要不可欠な作業であるといえる。

一八八二（明治一五）年に公刊された『大日本国教論』（森江書店）は、同年に『宗教邪正弁』（真言宗法務所）が出版されたように、いわゆる排耶書としての特徴を色濃く含む。キリスト教＝邪宗という当時の仏教者の共通認識の下に展開した排耶論であるが、多くの先学が指摘したように、仏教にとってキリスト教は対抗すべき敵であるとともに、参考にすべきモデルでもあった。すなわち、仏教者とキリスト者が同じ土俵に上がり、この列島の近代にもたらされた「宗教 religion」という新たな概念をめぐる性質を論じ合うなかで、「仏教」は自己を再定義していく。その上で、雲照は「宗教とは何の義ぞ」という直截な問いに次のように回答する。

答宗教に二種あり。一には内教、二には外教なり。内は謂く因果を宗とし外は謂く他作自受の黙従を宗とす。而して其内教に亦二の別あり。一には通宗二には別宗（筆者註：大小権実顕密の意）なり。初に通宗とは凡そ仏教無量なりと雖善悪因果三世応報の理を出でず。曰く善を作せば善果を感じ悪を造れば悪報を受く。所謂現世の苦楽貧福は悉く宿世の善悪業の報感にして来世の苦楽は必ず現世の業悪の業に由らざるは無し。但し此業に亦四個の報別あり。謂く順現業と順次業と順不定業となり（具には倶舎論等の如し）。（中略）、凡そ人たる者に此因果応報の理を明らめしめて本具の霊性に随順し日用云意の行業を修めて人欲の為に本心を奪はれざらしむ是即宗教の宗教たる所以なり。(12)

右の記述から、雲照が「仏教」に通じる原理として「善悪因果三世応報」を措定していたことが明確に窺えよう。そして、この原理の信受により迷いなく正しい実践に向かうことが可能となるというのが、雲照の意図であった。このように因果を基軸に据えた道徳の宗教としての仏教の構築を企図した雲照であるが、その具体的な実践の標準として提唱するのが、慈雲が宣揚した「十善戒」である。身・口・意の「三業」に対応する一〇のシンプルな実践項目を「日本国民」が遵守することで、「修身治国」の上で大きな効果を上げるのみならず、個人も多くの戒善を受けるとして、その実践は奨励された。

さらに雲照によると、表面上は互いに反駁し合うかのように見える諸宗派においても、「三世因果善悪応報の真理」こそが、「仏教」を通底する大原則であるとする。そこで、この趣旨の下に執筆された『仏教大原則』において、明確に十善は、「仏、天、人、修羅」の創造を超えた「人の本性に固有」の「天則」であって、超越的存在がこれを造り出したわけではないとする。(13) この「十善」の普遍性の強調は、例えば彼の外護者である軍人の三浦悟楼の自宅でおこなった法話を収めた『十善の法話』(十善会、一八九五年)でも、「蓋此十善は天然の性徳にして、天地真理の顕るゝ所なれば、強ちに仏教の十善と云ふにはあらず、苟も人と生れて人たらん以上は、此十善に依らずんばあらず」と述べることにも明らかである。(14) ここから雲照の営為には、国民道徳としてのあり方から十善戒の「宗教」としての枠を破り、その普遍性を示す一方、「仏教」の優位性や独自性を強調するという、二面性を窺うことができるだろう。

こうした雲照の議論を、先に見た加藤の所論と比較するとき、次の点が問題となろう。すなわち、まず不邪見戒において、因果の否定は神仏の否定と並ぶ「邪見」の一つであった点である。十善戒は人為や神仏をも超越した「天則」として「人間の本性」に内在する真理であると雲照は見なしており、それゆえにこそ人類普遍の道徳を担い得ると考えていた。そして十善戒の実践は、その動機として「三世因果善悪応報」の論理に支えられており、唯物論的な視座に立つ加藤の所説は「断見」として到底許容される問題ではなかったことである。

もっとも「因果」という概念に仏教を通底する原理を見出すことは、雲照に限られたことではなかった。例えば、一八九三年のシカゴ万国宗教会議にて、釈宗演(一八六〇~一九一九)は、「The Law of Cause and Effect, as Taught by Buddha」(邦題:仏教の要旨幷に因果)と題した演説をおこない、仏教の有する因果の法則と科学的合理性の調和を謳い上げている。英訳自体は若き日の鈴木大拙（一八七〇～一九六六）によるものであるが、ここから窺えるように、因果は「原因 cause」と「結果 effect」の法として、むしろ仏教の優越を対外的に誇示する道具となるものであった。これらを踏まえるならば、加藤が巻き起こした議論は、「因果」の意義を「三世」や「善悪」の関係において、その妥当性を真っ向から問い直すものといえるのであり、ここから、科学的世界観と戒律実践を支えた仏教的世界観の対峙という新たな命題を見出すことができるのである。

四　雲照の門弟と加藤弘之の論争——「因果」と「易行」を中心に

前節で確認したように、雲照の「十善戒」論において、「善悪因果」はその核となるものであり、「国民」という語りの相手に向けた通有性を有する「道徳」として、この原理があってこそ初めて成り立つのであった。以下では、一八九六（明治二九）年の六月から七月にかけて『十善宝窟』に掲載された「加藤博士を訪ふ」（『十善法窟』七五号・七六号）を対象とする。本記事は雲照の門弟が加藤宅を直接訪問した際の会談の報告だが、『哲学雑誌』に雲照が寄せた論説「仏教因果説」（一一巻一一二号、一八九六年六月）とほぼ同じ時期に掲載されているため、その前後と背景が問題となる。しかし加藤によれば、雲照が加藤への「一大正確なる駁論」を執筆するに当たり、「門弟某二人」を遣わし、その趣旨を伺いに来たと述懐しており[15]、「仏教因果説」以前にこの会談がおこなわれたと推測される。

この史料の性質をめぐっては、いくらかの注意を要する。はじめに同記事は、分類上「雑録」となっているが、『十善宝窟』には明確な社説欄が設けられなかったため、会の方針や趣意、報告等はもっぱらここに無記名で掲載されており、社説に相当するものと見なせる。また同記事において展開された門弟（ここでは便宜上、目白僧侶とする）の主張は、前節で考察した雲照の主張をトレースしたものであり、いわば代理戦争の様相を呈している。そのため雲照側の主張に偏った編集により掲載された可能性も否定できない。これは、「列国間の交際」における「不妄語」をめぐり、目白僧侶が「正義公道」「徳義」の立場から国際信義の普遍性を詰問した際、加藤が「されば善悪にも社会の文野開否に依て変遷せざる分もあるべし」と妥協的な見解を提示したのを受け[16]、一方的な勝利宣言をおこない記事を締めくくることからも窺える。

さて、同論説に窺える目白僧侶の因果論をめぐる語りは、次節で扱う雲照本人の語りとほぼ同一である。そのため本節では、具体的な論争の内容よりも、目白僧侶の語りから、「因果」と「戒律」をめぐりいかなる仏教論が示されたのかを検討したい。

はじめに加藤は、仏教上の大乗と小乗、あるいは聖道《しょうどう》門と浄土門などの区分から、「因果」の受容の仕方に差異があるのかを尋ね、対して目白僧侶は次のように述べる。

大小顕密と異り、聖道浄土二門と分れ、乃至十二宗三十余派と差別する雖も、而も其三世因果善悪応報の真理を断ずるに至りては、些毫も異轍あることなし。若しその異なることあるが如くに云ひ、或は因果は小乗なり我が大乗宗は因果に関はらずと云ひ、或は悟り了れば因果なし等と云ふもの、往々之なきにあらざれども、そは全く外道邪見の魔説に雷同するものにして、決して取るに足らざるなり。(17)

右のように、「三世因果善悪応報」は仏教共通の真理であり、これを小乗のみに求め、あるいは、「悟り」が因果を超越したものと見なすのは誤謬だとする。もっとも、早くから雲照が因果に仏教を統一する役割を見出していたのは先述の通りであるが、ここではさらに踏み込み、当時の仏教者が因果説を積極的に受容しなくなった現状への不満のようなものが窺われる。この視角は加藤の「十善会は如何なる主義なりや」という問いへの回答から、より鮮明になる。

我仏教も五六百年以来只管易行の一方のみに就て、仏教の真髄たる因果をば惜て説かざりし。これ独り或一派のみにあらず。不思議にも諸宗打合せたるが如く、勗めて易くのみ説きたる故、其極世人をして悪事を為し不道徳を働くも、阿弥陀仏さへ頼めば、直に往生が遂げらるゝが如く誤解せしめたり。この迷信の勢力が、漸々浸染し瀰漫して、遂に今日仏教衰頽の結果を招きたるものなり。然らば何故にその肝心精要なる因果を説ざるに至りしかと、根本に遡りて尋ぬるときは、人に依ては種々に説くものあれども、他なし。僧侶の破戒無慚が最大主因を為して、一般僧侶が正法の命根たる戒法を蔑視して持たざりしの罪に帰せざるを得ず。実に慚愧の至りなり。故に今この滔々たる流弊を滌除して、真正の正法を恢興せんと欲せば、内は持戒堅固学徳兼備の清僧を養成し、外は盛りに十善道徳を拡張して、上下一般をして、深く因果の真理を信知せしむるに在り[18]。

この論説が示すのは、日本仏教における「因果」と「戒律」の衰退を一致させる語り方である。すなわち、諸宗が「因果」を信受せず、これを説くのを放棄したがゆえに、戒律の実践もそれに伴い衰退したという認識である。ここで目白側が主に念頭に置いたのは、いわゆる鎌倉新仏教と呼ばれる諸宗であり、とりわけ「念仏」という「易行《いぎょう》」による往生を説く浄土系教団であるのは、明らかである。「一仏の名号」に専念し、「他神他仏」を毀損し、戒律を軽視する浄土系教団への批判的態度は、すでに一八八二（明治一五）年の『宗教邪正弁』に見られるが、ここでは専修念仏による往生が因果を否定するものとして、新たな側面から指弾されるのである。

またかかる鎌倉期から仏教が漸次衰退するという堕落史観は、古代律令制下の官符仏教を理想と見なす雲照自身の態度と無関係ではあるまい。すなわち宗祖・空海と嵯峨天皇の関係を理想として、古代朝廷が仏教を保護下に置いた僧尼令の復興を目指した雲照は、一八九一（明治二四）年の目白僧園設立趣意書において、もっぱら朝廷の権力が失われ武家政権が確立されるとともに、仏教の戒律が乱れ衰退したという歴史観を示しているのであり[19]、これらは目白側の運動における基本的スタンスであった。

さて、ここで目白僧侶は因果を軽視する諸宗を「迷信の勢力」と断じ、そのため「戒律」の復興と「因果」の信知こそ要務とする。これに対して加藤は、かつて浄土宗僧の福田行誡（一八〇九〜一八八八）のもとを二回ほど訪問したとき、慈雲の『十善法語』（一七七五年成立）を渡され、十善戒に触れた経験を語り、「今この十善因果の真理は、多数の凡俗をして、果して信解せしむることを得べきや。又此主義を以て、彼某々の宗派をも圧倒する程の勢力を得らるべきや」と、「十善因果の真理」なるものが今日において効果を発揮し得るかと、疑問を呈している。[20]

対する目白僧侶は、『十善法語』を著した慈雲の説は難解であるが、「十善戒」自体は万人が実践可能な「易修易行の要道」であり、仮に一人でも実践する者があれば、その感化は全世界に波及するとした──「其感化一村に普く、一村より一郡に、一郡より一国乃至全世界に及ぼすこと、掌を翻すが如し」。[21] ここで先に批判の対象となった「易行」が、逆に十善戒実践を評価する指標に用いられるのは、一見すると矛盾を感じさせる。しかし十善戒を「易行」とする主張は、早くも、一八八八（明治二一）年に公刊された雲照著『十善戒法易行弁』（釈戒本）に確認できる。ここで雲照は、在家に向けて、満足にこの戒を実践できない「下品《げぼん》」には、「極短時」の一〇〇歩の間、十善の護持を念じれば足りるとして、ここでも「念仏」に優越した「易行」としての戒律の価値が示される。本節で見たように、目白僧侶と加藤の対話には、科学と善悪の関係に留まらない、「堕落」した僧風の刷新、「仏教」なるカテゴリーによる諸宗派の統一、念仏と対比させた「易行」としての十善戒の提示など、戒律復興を唱えた彼らが近代に直面した苦心の数々を読み解くことができるのである。

五　雲照と加藤弘之の論争——『哲学雑誌』を中心に

本節で扱う雲照の論説「仏教因果説」は、一八九六（明治二九）年六月の『哲学雑誌』（一一巻一一二号）上に掲載されたものである。一八九〇年代後半に入り加藤の論説が提示されると、雲照は同時代の仏教者と同じく、仏教の「善悪因果」とそれに伴う「業」「三世」「輪廻」の実在をめぐる回答を迫られる。なお、「仏教因果説」論争にまつわる主要な記事は、前年に当たる一八九五年に出されており、雲照の論説はこの終わりにさしかかった時期に提出されたものと位置づけることができる。

同論説における雲照の主張は、概して天則に基づく「善悪」の存在を肯定し、三世にわたる善悪因果もまた客観的な事象と見なすものであった。はじめに雲照は、「善悪」を「天性の善悪」「人為の善悪」「習慣上の善悪」の三つに大別する。雲照によると、「天性の善悪」とは、「水の物を湿ほし、火の物を乾かすが如」く存在するものであり、ここで「善」は「自他を饒益し」、「悪」は「自他を損害」する性質を有するという[22]。かかる雲照の「自然」に絶対的な善悪を認める主張は、「然るに凡そ此天地間に生を稟けたるもの其声明を保愛して、他の残劇を蒙ふることを喜ぶものは、三世古来今を徹して未だ之あらざる也」と述べるように[23]、素朴な性善説に依拠していた。次に、「人為の善悪」とは[24]、「社会の安寧」のため「憲法制度法律」に準えることができ、天性の善悪を前提としつつも、「社会の約束事」として、その性質自体が善でも悪でもない場合もあるという。最後に「習慣上の善悪」

とは、[25]「其の地方風土の人情」に依るものであり、本来的に善でも悪でもないものを「情解妄想」したにすぎないとした。このように雲照は、「天性の善悪」の存在を認め、かつこれが「真正の善悪の標準」となり得ると断じるのである。

かくして「善悪」が自然のなかに客観的に内在することを論じた雲照の主張は、次に「因果」の問題へと移行する。ここで彼はこれを「可見」・「不可見」の二種の領域に峻別する。「可見的」因果とは、[26]「已実験的因果」を意味し、「顕世可見の境界」にまつわる実験的に観測可能な因果であり、生まれながらに個々に認められる「慈悲柔和」や「瞋恚」など「天性」にまつわるものであるという。ここでは雲照の唱える「天性」が主点となるが、彼によると、これは「父母の遺伝」と「教育・習慣」などの外的要因を超えたものである。この「天性」が順次、人間の一生において展開したとき、「可見的已実験的因果」として観測可能となる。だが、肝心の「天性」自体がどこに起因するのかは、「其結果ありて其原因ありて其結果なきもの」といえ、学者の実験によっても証明が不可能であるとする。そこで雲照は次のようにいう。

凡そ人の未生以前の幽界の事は有耶無耶茫乎として肉眼の凡夫に於ては、何人と雖之を現見すること能はざれば、其名字の如く、幽冥にしてこれを実験すること能はざるべきは必然にあらずや。されば此処に至ては、手尽き足亡して、既に実験すべき手段なければ、彼学派の領分の関節は最早通り過ぎ去りたれば、若し之を問ふものあるも幽冥の事は我学派の所領にあらざれば之を知るの理なければ我知らずと答ふるこそいかにも彼実験学派たる実験学者の真面目とこそ称すべきにあらずや。然るを已れ実験せざるの故を以て非真理なりとは、何等の論理法に依て之を断定せらるゝや。請ふ之を聞かんと欲す。(27)

右の「天性」論と科学的な実証性の関係はともかく、ここで雲照の語りにおいて、「科学」と「宗教」の二分的な方法論にまつわる両者の区域が語られる。このような科学と宗教の方法論に焦点を当てる発想は、雲照の外護者であった沢柳政太郎（一八六五〜一九二七）にも見出せる。(28)だが沢柳の狙いが、あくまでも学者と宗教家を線引きし、その限界点を模索することにあったのに対し、(29)雲照は、「仏教」が「顕幽二界」にわたり、科学の方法論をも包摂し、これを超越するものとした。この仏教への自負は、不殺生戒において、顕微鏡の発達以前から、肉眼では捉えられない水中や身中の微細な昆虫への殺生を戒めたことを、仏教の「真正」かつ仏理の「精細さ」のあらわれと誇示したことにも表れている。(30)

さらに雲照は、「不可見未実験」領域においてこそ仏教の真骨頂が発揮されるとするが、これを可能とするのが仏教に独自の「照理の心眼」による「比較・推理法」に他ならないという。この論拠となったのは、伝統的な「因明《いんみょう》学」における、「宗」（主張）、「因」（原因・理由）、「喩」（譬喩・比較）の応用であった。かくして仏教は「未生」以前と「死没」以後という「不可見未実験」の領域において、独自の論理法から推理をおこなう「推理学派」の一つと断じられる。しかし結局のところ、進化説でも「推理」という同様の作業が用いられることから、「実験学派」も「推理学派」の「一分派」にすぎないと包摂関係を述べている。[31]

さて、以上の雲照の主張に対する加藤の回答は、『哲学雑誌』（一一巻一一三号、一八九六年七月）上の「雲照律師の仏教因果説を読む」に確認できる。ここで、あらゆる善悪が「人々が社会をなして相生養するの必要」から産み出されたものにすぎないと断じる加藤は、「天性の善悪」を否定する。[32] また雲照が語る「未実験」「已実験」は、その定義が曖昧であり、「進化説」「生理学」「心理学」などについての雲照の無知をあげつらう。そして、雲照が提唱した「遺伝」や「教育」を超越して前世の業因より備わった「天性」なるものは、「嬰児の瞋心を父母の遺伝にあらずして他に未生以前の原因ありと云はるれども前述の如く今日の進化説にては実験に依て吾人の心身的性質は父祖の遺伝若くは外界の影響に因由する所以を説くことなし。雲照師の説は決して今日の学理に合せざる者なり」[33] と、切り捨てられるのである。かくして、あくまで厳密な実証主義に依拠した加藤は、「実験」を離れた無暗な「比較と推論」は信憑性がなく、「三世因果」は空論にすぎないと喝破するのである。[34]

以上、『哲学雑誌』上の雲照・加藤の論争を考察した。ここで雲照の言説は、いかに位置づけ得るだろうか。この論争に関与した仏教者は、大枠において加藤自身の仏教理解自体が誤っているとした。例えば青年仏教徒の大久保昌南（生没年不詳）は、「因果を心得違ひして宿命主義に陥ひれる田舎の愚夫愚婦」はいざ知らず、「正当に仏教を解せる者には、寸毫も影響する所なし」と述べ、俗信的次元における因果と正当なそれを峻別する語りを用いる。[35] 他にも若き日の境野黄洋（一八七一～一九三三）

は、「善因善果」「悪因悪果」などというが、「定在」する「善因」に、「定在」した「善果」を認める解釈を取るべきではなく、むしろ「果」そのものは無記、すなわち「善にても悪にてもあらざるの性」として理解すべきだとしている。[36]

近代を代表する真宗大谷派の僧侶・清沢満之（一八六三〜一九〇三）もまた、「十善十悪」と「三世因果」を仏教徒が共通して遵守すべきであるとして、加藤に反論した論客の一人であった。[37] ここで清沢は、一夫多妻を採用する「西蔵」（チベット）と一夫一妻を採る「欧米人」を比較し、善悪の地域性・相対性を認めた上で、その内部で基準が確定すれば、「善因善果」「悪因悪果」が作用するという。[38] 清沢の所論はこのように、三世因果を「天然自然必然不改の天則天律」と断じ、「仏教」の善悪を不可侵の領域に配置し、維持しようとするのである——「故に欧米人が何といはうと、西蔵人が何といはうと、そは全く仏教以外の事にして、仏教の定説は、決して夫れが為、夫れが為、其の応用を違ふ間敷なり」。[39] 一方で、清沢の宗教論がこの課題を個人の「迷悟」や「機」の問題へと捉え直すことで、深められていったことは、長谷川琢哉も述べるところである。[40] しかし清沢を含む加藤に反論した多くの仏教者は、「善悪の標準」や「善悪因果」の問題を形而上学的な「哲学」や「宗教」の領域へと導くことで、その実証をめぐる議論に正面から踏み込むのを避けているように思われる。

これに対して雲照の場合は、自らを「我が学派」と言及するように、同じ学知の次元で双方を位置づける。その上で科学が及ぶ「可見」「実験」を包摂した顕幽二界の領域において、「仏教」の善悪因果や「三世」「十界」などが機能するという。もっとも、ここで彼の狙いであった統一的な「善悪の標準」を模索する試みは、必ずしも彼に独特な発想ではなく、「国民国家」の精神的統一基盤を求める「国民道徳論」という時代的なコンテキストの枠内にあったことは、見逃すことができないだろう。

江戸期の伝統教学の枠組みで研鑽を積んだ雲照の主張は、危うさを感じるほど直截に宗教と科学双方の実証性の次元へと切り込んでいく。これは論説の結において、「世間学は未だ推理の源を尽さず、仏教の因果説は三世三際に亘りて能く推理の本末を尽せる」と述べるように、三世にわたる善悪因果を説く仏教の優位性への自負からも明らかであろう[41]。

そのため皮肉にも、加藤が批判の的とした仏教因果説と雲照の説くそれは、ある面では符合していた。例えば加藤は、「浄土門」では三世因果は方便にすぎず、仏の本意ではないという所論に対して、雲照の『仏教大意』（一八八九年、哲学書院）を幾度も引用し、十善十悪と三世因果を説く仏教の教理において「因果」を無視することの誤謬を指摘しながらも、究極的に仏教者は「仏説」による応答ではなく、自由討究による証拠を提示するようにと訴える[42]。このように明治後期に巻き起こった「仏教因果説」論争は、宗教と科学の対話がいかなる「言語」により可能となるかという問題を孕みつつ展開していったといえる。

六　戒律はどこに向かうのか

今日でも善悪因果にはある種の迷信としての悪評が伴う。例えば哲学者の梅原猛は、従来の「宿命論的」な「因果因縁」を「日本人の理性をマヒさせてきた元凶」として、「近代の精神」は、かかる因果を否定することから生じたとまで断じる。そしてこの課題は、欧米にて原始仏教を学んだ若き仏教学者たちが、後世の経典編集者によって創作された「因果因縁」とは異なる「十二因縁」思想を見出し、これを研究することで、「その迷信の汚名」は取り除かれたという。[43]

しかし本章で見たように、その過程は、直線的な理性による解放の物語として片づけられるものではなかった。当時の科学的世界観の流入と伝統的な仏教的世界観の衝突により、善悪と因果説の関係が焦点となった「仏教因果説」論争では、必然的に「三世」「十界」「業」「輪廻」という諸概念もまた論議の俎上に載せられ、これには善悪の普遍性、そして十善戒という戒律実践の意義など、多くの課題を含意したのである。とりわけ、雲照が提唱した十善戒は、単なる形式的な実践に止まらず、善悪因果という教理に基づく信念体系としても存在しており、両者は容易に分離できない側面を有していた。

この論争以後、仏教者たちは善悪因果を「宗教」の次元における真理と捉える態度を表明していく。例えば近代の代表的な信仰者の近角常観（一八七〇～一九四一）[44]は、因果応報を「客観」に基づいた学説として捉えるのではなく、「宗教的自覚」[45]として理解されるべきであるとした。このような態度は、長谷川琢哉が明らかにしたように、清沢満之が善悪因果を、宗教的真理とそれを認識する人間存在（機）との関係で捉えたこととも通底しているように思われる。清沢が、「客観的構成」にとらわれない、内観主義・主観主義としての信仰を確立させることで、近代のもたらす「宗教」の課題を最終的に克服する態度を示したことは、岡田正彦も述べるところである。[46] そこでは、「宗教」という近代的カテゴリーの次元における主観的真理として、対立は止揚されていくのである。一方、雲照の場合は、むしろ「宗教」と「科学」という二元的図式に収まらない問題として、あくまで因果応報を「天則」という客観的な存在物とし、現実世界をそのまま解釈する原理と見なす態度を堅持したことに、特徴を有している。

すなわち、同時代の多くの真宗を中心とした仏教系知識人が従来の善悪因果説を再解釈し、これを「信仰 faith」という近代的なカテゴリーに組み込むという課題に追われるさなか、「国民」という語りの相手に向けて、十善戒宣揚を企図した雲照は、その実践の核となった善悪因果説への不信を国家や社会の枠組みでいかに払拭させるかという課題に直面する。先に見たように、単なる形式的な実践に留まらず、内側から「善悪因果」「業」「三世」の説により支えられた十善戒は、むしろ雲照にとって「宗教」なる近代的カテゴリーを超えた（あるいは外れた）国民道徳の領域に基礎づけられるものであった。よって彼において善悪因果は、「信仰」という私的領域や個別の「宗教」的真理の次元の問題として片づけることができるものではなかったといえる。その実、この論争以後の雲照は、現行の国民教育の方針を変革し、「善悪因果」をその柱として、より公的な領域において作興することで、この因果の危機を乗り越えようとする運動に向かうのである。

註

（1）岡田正彦『忘れられた仏教天文学―十九世紀の日本における仏教世界像』（ブイツーソリューション、二〇一〇年）、二六一〜二六二頁。

（2）僧侶の持戒と身分をめぐる近代の展開の問題に関しては、Richard M. JAFFE, *Neither Monk nor Layman: Clerical Marriage in Modern Japanese Buddhism* (Princeton University Press, 2001) の Ch. 4 "The Household Registration System and the Buddhist Clergy" を参照のこと。

（3）雲照をめぐる伝記著作には、主として吉田敏雄『釈雲照』（文芸社、一九〇二年）、草繋全宜『釈雲照』（全三巻、徳教会、一九一三年）があり、本章では両書を参考にした。

（4）G. Clinton Godart, *Darwin, Dharma, and the Divine: Evolutionary Theory and Religion in Modern Japan* (University of Hawaiʻi Press, 2017), p. 73.

（5）加藤弘之「仏教の所謂善悪の因果応報は真理にあらず」、六〇頁。なお本章では加藤弘之述『加藤弘之講論集第三冊』（一八九九年、敬業社）を使用した。

（6）同前、六〇頁。

（7）同前、六一〜六二頁。

（8）同前、六六頁。

（9）同前、六五頁。

（10）長谷川琢哉「真理と機仏教因果説論争から見る清沢満之の思想と信仰」（『近代仏教』二五号、二〇一八年）、六一頁。

（11）Godart, *Darwin, Dharma, and the Divine*, p. 81.

（12）雲照『大日本国教論』、三丁表裏。

(13) 雲照『仏教大原則』(経世書院)、一二～一三頁。
(14) 雲照『十善の法話』(十善会、一八九五年)、一頁。
(15) 加藤弘之「同上に対する諸駁論を読む」(『加藤弘之論集』〈敬業社、一八九九年〉)、一〇六頁。初出「因果問題に就て」(『哲学雑誌』第一一巻一〇一号、一八九六年五月)。
(16) 「加藤博士を訪ふ(承前)」(『十善宝窟』七六号、一八九六年)、四二頁。なお、傍点は筆者による(以下同)。
(17) 「加藤博士を訪ふ」(『十善宝窟』七五号)、三七頁。
(18) 同前、四〇～四一頁。
(19) 「目白僧園設立趣意書」(草繋『釈雲照　上』、一二〇頁に収録)。
(20) 「加藤博士を訪ふ」、四一頁。
(21) 同前、四二頁。
(22) 雲照「仏教因果説」、四三五～四三六頁。
(23) 同前、四三六頁。
(24) 同前、四三六頁。
(25) 同前、四三六～四三七頁。
(26) 同前、四四〇頁。
(27) 同前、四四一～四四二頁。
(28) 沢柳政太郎「宗教家と科学者」(『無尽灯』第一編第三号、一八九六年一月)、本章では鈴木美南子編『沢柳政太郎の仏教・宗教論』(成城学園沢柳研究会、一九七四年)収録のものを参照。
(29) 長谷川註(10)前掲論文、六六頁。
(30) 雲照註(22)前掲論文、四四二～四四三頁。

(31) 同前、四五二〜四五四頁。
(32) 加藤弘之「同上に対せる雲照律師の駁論を読む」、一〇九頁。本章では『加藤弘之論集』を使用。
(33) 同前、一一四頁。
(34) 同前、一一五〜一一六頁。
(35) 大久保昌南「加藤博士の『仏教ニ所謂善悪ノ因果応報ハ真理ニアラズ』てふ論に就ひて」(『仏教』一〇四、一八九五年八月)。
(36) 境野黄洋「仏教因果論の争」(『仏教』第一〇六号、一八九五年九月)、三二五頁。
(37) 清沢満之の十善戒論への着目については、川口淳「加藤博士の仏教批判への清沢満之の反応」(『印度学仏教学研究』第六六巻第一号、二〇一七年)がある。
(38) 清沢満之「善悪の因果応報論に就いて再び加藤先生に質す」(『清沢満之全集』第四巻〈法藏館、一九五六年〉。初出『哲学雑誌』第一〇巻一〇〇号、一八九五年)、八五〜八六頁。。
(39) 同前、八六〜八七頁。
(40) 長谷川註(10)前掲論文、六八〜六九頁。
(41) 雲照註(22)前掲論文、四五四頁。
(42) 加藤註(15)前掲書、九九〜一〇八頁。
(43) 梅原猛「仏教の現代的意義」(増谷文雄ほか編『仏教の思想・一――知恵と慈悲〈ブッダ〉』〈角川書店、一九六八年〉)、二七九〜二八〇頁。
(44) 近角常観『信仰の余瀝』(大日本仏教徒同盟会、一九〇〇年)、六八〜六九頁。
(45) 長谷川註(10)前掲論文、六五〜七〇頁。
(46) 岡田註(1)前掲書、二一四頁。

忽滑谷快天

――常識宗と宇宙の大霊

吉永進一

一　はじめに

戦前に英語で日本仏教を紹介した人物といえば、多くの人は鈴木大拙をすぐ思い浮かべるかもしれないが、禅の歴史や全体像を最初に紹介した本となると *Religion of Samurai* が先にある。今なお版を重ね読まれている本であり、海外での知名度は低くない。しかし、この書名を聞いても、著者、忽滑谷《ぬかりや》快天（一八六四～一九三四）の名をすぐに思い出す人は多くないだろう。

忽滑谷は、曹洞宗の学僧であり、宗門の近代化と国際化に大きな功績を残した。『修証義』を英訳して文献学的な禅研究を導入し、西洋哲学にも通じ禅や仏教を近代的に語り直した。英文学の素養も深く、慶應義塾大学にも出講し、有名な詩人の野口米次郎などと共に英文を講じていた時期もある。若い頃から曹洞宗中学林に勤務し、最終的には大学昇格後の駒澤大学初代学長となり、多くの門下生を育てて大学の基礎を築き、その一方で、仏心会を主宰し一般の教化活動にも尽力している。

これだけの功績を残しているにもかかわらず、おそらくは後半生を大学の学長の職務に専念していたせいか、近代仏教における忽滑谷快天について注目されることはなかった。しかも、後述するように、忽滑谷への同世代の新仏教運動や宗教学の影響は大きいにもかかわらず、その関係が論じられることはなかった。本章は、忽滑谷を彼の世代の思想潮流に位置づけることで、近代仏教の隠れた側面を発掘してみたい。

ところで、仏教近代化の歴史は、西洋教育の制度化と関連して、ある世代に有名人が集中している。明治二〇年代に近代仏教の先鞭をつけた者は、井上円了や中西牛郎のように、一八五〇年代生まれで初期の西洋教育を受けた者たちであり、精神主義と新仏教という二大改革運動を起こして実質的に改革を進めた人々は、一八六〇年代、一八七〇年代に生まれて制度化された高等教育を受けた世代が多かった。後者の世代は、新仏教運動に限らず宗門や教育組織の改革を試み、個人本位の仏教の新たな実践の可能性を模索し、そして歴史学や哲学などの新たな西洋的な学知を取り入れ、近代的な仏教学の基礎づけを行った人々である。ひとつ上の世代にある井上や中西らが理念的に近代化の方向性をつけたとすれば、それを参照しながら組織、実践、学知と三方向で改革を進めた世代といえよう。

明治末年には改革の勢いは減速し、その間、マスコミや大学などで成功する者も出てくる。大正時代に入ると、仏教学では、木村泰賢や宇井伯寿のように、高楠順次郎の移入した仏教学で教育を受けた新しい世代が台頭し、学知のさらなる更新が進む一方で、大正末年にかけて、大谷大学や龍谷大学の真宗系大学では、伝統派からの批判が強まり、近代派の仏教学者の金子大榮や野々村直太郎が異安《いあん》心《じん》として大学を追われる事件が起こっている。

一八六四（元治元）年生まれの忽滑谷は、後述の経歴、著作からわかるように、この世代の典型例であり、晩年には伝統派からの批判を被っている。一九二八（昭和三）年に起こった「正信論争」がそれである。同じ宗門で師家の原田祖岳から忽滑谷批判の声が上がり、それを契機に、学者を中心とする忽滑谷擁護派と、師家を中心とする批判派に分かれて、論争が延々と続いた。批判によって思想の輪郭が照らし出されることはよくあるが、この論争は、忽滑谷個人に限らず、この世代の近代的仏教観が問われた事件でもある。本章では、この論争で批判された「常識宗」と「宇宙の大霊」という用語を取り上げて、忽滑谷の近代仏教の輪郭を描いてみる。

二　人

忽滑谷についてのまとまった研究は、今のところ山内舜雄『続 道元禅の近代化過程』しかなく、以下の記述も主にそれによる。

まずその人柄について、弟子の大久保堅瑞は「先生は歯に衣を着せぬ人であった。直言直行、スバリと言った。一太刀で死命を制した。真実を重しとして妥協を軽んじられた。法を尊んで人情に溺れることを卑しとせられた」、「先生は青壮の時より外道を以て目せられ、仇敵の如くに悪罵せられ陥穽をすら設けては攻撃された[1]」と記している。外道、異端と呼ばれながらも、信念を曲げない剛直さと、学生からの信望の厚さなどは、多くの資料で異口同音に語られており、それは彼の学風を考える上でも参考になる。

忽滑谷の生涯について、まず次頁の**表1**をご覧いただきたい。山内の著書に付された略歴をさらに簡略化したものである。

その生涯は、一九一一（明治四四）年から一四（大正三）年にかけての外遊[2]を境に前半と後半に分

表1　忽滑谷快天略年譜

年	事　項
一八六四年	北多摩郡東村山村、遠藤太郎左衛門の四男に生まれる。
一八七六年	埼玉県入間郡、善長寺住職忽滑谷亮童について得度。
一八八四年	埼玉県入間郡、善仲寺仲亮快を嗣法。
一八八七年	曹洞宗大学林卒業。第一高等中学校、慶應義塾などで学ぶ。
一八九四年	曹洞宗中学林教授。
一八九五年	埼玉県入間郡、蓮光寺の住職となる。
一八九六年	曹洞宗高等中学林教授（※中学林を三年から五年へ年限延長し改名したもの）。
一八九九年	同、辞任。
一九〇〇年	仏骨奉迎で日置黙仙に随行して暹羅に赴く。
一九〇一年	曹洞宗高等中学林監理兼教授。
一九〇二年	同、辞任。
一九〇三年	曹洞宗大学林の嘱託英語講師。
一九一〇年	慶應義塾大学文学科教員（英文担当）。
一九一一年	洋行に出発。
一九一四年	帰国。
一九一七年	仏心会から『達磨禅』誌創刊。
一九一九年	曹洞宗大学教頭。
一九二一年	曹洞宗大学学長。
一九二五年	文学博士、駒澤大学学長。
一九二八年	正信論争。
一九三四年	駒澤大学学長を辞任、遷化。

けられる。前半は、大学林を卒業、慶應義塾大学で英文学を学び、中学林の監理（校長に等しい）に登用され、宗門の旧弊を批判した進歩的仏教者の時期である。職歴については細かな異説はあるが、『駒澤大学百年史』によると、以下のようなものである。[3]

高等中学林教授　　～一八九九年四月二六日
高等中学林監理兼教授　一九〇〇年九月二六日～一九〇二年九月二日
大学林講師　一九〇三年九月五日～一九一四年九月
大学教頭　一九一九年一二月五日～
大学学長　一九二〇年七月二五日～一九三四年二月一日

忽滑谷は宗門の教育機関に新風を吹き込もうとしたが、そのためにトラブルを起こして二回辞任している。

ひとつは服装をめぐる事件である。山内は、彼が監理を務めていた時に、学生の制服を法衣から俗服に改めたことが宗門の大問題となり[4]、一九〇二（明治三五）年に辞職に追い込まれたと書いている。ただし、一八九八年一〇月二一日付読売新聞投稿欄に「麻布笄町の曹洞宗中学林にては是迄の法衣を止め袷羽織を用ふる旨校長より生徒一同へ達したりといふが之よりまた一ソウドウと人はいえり」という報告が載っているので、服装の騒動は、忽滑谷の一回目の辞任の原因だったようである。

二回目の辞任は、『新佛教』の「教界名士短評」という記事によれば、『清新』という雑誌を創刊し、宗門の旧弊を散々に批判したせいだというが[5]、この辞任については他の原因による可能性もある[6]。これらの辞任に関わる問題にもかかわらず、教授、監理、そして外遊後は学長と昇進しているように、彼の才能は評価されていた。学林の近代化には、彼のように普通学に通じ、英語も堪能な人物が必要とされていた。

この一九〇二年の辞任のあと、山内の研究によると、一年おいて山上曹源の慫慂で大学林の講師となるが[7]、一九〇三年九月から一九一一年九月までは嘱託講師であったという[8]。

忽滑谷は、宗門の命令で、一九一一年に外遊に出発し、ハワイ、アメリカ、ヨーロッパを経てインドで仏跡をめぐり帰国している。帰国後は宗門内、学林内での地位が大きく好転し、また忽滑谷も一転して、布教と教育の両面で宗門興隆に尽力している。彼を老師とする居士禅の会、仏心会が発足し、『達磨禅』を創刊。この講演と執筆の仕事があり、その上、大学の学長ながら学寮に住み込むという激務をこなしていた。中学林教師時代を含めれば、その教え子は多く、山上曹源・岡田宜法・保坂玉泉・大久保道舟など、その後の駒澤大学の学長に忽滑谷人脈は続いている。

一九二八（昭和三）年、在家教化のため設立された曹洞教会は機関誌『星華』を創刊するが、その創刊号巻頭に、忽滑谷は「正信」と題する論文を寄せる。これに対して原田祖岳が『公正』第三九号（一九二八年九月）に「須く獅中を駆除すべし」という記事を寄せて、忽滑谷を「獅子身中の毒虫」「狂人」と罵倒し、学長退任はおろか、曹洞宗からの破門を要求したのである。

原田祖岳は、一八七一（明治四）年に若狭に生まれ、小浜の仏国寺で得度、嗣法し、一九〇一年に曹洞宗大学林を卒業している。その前後、南禅寺の毒湛を含め臨済宗の寺院でも修行し、臨済禅を曹洞禅に導入している。若い頃から雑誌への執筆も積極的に行い、大正年間に入ると一般向けの座禅入門書をいくつか書き、禅定家として宗門内に知られていた。原田は、一九一一年から一九二二年まで曹洞宗大学林の教授も務めており、僧堂の側からの大学教育の改革を提唱していた。学問だけで修業経験のない学僧を批判し、大学卒業後の三年から五年、僧堂での修行を義務化すべきだと主張していた。[9]その頃から、忽滑谷への不満はあったと思われる。

さて、この原田の激しい罵倒記事で論争に火がつき、大学関係者を中心とした忽滑谷の擁護者と、師家たちの原田の擁護者とに分かれて、大論争となる。雑誌も、原田側の『中央仏教』『大乗禅』、忽滑谷側の『達磨禅』『第一義』に分かれ、論争は忽滑谷の亡くなるまで続いた。原田は僧堂での修行と伝統を重視して近代派全般を批判し、その批判は真宗の金子大榮にも及んだ。これに続いて、木村泰賢が宗門の先輩である忽滑谷を厳しく批判し、急死した木村への忽滑谷の冷淡な追悼文でさらに対立が加熱するなど、論争は拡大していった。

当時の記事を読み返すと、メディア上では原田側の戦略が勝っていたのか、数量的に勝っている印象を残す。しかし駒澤大学の教員が忽滑谷支持であることや、原田自身が臨済禅に影響を受けた曹洞宗内の非主流派であったこともあり、宗務当局からの裁定はないままに論争は終わっている。その後、忽滑谷は健康を害し、一九三三（昭和八）年九月に辞表を当局に提出し、翌年三月に辞任、辞任後まもなく、講演を終えたあと急逝している。天沼で経営していた明徳幼稚園の園長が最後の役職となった。

三　著作

次に著作に触れておきたい。表2として、山内舜雄の略年譜と国立国会図書館の目録から主なものを並べてみた。外遊後に改題再版したものや共著は除いてある。

表2　忽滑谷快天著作一覧

刊行年	書　名
一八九六年	*Principles of Practice of Enlightenment of the Soto Sect*『曹洞教会修証義』（鴻盟社）
一八九七年	『英文仏遺教経』（森江書店）
一八九九年	ケーラス、忽滑谷訳『各宗実益布教文庫 第11編：基督教徒と仏教』（鴻盟社）
一九〇二年	富永仲基『出定後語』、服部天游『赤裸々』を合本出版（鴻盟社）
一九〇五年	『禅学批判論』（鴻盟社）、『怪傑マホメット』（井冽堂）
一九〇六年	『禅学講話』（井冽堂）、『禅の妙味』（井冽堂）
一九〇七年	『禅学新論』（井冽堂）
一九〇八年	『参禅道話』（井冽堂）、『達磨と陽明』（丙午出版社）
一九〇九年	『清新禅話』（井冽堂）、『和漢名士参禅集』（井冽堂）
一九一〇年	『楽天生活の妙味』（文泉堂）、『宇宙美観』（文泉堂）

一九一一年	『浮世荘子講話』（森江書店）、『禅家亀鑑講話』（光融館） アッディントン・ブルース著、忽滑谷快天・門脇探玄共訳『心霊の謎』（森江書店）
一九一三年	『養気錬心乃実験』（東亜堂）、*The Religion of the Samurai* (Luzac)
一九一六年	『曹洞宗宗意私見』（鴻盟社）
一九一七年	『達磨禅』創刊（主筆、忽滑谷快天）
一九一八年	『禅の理想と新人生の曙光』（至文堂書店）
一九二〇年	『信仰と民力』（光融館）
一九二一年	『無尽蔵』（至文堂）
一九二三年	『禅学思想史』上巻（玄黄社）
一九二五年	『禅学思想史』下巻（玄黄社）
一九二六年	『普勧坐禅儀講話』（蘆田書店）
一九二七年	『典座教訓抄講話』（蘆田書店）
一九三〇年	『朝鮮禅教史』（春秋社）
一九三四年	『随喜称名成仏決義三昧儀抄講話』（光融館）
一九三五年	『道元禅師の本尊論』（光融館）

忽滑谷の著作の最初の四冊は、彼自身の著作ではない。最初の二冊が仏教書の英訳であり、三冊目はポール・ケーラスの翻訳である。ケーラスの合理主義的な宗教論は、鈴木大拙、大原嘉吉などにも訳されるなど、当時は若手仏教者に人気があった。そして、四冊目は江戸期に大乗非仏説を展開した富永仲基（一七一五〜一七四六）の主著『出定《しゅつじょう》後語《こうご》』の出版である。大乗非仏説は、すでにマックス・ミュラー、村上専精らが唱えていて真宗では話題となっていたので、曹洞宗内に議論を喚起させ

る狙いもあったのであろう。ただ忽滑谷にとって大乗非仏説は、自身の仏教論の根拠となるものであった。たとえば、一九〇三（明治三六）年の仏教夏期講習会での「仏教聖典論」という講演で、次のように述べている。

元来宗教と云ふものは教祖を神聖にし、所謂教権主義に由つて其所説は完全無欠萬古不易と云ふが常であるが、成程其時代には唯一完全なるものであつたに相違ない、併し人文が進歩すれは如何なるものでも欠点を生するものであるから之を補ふには其時代〳〵の進歩した思想を以てせねはならぬ、そーでなければ、其教法は時代に相応せぬ自然に衰頽して仕舞ふべきものだ(10)

つまり、時代に応じて仏教を書き替えていくべきであるという忽滑谷の進歩主義は、大乗非仏説と表裏一体をなしていた。

彼自身の著作は一九〇五年の二冊から始まるが、ムハンマドの伝記と『禅学批判論』という異色な組み合わせである。前者はさておき、後者は彼の最初の本格的な禅学論で、『大梵天王問仏決疑経』が偽経であることを論じた文献研究的な付録部分は比較的知られているが、本論は理想宗教を論じたもので、それを通じて現実の曹洞宗に改革の理想を掲げるものとなっている。この著作に登場する合理主義や宇宙の大精神といった論は、その後も何度も繰り返されることになる。

著作リストからわかるように、一九〇五年から一九一三年の外遊の時期まで、忽滑谷は活発な著作活動をしている。一般向けの仏教啓蒙書や修養書も多いが、欧米の文芸や思想などの新知識を取り入れて、禅や仏教の理想を説く記事が多い。体系的な仏教学というより、現在からすると、比較思想もしくは宗教哲学に分類するしかないが、当時としては刺激的な記事であった。単行本だけでなく、雑誌記事も多数にのぼる。曹洞宗大学林の紀要にあたる『和融誌』に寄せた記事はいうまでもなく、宗門外の媒体にも、少なくとも以下のような本数の記事を寄せている。(11)

『禅宗』　一九〇二〜一一年　三三本
『新佛教』　一九〇五〜一一年　一九本（筆名「螺蛉生」を含む）
『慶應義塾學報』　一九〇五〜一〇年　九本

『禅宗』は京都の貝葉《ばいよう》書院から発行されていた雑誌であり、『慶應義塾學報』も含めて、いずれも雑誌のレベルは比較的高く、忽滑谷の著作活動が充実していたことを示している。

注目すべきは『新佛教』誌に寄稿した記事が多いことである。同誌は、一八九九（明治三二）年から、迷信排撃・自由討究・宗門批判・個人の信教の自由を基調として仏教改革運動を開始した仏教清徒同志会(12)によって一九〇〇年に創刊されたものである。忽滑谷の寄稿は大半がマホメット（ムハンマド）論であるが、八巻七号（一九〇七年七月）に寄せた野心的な論考「新仏教論」からすると、彼が新仏教運動の理念に共鳴しての参加であったことは明らかである。

しかし、外遊後になると、彼の著作活動は一変する。改革的・学術的な著作は減り、一般向けの記事が増えている。数少ない学術的出版のひとつに、博士号をとった『禅学思想史』上下巻がある。内容は、印度の部（ヨーガなどの外道禅と小乗禅）と支那の部に分かれ、インドから中国清代での禅の衰退まで、幅広い視野で扱った歴史研究であり、禅の学術研究に時代を画したものであるのは間違いないのだが、かつて新仏教の同志であった鈴木大拙からは、新味のない研究と酷評されている[13]。また、東京帝国大学に提出された博士論文を審査した曹洞宗の後輩、木村泰賢は、当初、博士号授与に納得せず、その木村を宗門の要人が説得したのではないかと山内は推測している[14]。先に触れたように、木村はヨーロッパ流の仏教学で教育を受けた世代であり、仏教学の世代交代を示す挿話でもある（なお大学を舞台とした忽滑谷・鈴木・木村の三者の関係はさらなる考察が必要だろう[15]）。

禅学史への評価はともあれ、近代派仏教学者、忽滑谷の真骨頂は、東西の思想を縦横に比較しながら、禅の新たな解釈と理想を説いていくところにあったが、その最盛期は、宗門と距離を置いていた時代、つまり一九〇三年から一九一一年であり、その時期に完成された仏教観は、基本的には晩年まで堅持されている。正信論争では、「正信」だけでなく、明治から昭和に至る彼の一貫した仏教観全体が批判の俎上に上ったのである。

論争の発端となった忽滑谷の記事「正信」の前半をまとめてみると、以下のような内容になっている[16]。

正信は「正法眼蔵涅槃妙心」という言葉に表された「絶対唯一たる如来」への信仰であって、そこには私利は入らないが、雑信は、さまざまな神仏に祈願をかけて霊験功徳を求める功利主義的なものである。正信は科学や学術的事実を無視しない上に、超科学的な根拠を有しているので、その信仰が確実なことが今後さらに証明されていくが、雑信は非科学的なものであり、浄土への往生などは非科学的である上に、現在ここにいる世界が仏土であることを忘却した迂遠極まるものである、という。

これに対し、原田の書いた「須く獅中の虫を駆除すべし」では、輪廻転生を否定し、諸仏の存在を否定してしまえば、それは仏教ではなく単なる「常識宗」であると批判した[17]。

四　常識宗

忽滑谷は、この論文では「常識」を否定的に評価しているので[18]、原田が「常識宗」という批判を繰り出したのは、過去の忽滑谷の仏教論を意識した上でのことであろう。忽滑谷は確かに常識を重んじた言説を繰り返していた。すでに『禅学批判論』の第一章「吾人は如何なる宗教を要するや」で、次のようなテーゼを並べて理想宗教の特徴を挙げている[19]（なお一～五は筆者が便宜上つけた番号で、原文にはない）。

一　感情的病弊を避けざるべからず。
二　罪悪感、厭世観の病弊を避けざるべからず。
三　未来主義及び遁世主義の病弊を避けざるべからず。
四　教権的病弊を避けざるべからず。
五　健全なる禅宗の信仰。

この一から三までが忽滑谷の宗教観の核心となる部分である。つまり、一、理想的宗教は理性と感情まで全精神を満足させるものでなければならず、熱狂的信仰を避け穏健な信仰であるべきであって、二、宗教者が罪悪感のような病的な感情を刺激することは過ちであり、三、死後の世界を信じ（来世主義）、あるいは世間を出て修行する（遁世主義）など、現実を無視する信仰も健全ではない。

宗教は吾人の一生を指導すべき方針を吾人に与へねばならぬ、否らざれば宗教の価値はゼロに近からざるをえない。[20]

四でいう教権主義とは、すでに「仏教聖典論」の引用で紹介したように、仏典を墨守する態度を指し、それに対して、時代に合わせて変化、進歩していくべきだという主張であり、そのような特徴を備えた「健全な禅宗」こそ理想宗教であるというのが、五のテーゼである。

この「健全」「常識」を基本にする仏教理解は、さらに遡れば、新仏教運動に由来するものであった。雑誌『新佛教』創刊号のマニフェスト記事「我徒の宣言」には、以下のような「仏教清徒同志会綱領」が記されており、次号以降、毎号の巻頭を飾ることになる。(21)

一、我徒は、仏教の健全なる信仰を根本義とす。
二、我徒は、健全なる信仰、智識、及道義を振作普及して、社会の根本的改善を力む。
三、我徒は、仏教及其の他宗教の自由討究を主張す。
四、我徒は、一切迷信の勦絶を期す。
五、我徒は、従来の宗教的制度、及儀式を保持するの必要を認めず。
六、我徒は、総べて政治上の保護干渉を斥く。

儀式と組織、現世利益の迷信や浄土往生に踊らされる旧仏教ではなく、健全な新仏教という主張である。これについて新仏教運動の中心的イデオローグであった境野哲は、「常識主義」という記事を書き、常識こそが健全さの指針であると主張している。「常識以上を斥け、また常識以下を斥く。健全なる思想とは、社会の常識、即ち進歩したる時代智識に外ならず。之を以て上下を感化するは宗教なり」(22)と述べている。「健全さ」「常識」「科学的」といった言葉は、仏教の外、つまり一般社会側の価値観である。それを仏教内のエートスよりも上位に置くべきであるというのが、『新佛教』の主張であり、その儀式と組織への批判を抜けば、忽滑谷の主張に一致することは明らかであろう。

こうした信仰を現実に応用するにおいては、宗門の外で唱える分には問題はないが、曹洞宗内部でこれを唱えることには問題があった。周知のごとく、曹洞宗は中世の瑩山紹瑾《けいざんじょうきん》以降、密教的な要素によって民衆教化を行ってきた歴史があり、道了尊信仰（大雄山最乗寺）、稲荷信仰（豊川閣妙厳寺）などの大寺院がある。忽滑谷の「正信」論は、そうした信仰を現世利益の「雑信」として否定する内容であった。この点を理解していたのは駒澤大学講師であった中根環堂である。彼は『中央佛教』一二巻一一号（一九三〇年一一月）に「忽滑谷博士と原田老師」と題する記事を寄せて、忽滑谷批判にまわっている。忽滑谷の説を「我宗寺院全体の状態を考へず（中略）絶対の法身仏一辺に堕在し、応化身を無視したる偏見」[23]と述べ、宗務当局に向かって、忽滑谷の主張に沿えば稲荷や龍神を禁止することになり、曹洞宗が存続できないと警告している。この指摘はそれ以上拡大することはなかったが、宗門の経済的基盤を揺るがしかねない問題を含んでいた。

それでは、これらの諸仏に代えて、新仏教や忽滑谷の仏教論では何を信仰対象としたのか。基本的には、この現実自体を肯定することが信仰であり、宇宙それ自体を信仰対象としていた。汎神論とも称されていた、その信仰の対象に対しては、宇宙・大精神・大霊・大我など用語は厳密には一致しないが、ほぼ同様のものを指す概念が流行しており、それは忽滑谷だけのことではなかった。そのことは次の節で論じたい。

五　宇宙の大霊

忽滑谷は、「正信」で、その崇拝対象をこう書いている。

正信に於ては宇宙的神霊を本尊とし、宇宙的事実を経典として居るのであるから、一経一論の文字などに拘泥しない、一切の経論中真理の有る所を認めて敢て言句に囚はれないのである。つまり宇宙人生と云ふ一大経巻の文字を読破して、其中に存在する真理と教訓とを信奉するのであるから、成立宗教の各派の如く、余宗余派、他教他宗と人我の見を以て相争ふ事はないのである。(24)

この神霊という表現は、時に「大霊」という表現にもなったが、忽滑谷批判者は、その言葉自体に不穏なものを感じていた。たとえば原田派の井上義光は、次のように、当時、世間を騒がせた「精神療法」(25)運動の太霊道と同じではないかと批判する。

先生は妙心とは不可思議の心霊である大霊である、と云ふてられますが、之が丁度彼の病気を健康にすると称して社会にさはがれた、彼の太霊道の主義主張と全く同一の心霊を申される様です。私から見ると全然太霊道的のお考へである様に見えます。我が正伝の仏法と、彼の凡見邪険の塊りである太霊道と同一に思はれては実に片腹痛い感じが致します[26]。

また、同じく原田派の今成覚禅も「此の頃就航の諸病平癒の精神療法の神様みたいだ[27]」と批判しており、この見方が広まっていたことがわかる。

たしかに、大正時代、精神療法家と称し、催眠術あるいは精神力での病気治しを行う治療者が続出し、それらの療法家たちは治療のメカニズムを宇宙の太霊・大霊・大我といった抽象的な存在を用いて説明したため、これらの語に怪しげな意味合いが付いてしまったが、もともとは明治時代、井上哲次郎の宗教学に用いられていた言葉である。以下、井上哲次郎から太霊道まで、その用法をまとめた上で、忽滑谷の用語法と比べてみたい[28]。

一　宗教学の祖とされる井上哲次郎は、一九〇二（明治三五）年に出版された『倫理と宗教との関係』中で、次のように論じている。仏教の如来、キリスト教のゴッド、儒教の天など、各宗教の崇拝対象は、表現は異なるが、その根底には「絶対無限にして一切を包容し、我れの我れにあらざるものに対するが如き自他の差別[29]」がない「実在」があり、この実在を理想化したものが大我である。あるいは次のようにも述べている。

大我は実在を理想化したるものなり、実在とは何をいふかなれば是れ他なし、世界の本体をいふなり、世界は哲学上より之れを言へば、現象と実在とより成る、現象と実在とは箇々別々に之れ

あるにあらずして、合一して一体なり(30)

井上は、現象の奥になんらの形而上的な実体はないとする（この部分を現象即実在論という）。倫理についても、キリスト教の神のような超越的な存在はいない、しかしその上で、宇宙には道徳律が存在する。大我とは、その宇宙的な道徳律を人格的に表象しているに過ぎないと主張する。

二　ジャーナリスト黒岩周六は一九〇三年に発表したベストセラー『天人論』で、やはり類似した用語を用いているが、井上の用法とは多少異なる。黒岩によると、人間は自観（自己観察）によって精神作用が存在するとわかるが、他者の精神作用の存在については直接はわからず、身体の運動で判断する。この論を延長すれば、物質に精神はないと思っているが、物質が自己を観察すれば精神作用があるかもしれない。「動くは人のみに非ず、物質も亦動く、動く物の自観は心なり、物質も自観すれば必ず心ある可し(31)」と彼は述べている。そのように見方を変えれば、宇宙もひとつの大きな心霊と見ることができる、と彼は主張する。心の有無は認識論的な差異にすぎないが、万物に心の存在を認めるという意味で、汎心的な一元論といえる。

三　一九〇三年には、静岡師範学校の漢文教師であった桑原俊郎が『教育時論』に催眠術記事を連載し、催眠術の流行が始まっている。桑原は、通常の催眠術を実験しただけでなく、念力による遠隔作用や治療が可能であると主張し、精神療法家の先駆となった。その主張は、井上や黒岩の論をさらに汎心論として展開したものである。彼は精神をエネルギーと等しいものと考え、すべての自然現象にはすべて意志が伴うとみなした。

ものを焼くという精神（力）は、その精神のみで空間に居る訳にはいかない。そこで火とか熱とかいう形態を現すのである。（中略）火の形態、水の形態も無意味無意志のものではない。皆是れ、活動しつつある有意的活物である。[32]

そして万物の根本には、活動をもたらす共通の精神がある。

物、皆共通の精神あり、大活動心あり、（中略）此の精神は万象一如である。[33]

桑原の議論は、彼が「実験」した万物の精神力への感応が前提となっているが、その汎心論的構造は黒岩と共通する。

四　太霊道は、田中守平の興した精神療法運動で、全国紙に広告を打ち、哲学・宗教・科学を超えると豪語し、一九一六（大正五）年から一九二一年にかけて全盛を誇った運動である。[34]その理論の特徴は、やはり一種の一元論であり、宇宙のすべての物理現象・精神現象の背後には、それを生み出す霊子があり、その霊子はさらに宇宙全体の太霊に属す、という論である。桑原の説では、意識上の心としての精神と現象に潜むエネルギーとしての精神が区別されておらず、「精神」が意識から無意識までを含む用語であったが、四では現象と現象以下が区別された上で、現象の下にある「霊子」という仮想的な実体に一元化されている[35]。

これらの宇宙観に共通する特徴を挙げれば、第一に宇宙を一体として見るということ、第二にそこに倫理性や目的性を設定するという点である。とはいえ、物質的宇宙はひとつの精神としても認識しうるという解釈の可能性を示した一と二と、見えない領域に精神＝エネルギーが内在しているので宇宙全体は実際に精神である、という三と四では、かなり異なる。

さて、忽滑谷の論はどうであったかというと、『禅学批判論』では、次のように説明している。禅宗の崇拝対象は釈迦仏や阿弥陀仏や大日如来などの個々の仏ではない、「禅の本尊とする所は汎神的に観察せられたる無限大の宇宙其物である。宇宙其物の大活動は禅に所謂仏陀の神通光明である」[36]。「汎神的に観察せられたる」とは、宇宙の現象は視点を変えればそのまま神（つまり井上の言葉では実在）ということである。その宇宙の縮図が私たちの心であり、宇宙が発展するのと同様に人道も発展し、善や真理や自由や平等を求めるのも、宇宙の心が私たちの心に反映したのである。ここまでは井上の説とあまり大差はないが、そこから汎心論的な宇宙論に展開する。

忽滑谷は、「禅は宇宙の万象を皆悉く精神ある活動と見るので墻壁瓦礫も光を放ち、灯露端も点頭語笑すると常に談じて居る」という禅の教理を提示した上で、以下のように説明する。

まず人間は他の人間にも精神活動があるかどうか、直接知ることはできず、客観的な活動から類推するしかない。これを進めていえば、精神活動がないとされる現象も、その運動などの客観的な活動から類推すれば精神があることがわかる。

既に植物に精神があるといふことを類推して知ることができるとしたならば無機物にも亦精神のあることを類推比知せねばならぬ

ここからさらに推理を広げれば「無限大の宇宙には無限大の精神がある」はずで、「宇宙を大我とすれば吾人は小我である」と述べている。

忽滑谷の論は、井上よりも黒岩周六『天人論』の論証に近いが、後に発表した『達磨と陽明』では、この論法は王陽明に由来すると述べている[37]。ただ、いずれにしても、「万有は悉く身心の二を具す、而して身心は同一実在の側面なり」と述べていて、それは主観と客観の認識の差にすぎず、なにか別個の実体を想定しているとは思われない。つまり、忽滑谷のいう「宇宙の大霊」（あるいは神霊や大精神）は学術的な用語法に基づき、原田一派はそれを精神療法家の実践的な用語と混同していたのではないか、と一応はいえる。

しかし、外遊後の忽滑谷の文章を読んでみると、明らかに三、四に接近している。たとえば、最晩年の道元論では「宇宙の霊心」なるものを唯識論によって論証している。

仏教の心識論は六識からだんだん進んで、七識八識第九識となり遂に終局を告げて居る。この終局の真心とは何ものであるかといふと、これが即ち前述の涅槃妙心をいふのである。第九識は清浄無垢なる不可思議の真実心である。（中略）我が宗祖が心即仏といふのは、この第九識即ち清浄無垢なる宇宙的霊心を言ふのである。[38]

この宇宙的な霊心は、通常の潜在意識（第八識）の下にある第九識という清浄な意識で、個人にあっては道元の言う「一心」であり、万物の根本でもある。

この真心を本にして天地間の一切のものは悉く現起して来る、故に真心は妙不可思議なる心霊である、これは心と名づくべきものではない、即ち物質と精神との依って立つところの霊であって、非心非物にして名不得、状不得の一物である、強ひて名づくれば生命である[39]

つまり宇宙には第九識（超潜在意識）＝霊心＝涅槃妙心があり、これが物質現象と精神現象を生み出す根源ということになる。太霊道の「精神と物質とは万有の根元なる霊子活動の結果なりと為す[40]」という教理にかなり接近している。

忽滑谷がなぜ潜在意識に関心を持ったのか。ひとつの仮説として、英米の心霊研究の影響が考えられる。一九世紀末から二〇世紀初頭にかけて、欧米の哲学界（まだ心理学は未分であった）では心霊研究が流行している。心霊研究（psychical research）は、超常現象を死者霊ではなく生者の能力で説明しようという研究であり、霊媒やテレパシーの研究だけでなく、多重人格などの異常心理研究も含まれていた。彼が心霊研究に該博な知識を持っていたことは、前掲のブルース『心霊の謎』の監訳だけでなく、二本の論文からもわかる。ひとつは『慶應義塾學報』一五七号（慶應義塾學報發行所、一九一〇年）に掲載された「幽霊に対する新見解」である。分量は短いながら、欧米の心霊研究書を渉猟した内容の濃い論文である。さらにもう一本は『和融誌』に寄せた「信仰と潜在意識」[41]で、ここではF・W・H・マイヤーズの心霊研究の大著『人格とその身体的死後存続』（*Human personality and its survival of bodily death*, 1903）を参照してサブリミナル（閾下）意識説を紹介している。サブリミナル意識は潜在意識とほぼ同じであるが、マイヤーズは霊媒実験によってテレパシーの存在を確証し、個人を超えた集合的なものと考えていた。個々人の意識は、潜在意識部分で大きなひとつのサブリミナル意識でつながるというマイヤーズの説は、桑原の大我論や忽滑谷の第九識にも接近している。科学主義者であった忽滑谷が、潜在意識という見えないものの存在を受容するには、科学という筋道が必要である。英米の思想潮流に詳しい忽滑谷は、新しい科学として心霊研究に出会い、そこからサブリミナル意識論を受容するに至り、それを仏教に置き換えて第九識説を言い出したのではないか。時代に応じて仏教も変わるべきだと主張していた忽滑谷であれば、心霊研究に着目しても不思議ではない。また、一九〇九年から一九一二年にかけて九本の原稿を、桑原俊郎の後継団体である精神学院の機関誌『心の友』に寄せている。旧稿再録と思われるので、どれだけ精神学院に関与していたかは不明であるが、彼が、欧米の心霊研究だけでなく日本の催眠術や精神療法を知っていたことは確かであろう。

以上を要するに、「宇宙の大霊」と批判された忽滑谷の仏教論は、精神療法ではなく、学術的用語に由来していたが、心霊研究や催眠術の影響で、かなり精神療法的あるいは生命主義的な宇宙観に接近しており、「大霊」批判にも根拠がないわけではなかった。

ここで付け加えておきたいが、迷信排撃を唱えた近代的な仏教者たちと、超心理的治療を宣伝していた民間精神療法は、一見正反対のように見えるが、いずれも「心」を重視する以上、時に重なることはあった。忽滑谷の弟子である岡田宜法（滴翠）は『禅と催眠術』（啓成社、一九〇九年）という研究があるが、最も精神療法に関与していたのは、先に名前の挙がった中根環堂である。中根はアメリカに留学して哲学博士号を取得した曹洞宗の学僧であり、のちに駒澤大学の学長も務めているが、大正時代には中根滄海名義で『最新思潮太霊道』（洋洲社、一九一七年）という和英文を併録した教理本まで出している（ただし、正信論争では話題にならなかった）。さらなる例を挙げれば、原坦山の生理学的心理学による新たな禅の技法は、木原鬼仏などの精神療法家に利用され、井上円了の紹介した催眠術は民間精神療法の源泉となり、彼の弟子であった真言宗僧侶の五十嵐光龍は、精神療法の世界でも活躍している。また桑原俊郎は熱心な在家仏教者で、僧侶との交流もあり、先に挙げた雑誌『心の友』には、忽滑谷のみならず、真宗大谷派の近角常観、浄土宗の中島観琇や綱島梁川のような求道的な宗教者が寄稿していた。

これはおそらく、精神療法と近代仏教のどちらも、伝統的な祈禱呪術や宗教から距離を置いて、新しい時代に適合した新たな体系を求めた知識人層の需要が多かったからであろう。自然科学の普及と資本主義の進展社会がもたらしたものは、唯物的宇宙観と進化論、つまり統一者もなく万物がばらばらに存在する宇宙と、生存競争にあけくれる社会である。そこに、どう統一と倫理をもたらすかという問題と、科学的な外見を保持したいという必要から、大我・大霊・大精神などの倫理と生命力を与える存在が構想されたのであろう。

六　おわりに

最後に再度、忽滑谷の生涯と思想を簡単にまとめてみると、旧仏教に対して新仏教を唱える改革派仏教徒の前半生と、大学人の後半生という、近代派仏教徒の典型のような生涯を送り、他の近代派仏教徒と同様に、社会の近代化と文化の西洋化に適応しつつ仏教を社会常識に合わせて読み換えたが、それにとどまらず、当時の最先端の科学であった心霊研究に刺激を受けて潜在意識にまで視野を広げた。ヨーガ論や英語での仏教書など、まだ論じるべき課題は多いが、今回、彼を新仏教者として近代仏教史に位置づける基礎的な見通しはできたのではないだろうか。また、欧米からの影響を科学や宗教だけではなく催眠術や心霊研究などに広げ、それと連動して、近代仏教と民間精神療法を関連づける研究が、今後なされるべきだろう。

註

(1) 山内舜雄『続 道元禅の近代化過程』（慶友社、二〇〇九年）、二〇〇頁。

(2) この外遊期間については、金沢篤「忽滑谷快天ノート　欧米巡錫の実情」（『駒澤大学禅研究所年報』二四号、二〇一二年一二月）を参照した。

(3) 駒澤大学年史編纂委員会編『駒澤大学百年史』上（駒澤大学年史編纂委員会、一九八三年）、四三九頁。

(4) 山内註(1)前掲書、一五六～一六四頁。

(5) 「教界名士短評　忽滑谷快天君」（『新佛教』六巻一一号、一九〇五年一一月）。

(6) 忽滑谷は善仲寺住職の後任人事をめぐって養父の忽滑谷亮童と問題を起こしていたが、これについて一九〇一年から一九〇二年にわたって『埼玉公論』に記事を連載されている。ことの真偽は不明であるが、かなり厳しい内容である。埼玉県立図書館デジタルライブラリー所収『埼玉公論』九四号、九六号、九八号、一〇一号、一〇二号、一〇五号、一〇七号、一一〇号、一一二号を参照のこと（https://www.lib.pref.saitama.jp/stplib_doc/data/d_conts/zashi/syosai/z004.html）。

(7) 山内註(1)前掲書、一六〇頁。

(8) 同前書、九三頁。

(9) 『参禅の階梯』（丙午出版社、一九一五）の後編第一章から第四章を参照のこと。

(10) 『仏教講話録　明治三六年仏教講話集』（大日本仏教青年会、一九〇三年）、一一四頁。

(11) 国会図書館デジタルコレクション、近代日本の宗教雑誌アーカイブ（http://www.modern-religious-archives.org/）、『新仏教』（CD-R）版による。

(12) 明治三二年、境野哲（黄洋）・高島米峰・杉村廣太郎（楚人冠《そじんかん》）・渡辺海旭らの青年居士や僧侶たちによって結成された。忽滑谷は『新佛教』の中心人物の一人、境野と親しく、一九二三年に東洋大学の内紛で学長を追われた境野を三年後に教授として迎え、さらに一九三〇年には駒澤大学から博士号を授与している。新仏教運動については科研報告書『近代日本における知識人宗教運動の言説空間――『新佛教』の思想史・文化史的研究』を参照のこと。

(13) 上巻が出版された直後の一九二三年に書評を書き、「文字と形式の痕のみについて居て、禅の精神の発展については、少しも考慮していない」、あるいは「釈迦の成道」それ自体について触れていないので、「従来有りふれの禅史と対して見優りはせぬ」と評している。以上、「禅学思想史上巻について」(『鈴木大拙全集』二八巻〈岩波書店、一九七〇年〉)、一九五～一九八頁による。なお、この「従来有りふれの禅史」とは、すでに一九二一年、「禅宗史の意義」という記事で批判した境野哲・松本文三郎・村上専精などの先行研究を指しており、大拙は従来の禅研究が「何等内的、自覚的経験の事実を考慮しないで禅の歴史に筆を執る」ことに強い不満を感じていた(同書、一五〇～一五九頁)。

(14) 山内註(1)前掲書、一二八、一二九頁。

(15) 一九一九年一二月六日付の読売新聞は、釈宗演の遺産三万五〇〇〇円が東京帝国大学文学部に寄付され、二万円で印度哲学科内に禅宗講座を新設、鈴木大拙がその担当教員になることについて、一二月三日に釈宗活が上田文学部長を訪れて快諾を得た、と報じている。一方、鈴木大拙の英文日記一九二〇年一月八日の項には、Sakaino's visit about the disposition of Roshi's money. Tokyo Univ. seems to be deciding not to accept it with conditions.「境野が老師のお金の譲渡について訪問。東京大学は条件つきでは受け入れないことを決めている模様」とあり、ここで破談になったことがわかる。当時、東洋大学長を務めていた境野が使者を務めたことから、事態の大きさや、境野の師匠である村上専精からの依頼であったことをうかがわせるが、破談の理由は不明である。その後、まもなく佐々木月樵が鈴木の採用に動いて、翌年に鈴木は大谷大学の教員となっている。一方、木村は、一九二三年に東京帝大教授に昇進し、忽滑谷の博論審査にあたり不満を感じたことは、本文で述べたとおりである。鈴木の忽滑谷への酷評、木村の正信論争での忽滑谷批判は、それぞれの仏教観を考えれば当然ではあるとしても、その背景にこうした大学人事をめぐるトラブルがあった。
(16) 竹林史博編『曹洞宗正信論争［全］』（龍昌寺、二〇〇四年）、三〜六頁。
(17) 同前書、九〜一一頁。
(18) 「正信」では、「雑信は常識的であって吾々の見慣れ聞き慣れて居る常識を基礎として無批判に種々なる経験を起こす」、「単なる常識のみでは正信は得られない」とあり、常識は正信につながるものではないとされていた（竹林編註(16)前掲書、五頁）。
(19) 忽滑谷快天『禅学批判論』（鴻盟社、一九〇五）、目次。
(20) 同前書、一九頁。
(21) 「我徒の宣言」（『新佛教』一巻一号、佛教清徒同志會、一九〇〇年七月）、五頁。
(22) 『新佛教』一巻六号（一九〇〇年一二月）、二八〇頁。
(23) 竹林編註(16)前掲書、四四頁。
(24) 同前書、六頁。
(25) この語は当時の用法に従って用いているので、現在のそれとはかなり意味が異なる。詳しくは栗田英彦・塚田穂高・吉永進一編『近現代日本の民間精神療法――不可視なエネルギーの諸相』（国書刊行会、二〇一九年）を参照。
(26) 竹林編註(16)前掲書、三〇頁。初出は、井上義光「忽滑谷先生の「正信」を詠みて」（『中央佛教』一二一〇号、一九二八年一〇月）。
(27) 同前書、三三頁。初出は、今成覚禅「鼓を鳴らして」（『傘松』一九号、一九二〇年一〇月）。
(28) 以下、井上・黒岩・桑原の比較については、吉永進一「精神の力」（『人体科学』一六巻一号、二〇〇七年）

を参照。
(29) 井上哲次郎『倫理と宗教との関係』(富山房、一九〇二年)、七一頁。
(30) 同前書、一〇二頁。
(31) 黒岩周六『天人論』(朝報社、一九〇三年)、一二五頁。
(32) 桑原俊郎『精神霊動』第二編精神論(開発社、一九〇四年)、一八〇頁。
(33) 同前書、一九六頁。
(34) 太霊道について、より詳しくは、吉永進一「太霊と国家」(『人体科学』一七巻一号、二〇〇六年)、三五～五一頁を参照。
(35) 太霊道の思想については、吉永同前論文、四五～四七頁による。
(36) 忽滑谷註(19)前掲書、六五頁。
(37) 忽滑谷快天『禅學講話』(東亜堂、一九〇四年)、一八三頁。
(38) 忽滑谷快天『随喜称名成仏決義三昧儀抄講話』(光融館書店、一九三四年)、一二八頁。
(39) 同前書、二九頁。
(40) 中根滄海『最新思潮太霊道』(洋洲社、一九一七年)、三頁。
(41) 『和融誌』一五巻一号(一九一一年一月)・同三号(一九一一年三月)に掲載。

Ⅳ　普遍性と固有性

釈　宗演

——「普遍主義」との戯れ

ミシェル・モール
（佐藤清子訳）

一　はじめに

臨済宗の洪嶽宗演《こうがくそうえん》（一八六〇～一九一九）は、生前は釈宗演という名で知られた。[1]鎌倉の円覚寺との縁が深く、一八九二（明治二五）年一月に師の急死に伴って円覚寺を引き継ぎ、三二歳（満年齢）の若さで早くも円覚寺派の管長の任に抜擢された。[2]この時、宗演は楞伽窟《りようがくつ》という室号を選び、その時点から弟子を指導することになった。宗演はずば抜けて早熟であり、師の洪川宗温《こうせんそうおん》（姓は今北、一八一六～九二、室号は蒼龍窟）から印可を受けたのは、わずか二四歳の時だった。[3]

以下で詳しく論じるように、印可を受けてから円覚寺管長になるまでの間の九年間に、宗演は高僧として初めて新設の高等教育機関の一つ（慶應義塾）に入学し、セイロンで上座部仏教の精髄を吸収すべく外遊するという、さらなる挑戦に臨んだ。だが、こうした革新的傾向だけを見て、宗演の背景をなすそれとは真逆の保守的な面や、彼が鎌倉で受けた政治的影響を見逃すべきではない。鎌倉において、宗演は当時の最も反動的な人々と緊密に付き合っていた。そうした人々、例えば、退役軍人の鳥尾得庵（小彌太《こやた》、一八四七～一九〇五）らは円覚寺の周縁に拠点を置き、明道教会[4]や日本国教大道社[5]のような組織を通じて思想を広めていた。鳥尾は宗演の最も強力な在家の後援者であり、慶應義塾入学を援助した。[6]鎌倉と神奈川県はまた、日蓮主義や超国家主義団体・国柱会の創始者である田中智学（一八六一～一九三九）の地元でもある。[7]

宗演の言う普遍性については、こうした保守的な影響があったことを重大なものとして念頭に置きつつ検討し、過大な評価を加えないようにする必要がある。後年の宗演は確かに普遍性について発言しており、日本代表団長を務めた一八九三年のシカゴ万国宗教会議当初の段階では、普遍性に対して曖昧な態度をとっていた(8)。宗演の曖昧な態度は、彼の弟子、鈴木大拙貞太郎(別名D・T・鈴木)によって引き継がれたが、西洋への禅紹介の初期において、西洋読者向けの禅についての書籍のほとんどを書いていたのは大拙だった。

以上を踏まえれば、次に問うべきは、宗演が普遍の真理を主張するようになる上で刺激を与えた、その源泉についてであろう。一九〇五(明治三八)年のサンフランシスコ滞在中、宗演は「普遍の真理の光(9)」といった表現を使い続けた。キリスト教宣教師によって日本へもたらされた主要概念の一つを、アメリカの聴衆に禅を紹介するという自身の目的にかなうよう宗演がアメリカへ再移入していたとすれば、それは大いなる皮肉であろう。

鈴木大拙が英語に翻訳した、宗演の『ある仏教管長の説法』(一九〇七年)中、「普遍の」という形容詞は二八回以上、「普遍性」は三回使用されている。しかしよく知られているように、この英訳は大体において宗演の著作というよりは大拙の著作であり、注意深く扱わねばならない(10)。宗演の思想のより正確な理解は、彼の日本語著作に基づくものでなくてはならないが、驚くべきことに、その作業は未だほとんど手つかずである(11)。

宗演の発言を歴史の文脈中で評価するためには、彼の「普遍宗教」の理解が、シカゴ万国宗教会議の年である一八九三年の前後で変化を遂げたのかどうかをまず問う必要がある。宗演に関する限り、その答えははっきりと是である。[12] そうなると今度は、一九〇五年（彼のカリフォルニア旅行の年）までに、彼が何に刺激を受けて「普遍の真理の光」を強調するようになったのか、その源泉は何か、ということが問題となる。宗演がこの言葉を使用した時期は、日本の日露戦争における勝利と、大部分この軍事的成功のために起こった国際的舞台における日本の認知向上とちょうど同時期のことだった。この状況の皮肉を捉えたのが岡倉天心（一八六二〜一九一三）である。彼は、「日本がこの平和でおだやかな技芸にふけっていた間は、西洋人は日本のことを野蛮な未開国だとみなしてきたものである。それが、近頃になって日本が満州を戦場にして敵の皆殺しに乗り出すと（日露戦争）、日本は文明国になったというのである」と書いている。[13]

すなわち、問うべきことは、宗演を育んだ仏教の伝統のみが十分な源泉となって、彼は「普遍の真理の光」を語り得たのかどうかということだ。言葉を換えれば、多くの輸入概念が日本社会へ流入しつつあった時代において、宗演は何らかの異文化との出会いを通じて自らの意見をこのような方法で表現するように至ったのか、それともそうではなかったのかということだ。輸入概念に関わる第二の問題を明らかにする上では、探究すべき道が少なくとも三つある。慶應義塾での教育、セイロンとインドに旅行した際における神智学との接触、そしてシカゴの万国宗教会議である。ここで投じた第一の問題については、本章の最後において論じる。

二　教育という要因

ごく最近まで、宗演は慶應義塾を卒業したという粉飾された語りが流布され続けていた。複数のいわば聖人伝が、禅寺での修行を完遂し、西洋の学問に精通することを求めて大学に通い、南アジアに仏教の根源を再発見に出かけた、という理想化された禅師の足跡を焼き直し続けたのである。しかし、慶應義塾大学に保存された文書を調査した結果、宗演は実際には四学期間（一八八五〜八六年）講義に出席しただけで卒業はしておらず、彼の経歴におけるこの部分は失敗に終わっていたことが明らかになった。[14]だが、たとえ宗演の大学での努力や学問上の達成が疑わしいものであったとしても、彼が新たな形の知識に触れ、それが世界観を広げる上で役立ったのは間違いないことである。

宗演は、慶應義塾在学中にアーサー・ロイド[15]（一八五二〜一九一一）とウィリアム・C・キチン[16]（一八五五〜一九二〇）の講義に出たことを回想している。二人はお雇い外国人講師でキリスト教の宣教師でもあった。彼らのキリスト教的背景に対していくぶんの疑念を持っていたものの、宗演は明らかに彼らを非常に尊敬し、彼らは「一大博士」であると友人に書き送っている。[17]彼らの講義での指定図書には、ジョン・スチュアート・ミル（一八〇六〜七三）の著作や、ジョージ・ペイン・カッケンボス（一八二六〜八一）の教科書が含まれていた。これらは一定程度、彼の世界観を形作ったに違いない。

ミルの『自由論』(一八六五年)は指定図書の一冊だったが、学生が批判的思考に馴染みを持つことができるようにと教師がこれを選んだことは明らかである。ミルの思想は、彼の論考の題名ともなった功利主義(「功利主義論」〈一八六一年〉[18])としてまとめられてしまいがちだが、彼の仕事は、同時代の実証主義(特にオーギュスト・コント)と折り合いをつけるための挑戦でもあった。ミルは、当時支配的だった雰囲気をこのように特徴づけている。「現代は、ひとびとが「信仰はもたぬが、懐疑論には脅える」時代だといわれてきた。じっさい、ひとびとは、自分の意見の正しさに確信がもてないが、意見を持たなければ何をすべきかわからなくなると確信している。そういう時代に、ある意見を世間の攻撃から保護すべきだとの声が出てくるのは、その意見が正しいからというより、その意見が社会にとって重要だからである[19]」。この観点からすれば、ミルは宗教を限定的な有用性を持つ社会的習俗であり、理性と公開討論による検証を欠く場合には人心操作に傾きがちだと捉えていた。こうした幻滅は、彼の以下の発言に集約されている。「私たちが知る限り、人類は天国への信仰なしでも十分立派にやっていけるということを歴史は確証している[20]」。ミルはさらに主張した。「したがって、超自然的なものの信念は、人類の発展の初期段階では大きな役割を果たしたが、いまや社会的道徳における正・不正を知るためにも、正しいことを行い不正なことを抑制する動機を与えるためにも必要であるとは考えられない[21]」。

道徳とは主要な宗教伝統の教えから直接的に導かれるものだと言う、当時一般的だった信念にどっぷり浸かっていた宗演のような人物にとって、このような発言は衝撃的だったに違いない。だが、それらは、彼が西洋哲学内部にも様々な解釈が共存していることを理解する助けともなった。思想の自由と自由な議論というミルの主張は、何らかの原則を社会に対して上から押し付けることは、その内在的価値がどのようなものであれ、できないのだということを気づかせたはずである。

三　セイロンでの偶然の出会い

宗演は、外遊を通じてさらに別の種類の世界観と出会った。慶應義塾での勉強を止めて後、彼はセイロンに渡航しその後タイに立ち寄った。この旅行は一八八七（明治二〇）年三月八日から一八八九年一〇月一二日までにわたった。宗演はコロンボを去る間際に、神智学協会会長であったヘンリー・スティール・オルコット（一八三二～一九〇七）と短い面会を果たしたことを報じている。(22) 彼らの出会いは、一八八九年六月一九日に宗演が同僚の僧侶に宛てて出した手紙の中で言及されている。

偖《さて》ガール(23)の方は二三日以前に告別致し、目下此コロンボの神智協会へ滞在して、確実なる便船を待居候……昨日（十六日）はオルコット氏（外に日本人真宗僧三人）日本より当港へ着致し……今夜の会は日本の事情をオルコット氏が演べて、将来日本と当地の親睦を結ぶ様致候ものに御座候。(24)

オルコットはアジア中の全ての仏教宗派に呼びかけ、キリスト教宣教師の影響に抵抗するべく力を合わせる戦略を練っていた。セイロンの宗教復興を促進すべく、オルコットは『仏教教理問答』（一八八一年）を纏めた。一八八七年五月の時点ですでに宗演は『西遊日記』中にその一節を引用しているので、セイロンに着くとすぐに『教理問答』を手に入れたようである。[25] この仏教教義の入門書は問答形式で書かれている。例えば一八八一年版にはこのような問答が含まれている。

問：転生の教義の根拠は何か
答：普遍の自然法則の中に、完全に公正なる均衡と調停とが内在するとの認識による。仏教徒は、一度きりの人生は人間の行為に対する賞罰にとって長さが足りないと信ずる。[26]

『教理問答』は成功をおさめ、数年間に数十版が重ねられた。一八九七年にはすでに三三版となり、問答が扱う範囲も次第に拡大した。一九〇五年一月の三六版までには『仏教教理問答決定版』と改題されてスリランカ文化省によって出版され、以下のような問答が付け加えられていた。

問：仏教の真髄を表現するのに適当な他の言葉は何か
答：自己陶冶と普遍の愛である。[27]

オルコットの著作は、宗演に刺激を与えたと思われる数多くの源泉の一つにすぎない。だが、『仏教教理問答』はキリスト教宣教師が主張した普遍的価値に対する明晰な反論を提示し、植民地化に憤慨していた人々にとって、その言葉は魅力的なものだった。オルコットは一八八九（明治二二）年二月と一八九一年一〇月の二度、日本を訪れている。だが、ここで我々が関心を持つのは、オルコットの目的のいくつかが、後の宗演による普遍の真理の主張と重なり合っていた可能性である。宗演はオルコットの著作に言及しているが、宗演自身の普遍性というものを形成する上で、この本に刺激を受けた可能性についてははっきりと認めていない。だが、出会いのタイミングや、二人の人物それぞれの背景から考えれば、彼らは西洋のアジア進出に抵抗したいという願望を共有していたことがいえるだろう。この願いと、宗教と合理性の助けによって世界における日本の立場を向上させたいという欲求は、ともに、宗演の一八九三年のシカゴ旅行後にさらに表明されていった。

四　宗演とケーラスが築いた理解の絆の重要性

宗演が最初に日本の万国宗教会議参加を主張した時、宗教者や一般人からは疑念の声が挙がった。宗演がシカゴへと発つ前に、鄧州《とうじゅう》全忠《ぜんちゅう》（南天棒、一八三九〜一九二五）——宗演と同じ臨済宗に属する僧侶——は、この国際会議に行って何を得られるのか疑問に思い、後に、回想録中でこのように回顧している。

曾て「シカゴ」の宗教大会の時であった。発錫に臨んで有志の喜捨を募った。……宗教大会へは仏教代表か、禅宗代表か。仏教代表なれば問う処にあらず。禅宗代表なれば、此南天棒の点検を経ねば決して遣ることは出来ぬ。[28]仏祖の面へ泥を塗られては困るというた。勿論通仏教で行ったらしい。尤もあの時は慶應義塾のほやほやじゃった。[29]

たしかに一八九三（明治二六）年の会議での宗演の講演において、宗演は大乗仏教について語ったのみであった。すなわち、「禅」という言葉は一回も使わなかった。[30]彼の講演の目的は、日本に伝わった大乗の理性的性格を強調することだったように思われる。考慮に入れるべきもう一つの要素は、シカゴ会議への招待状中、ジョン・ヘンリー・バローズ（一八四七～一九〇二）が、宗演のかつてのセイロン滞在に言及していたことである。[31]これは、最初の外遊で築いた交友関係を通し、宗演が日本で最も国際的な仏教僧侶の一人であるとの評価を得ていたことを示唆している。

だが、シカゴから戻って三年経った一八九六年九月、宗演は宗教家懇談会を開催し、キリスト教徒との対話を確立する用意があると表明したが、その際にも、真言宗の雑誌『密厳教報』に掲載された論評は、宗演の努力を「最も馬鹿らしきは」と形容した。[32]

1　決定的証拠

シカゴの万国宗教会議参加中、宗演は我々が検討する問題にとって決定的に重要な出会いを果たした。現存する宗演の文章の中でも、ある一通の書簡は、宗演が一八九三年末の段階で普遍性という言葉に付していた意味を最も明らかにしてくれるものである。シカゴから日本に戻って間もない一八九三年一二月一六日、宗演はポール・ケーラス（一八五二〜一九一九）に対して、熱のこもった書簡を送った。宗演は宗教会議中にシカゴでケーラスに会い、両者はすぐに友情を築いた。それは、宗演の因果についての講演と、ケーラスが提唱していた宗教の科学に、一致点があったためである。この書簡は宗演自身が手書きしたもののようだが、英語は送付前に鈴木大拙かネイティヴ・スピーカーによって添削されている。

私についていえば、私は仏教徒です。しかし保守的な宗教家というのとは程遠く、私の意図は、宗教界に改革運動を巻き起こすことなのです。換言するならば、私は真正なる霊的仏教を追求し、ああした形式的な堕落した仏教を刷新しようとする者なのです。私は信ずるのですが、現在のキリスト教が改革されるならばそれは旧き仏教になるでしょう。そして旧き仏教が改革されればそれは未来の宗教の科学になるでしょう。未来の宗教の科学は未だ真理の胎の中にありますが、完全なる力を身に着けるためにそこで着々と育ちつつあります。先の万国宗教会議は私が思うに、この未来における普遍的科学の宗教の先触れです。そしてこうした集まりがもっと頻繁に開催されれば、その成果はこの理想の宗教の誕生にとってより好ましいものとなるでしょう。[33]

傍線は筆者によるものである。だが、もとの書簡中、この段落の八割には下線が引かれている。キリスト教には「旧き仏教となる」可能性がある、とぼかしてはあるが痛烈な発言は、上座部仏教、別名小乗仏教について暗に述べたものである。宗演は大乗仏教については言及しておらず、言外に大乗仏教がそうした考察を超えた存在であることを述べている。このように、仏教という枠組みの中でさえ、宗演の「普遍性」理解には限界があったが、宗演にとっては宗教が生き残りの道を発見する希望があるのは、合理性という領域においてであった。この課題はポール・ケーラスの意図に完全に沿うものであり、二人の生涯にわたる協力関係は、この出会いに始まったのである。

目下のところの最も決定的な証拠であるこの書簡は、ケーラスとの出会いを最大の契機として、宗演が「普遍性」を——少なくとも英語において——推進するようになったことを示している。ケーラスと宗演の目標の類似にはさらなる利点があった。それは、これらの目標が宗演の「改革」計画と重なり合ったということである。ケーラスの場合、その普遍主義的言説は「科学」を極端なまでに強調していたために、一九世紀末に普遍性を主張していたユニテリアン派やその他の集団とは一線を画していた。この偏りは、当時の宗教思潮についての理解をより多面的にする興味深いものである。宗演の教えは、普遍性の概念が日本に流入し拡散した経路が、複数存在したことを示す例とみなすことができるのだ。[34]

このあたりで本題へと戻り、宗演自身が普遍性という共通の問題をどのように練り直そうとしたのか、その固有性に着目しよう。そのため、まず彼の「真理の普遍性」という詩を検討し、その後、同じテーマに関連した彼の日本語での出版物を紹介する。

2　『モニスト』掲載の宗演の漢詩

シカゴの万国宗教会議終了から数カ月後、『モニスト（一元論者）』――ポール・ケーラスが彼独自の科学に基づく宗教を世に唱えるべく編集した雑誌――には、釈宗演が鎌倉に戻った後に送った短い漢詩が掲載された。[35] この七言絶句の漢詩の日付は一八九三（明治二六）年九月二三日となっている。雑誌の第一ページには、「馨蘭士先生」への献辞とともに、原文がそのまま印刷された（強調筆者）。

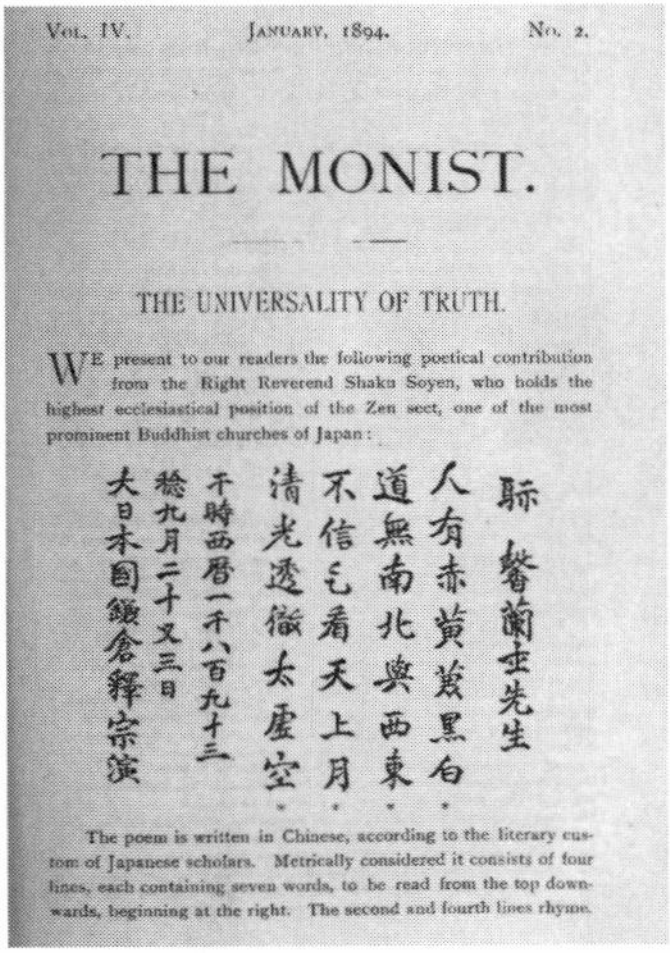

VOL. IV.　　JANUARY, 1894.　　No. 2.

THE MONIST.

THE UNIVERSALITY OF TRUTH.

WE present to our readers the following poetical contribution from the Right Reverend Shaku Soyen, who holds the highest ecclesiastical position of the Zen sect, one of the most prominent Buddhist churches of Japan:

眎　馨蘭士先生

人有赤黄兼黒白
道無南北與西東
不信乞看天上月
清光透徹太虚空

于時西暦一千八百九十三稔九月二十又三日
大日本國鎌倉釋宗演

The poem is written in Chinese, according to the literary custom of Japanese scholars. Metrically considered it consists of four lines, each containing seven words, to be read from the top downwards, beginning at the right. The second and fourth lines rhyme.

宗演の漢詩を掲載した『モニスト』

眎　馨蘭士《けいらす》先生

人有赤黄兼黒白
道無南北與西東
不信乞看天上月
清光透徹太虚空

于時西暦一千八百九十三稔九月二十又三日
大日本國鎌倉釋宗演

以下がその直訳となる。

人には赤、黄、黒、白［のような違い（筆者註）］がある
道には南も北も西も東もない
［もしもこれを］信じないならば、乞う、天上の月を見よ
［その］清い光は太虚空を透徹する[36]

漢詩の中心的なメタファーは、（満）月である。それは、月を指す指の先という有名な比喩同様、悟りを暗示している。[37]人間の眼を通して世界を見るとき、換言すれば言語的知性というフィルターを通して世界を見るとき、この見方は、皮膚の色に根差す（とされる）人種の区別のような、差異を強調してしまう。一方、道（悟りの別名）という視点から世界を見るとき、そこに見えてくるのは絶対的平等である。そこでは、あらゆる区別は——地理的場所や方角を含め——消失する。「信」という動詞は「信じる」というだけではなく、「信仰する」「信頼する」といった意味をも持つ。月が発する悟りの光はまた、明晰な知性をも表している。それは、この作品中「太虚空」と表現されている全宇宙に満ちている。この最後の表現は、「からっぽの空」と「無」それ自体という、この二つの漢字（虚空）の二重の意味を効かせたものである。

この漢詩が『モニスト』上で、どのように翻訳されたかを見てみよう。


「真理の普遍性」

人は赤、黄、黒（そして）白である。

しかし（正義の）道は南北西（や）東は（持た）ない。

（もし誰かがこれを）信じないならば、（その人に）天の上（の）月を見せるがよい。

（月の）明るい光はすべてを満たし（そして）天空（の）巨大な天蓋に満ちる。(38)


比喩が意味するものが「正義」と誤解されたという事実や、情熱的で大げさな「天空の巨大な天蓋」という言い方は脇に置くとして、はっきりとした「普遍の真理」という言葉は、この訳詩の中ですら使われないのである。もとの詩が地理的、人種的区別が消失するということに言及していることから、編集者は詩にこうした題名をつけたのだろう。一方で、一八九三年の詩が完全に宗演の意図から外れているとみなすことも不正確である。なぜなら彼の詩は確かに、悟りがあらゆる場所で起こる性質のものであることをほのめかしているからだ。

とはいえ、宗演の漢詩は歪められて提示された。実際の漢詩は、単に仏教の知恵は差別を超克すると言っているだけであるにもかかわらず、あたかも宗演が普遍主義を主張しているかのように、彼の思想は新たな枠組みを与えられたのだ。ケーラスと宗演は数年の間、それぞれの狙いを追求する上で互いの著作を利用し続けたが、このような詩の利用は、その典型的な在り様だった。これは二人の間に真の友情と尊敬が存在したことを否定するものではない。だがこの場合、超国家的な科学の宗教を促進したいというケーラスの願望にとって、宗演の思想に忠実であることは副次的なものでしかなかった。

五　宗演の日本語著作

ここからは、宗演の普遍性についての理解を、彼の日本語著作を通して探究する必要がある。宗演とポール・ケーラスが交わした日本語の書簡のうち、この問題に関わるものは一通のみが特定されている。日付は「四月一六日」[39]と、月日だけを示す曖昧な形で記されているが、手紙の内容からして一八九四（明治二七）年の四月に書かれたものと思われる。なぜなら宗演は、ポール・ケーラスとその義父との二枚の写真に対して謝辞を述べており、一八九三年一二月一六日の手紙で、この写真を送ってくれるように頼んでいたからである[40]。四月の手紙中、宗演はシカゴ万国宗教会議を引き継ぐ新たな団体を評価する発言をしており、さらに以下のように述べている。

> 吾第十九世紀は宗教改革準備の時代に有之候故、迷妄固執の弊を洗滌し、真理の光をして益々発揚せしむるは、吾曹改革主義をとる者の責務と存候。……此時に当り哲学科学の精神を楯となし、

一視同仁四海兄弟の主義を矛となし、旧来の宗教と一大決戦を試むべきかと存候。真理の前には基教回教仏教等云うが如き差別は毫も無之、まして人種風俗言語の異同は言う迄もなき事に候。(41)

使用されている戦闘的イメージは脇に置くとして、この手紙は、若き宗演（当時満年齢で三四歳）が広く旅行し、彼自身の考える国際主義をケーラスの手助けによって促進しようとしているとの印象を与えるものだ。宗演の熱意は外遊に刺激を受けたものであり、合衆国への第二の外遊も同じ効果を彼にもたらした。

宗演の「渡米雑感」と題された講演には、「紐育倫理協会」でのアドラー博士との面会についての興味深い一説が含まれている。宗演は帰国後間もない一九〇六（明治三九）年九月にこの講演を行った。紐育倫理協会という名は、伝統的な形にとらわれないユダヤ教の思想家フェリックス・アドラー（一八五一～一九三三）が設立した、ニューヨーク倫理文化協会の略称である。(43)宗演はアドラーの取り組みに対して支持を表明したが、その取り組みとは、ニューヨークの不可知論者たちに接触し、道徳への道を提供するという狙いを持つものだった。(44)宗演のニューヨーク倫理文化協会に向けた熱意は、彼が、社会的、倫理的障壁を越えて、できるだけ多くの人々に宗教を届けるための方法を模索していたことを示している。

だが、彼のアドラーの事業への関心は、一方的なものではなかった。アドラーは長年仏教に興味を持っており、この禅師による支持を積極的に受け入れて、彼の示した関心に応じたのである。宗演に会う五年前、アドラーは「仏陀の宗教」という講演を行っており、その内容は『ニューヨーク・タイムズ』紙に報じられた[45]。たしかに、アドラーの仏教理解は表面的で「仏教は悲観主義へつながる」という一般的な見解をそのまま受け入れていた。しかし、だからといって、彼は「仏教の倫理体系」を称賛することをやめはしなかった[46]。一九〇二年以降、アドラーはコロンビア大学で政治と社会倫理を教えており、こうした肩書を持つ彼の試みを軽く見ることはできない。ニューヨーク倫理文化協会の中核となる取り組みは、アドラーが考えるところ、「信条を超越し、人々を倫理的行為において結びつける宗教団体」であった[47]。この協会は、伝統的な形のユダヤ教やキリスト教に失望した人々をつなぐ中軸となった[48]。

この外遊中、宗演はセオドア・ローズヴェルト大統領（一八五八〜一九一九）に面会した。この時大統領は、日露戦争終結を仲介したことを理由にノーベル平和賞を受賞した直後だった。宗演は、ローズヴェルトとの会見中エリオット博士が同席しており、「愛国主義」が持つ霊的な意味についての活発な意見交換を行ったと書き残している。ローズヴェルトがそつなく四十七士――いわゆる赤穂浪士――の話を持ち出したことをきっかけに、大義のための「自己犠牲」という理念が論じられ、この話題が「小我」を捨てて「大我」へ至るという仏教の概念についての議論につながった[49]。

エリオット博士ことハーバード大学学長チャールズ・ウィリアム・エリオット（一八三四〜一九二六）が同席したのは意外なことではない。ローズヴェルトはハーバードで学び、その当時からエリオットを知っていた。学長の地位を退いた後、エリオットは一九一二年に日本を訪れ、その翌年には

『日本人の特徴』（一九一三年）と題された論考を出版することになる。それに先立つ、宗演とエリオットのこの一九〇六年の接触は短いものだったが、宗演が彼らの意見が一致したことを報告しているがゆえに非常に興味深いものである。[50] チャールズ・ウィリアム・エリオットは、当時の米国ユニテリアン協会の会長にして二〇世紀初頭に最も影響力あるユニテリアンの一人だったサミュエル・アトキンス・エリオット二世の父親だった。[51]

六　矛盾する発言

宗演は一方では、宗教間の垣根を越える思想に対して関心を表明し、他宗教に対してある程度の開かれた姿勢を示した日本人仏教僧の一人だった。例えば、「誘惑と意力」についての一九〇七（明治四〇）年五月の講演では、宗演は仏陀が普通の説法を行う代わりに花を差し出した話について論じた。[52] この無言の動作に皆は茫然としたが、弟子の摩訶迦葉《まかかしょう》だけは破顔微笑した。[53] 宗演はこの話が伝統的禅のスローガンである教外別伝・不《ふ》立文字《りゅうもんじ》・直指人心《じきしにんしん》・見性成仏《けんしょうじょうぶつ》の濫觴であると説明した。[54] この後に続く宗演の言葉は、我々にとって特に興味深いものである。「独り仏法の以心伝心の妙がここにあるのみならず、一切宗教の奥の院は皆ここにあると云っても善い」[55]。

その一方で、宗演は当時流布していた日露戦争の正当化を支持し、大和魂が唯一無二のものであるとたびたび述べており、彼の「普遍性」理解には深刻な疑問が投げかけられる。以下では、この種のレトリックの一例を見るが、同時に宗演の考えが時代とともに変化したという事実も勘案せねばならない。宗演の戦争観は、従軍僧としての戦場での経験によって形成され、ロシアとの間の戦争は正当なものだったという見解は変わらなかったが、次第にある程度までは戦争を美化することを止めるようになっていった(56)。

このことは、すでに挙げた非常に重要な問題、つまり宗演を知的に育んだ仏教の伝統が、彼流の普遍性というものを形成する上で必要な資源を提供したのかどうかということに、我々を引き戻すものである。だがこの問題は、独自の方法で普遍性に接近するための諸要素が「仏教」それ自体にあるのかどうかという、より一般的な問題と混同されてはならない。こうした考察は重要だが、ここで必要なのは、一つには宗演の眼を通して捉えられた仏教にのみ注目すること、もう一つには、あたかも単一の教義体系から成るものであるかのように、仏教を過度に単純化してしまわないよう注意することだ。普遍性の問題に取り組むのであれば、特定の仏教伝統や原典との関わりから行う方が、より正確になるであろう。

しかし、この路線で探究を進めることは、本章の議論の範囲外である。さらに言えば、仏教内部においてさえ、様々な仏教伝統がそれぞれの形の普遍性を生み出してきたことを強調したい。それらはしばしば、歴史的状況への対応として、もしくは布教目的のために、そうしたレトリック上の工夫が必要だったことから生み出されたのだった。

七　宗演が指摘する経典中の普遍性に関する説明

「渡米雑感」という自伝的著作中、宗演はアイダ・イヴリン・ラッセル（一八六二〜一九一七）[57]宅を初めて訪ねたことと、その際のパーティーについて回想し、宗演の指導の下で修業をしたいという彼らの願いを拒絶したいという思いと、仏教徒の道を歩みたいという真摯な願いを表明する者を拒絶したくないという思いの間に引き裂かれたことを告白している[58]。彼は最終的にアメリカ人のしつこさに屈した。「謝絶をすればする程進んで来るから仕方がなしに承諾した」[59]。

明らかに、宗演はもっと断固として訪問者を断ることもできたはずだ。しかしこの文脈中、彼は経典を根拠に正当化を行った。ほとんど弁解するかのように、宗演は日本人の聴衆に向かって、彼は幼少期から「三界は我が有なり、其中の衆生は悉く我が子なり」[60]という『法華経』の思想を教え込まれていたと述べた。宗演は「衆生」とはここでは動物を含むあらゆる生き物のことを言っているのであり、すべての生き物を「救上げる」ことができるし、そうしなくてはならない、と説明している。彼はこれを口癖のように聞いてきたので、「僅かに顔色の違った人間が来たとてソレに断りを言わねばならぬとは甚だ恥かしい話である」[61]と結論づけた。

宗演には、ラッセル家の人々を受け入れる個人的な理由があった。例えば、アメリカ人の思考法についてもっと学びたいといったことだ。彼はそれゆえ、『法華経』の「譬喩品」（第三品）の一節を使いながら、自らの決断がそれにかなったものであると提示した。彼の引用は、有名な燃える家（火宅）の比喩に基づいている。子供たちが火事の真っただ中にいることに気づかなかったので、賢い父親は素敵な新しいおもちゃを与えると約束して外に誘い出し、彼らを救出した。[62] 主要なテーマは、蒙昧な者を仏陀が方便（Upaya）を用いて大慈大悲によって救うということだ。この講演は、宗演が「普遍性」を仏教的見地から理解する上で、『法華経』が一つのモデルになっていたということを示している。『法華経』末尾の章の一つは、ワトソンによって、「菩薩―世界の音を知覚する者―普遍の門」（第二五品）と訳されている。この章は、中国ではグアンイン、日本ではカンノンとして崇められる、慈悲を体現した観音菩薩に焦点を当てたものである。宗演は『法華経』のこの章に親しんでいた。なぜなら、これは臨済宗の寺や僧院で頻繁に唱えられていたからである。この章の人気は、その内容以上に、音とリズムが魅惑的だからだろう。「観音の力を念じよ」との命が定期的に繰り返され、その後にその念が持つ奇跡の効果が述べられる。[63] ワトソンの翻訳において「普遍の門」とされていた漢字の言葉、普門（中国語でプーメン、日本語でフモン）は、サンスクリット語のサマンタ・ムカに相当する。これは「すべての側に向いている」入口を意味する。[64]

　英語の言葉「universality」に最も関連が深い中国語および日本語の概念である「普」は、「すべてに亘る」、もしくは「あらゆる場所に達する」というようなニュアンスを帯びている。[65] 漢字の「普」が帯びるイメージは、あらゆる場所を平等に同時に照らす日光の光線である。しかしながら、それを逆転させれば、この隠喩は光の源が一つであることを暗示し、排他的な真理の主張を意味するものとして、簡単に歪められてしまう。このような優越性を認めることは、多様な見解の抑圧を正当化することにつながり得るし、さらには時に残酷な方法を用いることをも肯定する可能性がある。少なくとも潜在的にはそういうことになる。仏教の伝統は、その多様な歴史の中で、時に暴力を容認し、武力抗争に加担しさえした、という非難を免れることはできない。研究者も一般人も、この認識を徐々に受け入れつつある。(66)

宗演の戦争に対する態度は、控えめに言っても曖昧なものだったが、日露戦争中に前線で連隊に付き従う従軍僧としての経験をした後に、彼の見解はある程度変化した。同様に、仏教とキリスト教各々の長所についての彼の見方も揺らぎ、時に一つの講演の最中でさえ揺らいでいた。「世界将来の宗教(67)」という講演中、彼は最初、全宗教の共通基盤について強調した。「世界孰れの宗教を問わず、其出発点に於ては悉く同一のものである」(68)。宗演はこうした根本的なものを数例挙げ、特に「博愛」と「慈悲」に言及した。自らの立場が誤解された場合に備え、彼はその後、同様の考えを言葉を変えて述べている。「語を換えて申せば、「それぞれの（筆者註）」学説に於ては差異あれども、宗教其物の実体に臻って悉く同一の点に発して居る」(69)。

宗演は自らの見解を述べるにあたって狡猾であったと言える。なぜなら、すべての宗教伝統に共通の起源があるといっても、それは、最終的にできあがるものが同一であるとか、同じ価値を持つということを意味するわけではないからだ。予想を裏切らず、宗演はその次の節では仏教とキリスト教のそれぞれの長所を精査している。(70)全ての宗教が「渾然として融和するとしても」と未来予想図を描いてみせつつ[71]、宗演は個々の宗教の違いは残ると考えており、率直に以下のような結論を導き出した。

簡略に言えば将来の宗教は、『感じる』『悟る』と謂う点は是を仏教に取り、斯くして得た処を人道として発揮する点に於ては是を耶蘇教に取ったものであろうと思われる。吾人仏教徒は、我仏教の教理に於ては確かに彼に勝って深奥であると思うて居るけれども、其深奥が却って短処となり、是を人道として発揮する事に於ては、我彼に譲らなければならぬと認めて居る[72]。

講演の最後に、宗演は、その第七回大会が一九〇七(明治四〇)年に日光で開催中だった世界キリスト教学生連合会議(宗演の言葉では「万国キリスト教青年会大会」)に言及した[73]。宗演は、この機会に救世軍の指導者であるブース大将が日本に来たことを報告している[74]。全体として、ここには相互理解の場を求めることに対する積極的な態度を見ることができるが、それは、霊性の深さにおいては仏教が優れているとの固い確信と結びついていた。この講演は、宗演がある聴衆に対して「普遍の真理の光」を強調した一方、別の聴衆には仏教の教えが優れていると強調したことを示している。

八　マコーレーの二枚舌からのさらなる考察

だが、これは宗演に限ったことではない。同様の傾向は日本のユニテリアンを代表する存在だったクレイ・マコーレー（一八四三〜一九二五）にも見られる。多様な聴衆に向けられた両者の発言は、ほとんど互いの鏡像のように見える。例えば一九〇二年四月、マコーレーは『アメリカ神学雑誌』に寄稿したが、その結論は、彼の「普遍性」への理解を反映していた。

仏教とキリスト教のより大きな衝突は未だ起こっていない。仏教が急速に力を再生させていることは明らかである。……そしてもし、キリスト教が永遠の父なる神への信仰を宣べ、それぞれの人間の魂の永遠の生命への希望を認めているならば、仏教よりも上に位置づけられる。仏教は「意識存在の悪」の前に人間は絶望すると教え、「悟り」とはそれぞれの人間精神が永遠の無意識を得ることだとしてそれを求めているからだ。キリストの信者も仏陀の信者も、公正、慈悲、愛、そして敬虔によって日々その信仰を示しているが、キリスト教の大義が勝利することは疑いようがない。キリスト教信仰は人間の知識の拡大によって支えられ、「ミカドの国」においても最終的には勝利をおさめることを、我々は確信している。(75)

このように、宗演もマコーレーも、ある種の人々に対面した時には、普遍の真理と宗教という崇高な理念を口先で称えることを厭わなかった。だが、また別の人々に対しては、彼らは自らの伝統の優越を主張した。多くの公人同様、彼らは、特定の人々や読者の期待に自らの言説を「適合させる」技を身に着けていた。

本章のここまでの議論は、宗演という特定の例に焦点を当てたものであるが、彼はたしかに曖昧なところがある人物で、「普遍性」という概念が非常に自己都合に利用されやすいものであったし、現在でもその傾向があるということを示してくれる。党派性を超越したものであると想定されている概念にも、捻じれたいくつもの異なる意味がある。そう強調はしているものの、私の意図は、懐疑主義を煽り立てたり、互いに競合する宗教伝統の代表を愚弄したりすることではない。そうではなく、私はそうした概念が複雑かつ多様に使用されてきたことを、特定の歴史的文脈の中で明らかにしたいのだ。そうすることは必然的に、これらの概念が他の文脈の中で持つ意義に対して、疑問を投げかけることにつながっていくであろう。

註

（1）宗演の生年月日は多くの出版物において、いまだに誤って記載されている。宗演は安政六年一二月一八日（太陰暦）に生まれており、これは西暦では一八六〇年一月一〇日に当たる。

（2）年齢は数え年ではなく満年齢表記を行う。また、西暦の導入が宗演の存命中に行われ、明治五年一二月三日（太陰暦）が明治六年（一八七三）一月一日となることが宣言された。このため、宗演の年齢は多くの場合、これまで伝えられてきた年齢から二年を差し引く必要がある。

（3）「洪川下ニ了事シ印可ヲ得」釋敬俊編『楞伽窟年次傳』（大中寺、一九四二年）、「楞伽窟年譜」三頁。

（4）この団体については、Janine Sawada, *Practical Pursuits: Religion, Politics, and Personal Cultivation in Nineteenth-Century Japan* (Honolulu: University of Hawaii Press. 2004), 223-228. 参照。鳥尾は一八八〇年に陸

軍を退役し、余生を著作活動と政治活動に捧げた。

(5) この団体は川合清丸(一八四八～一九一七)の思想の下に生まれた。

(6) 鳥尾得庵による仲介については、Michel Mohr, "The Use of Traps and Snares: Shaku Sōen Revisited," in *Zen Masters*, ed. by Steven Heine and Dale Stuart Wright (New York, Oxford University Press, 2010), 189.

(7) この人物については、Richard M. Jaffe, *Neither Monk nor Layman: Clerical Marriage in Modern Japanese Buddhism* (Princeton, NJ, Princeton University Press, 2001) の第八章を参照。

(8) 彼の万国宗教会議第一講演についてはWayne S.Yokoyama, "Two Addresses by Shaku Sōen: 'The Law of Cause and Effect, as Taught by Buddha,' Translated by D. T. Suzuki, 'Reflections on an American Journey,'" *The Eastern Buddhist* 26, no. 2 (1993): 131-48. 参照。

(9) Shaku Sōen (1913), 113. 初版は*Sermons of a Buddhist Abbot* (1907). 本書は一九〇六年と記載されているが、実際は一九〇七年一月に印刷された。その理由については、Mohr (2010), 187および、208, n. 31 参照。

(10) 具体例はMohr (2010), 192-95 にて挙げた。

(11) 同前。

(12) 一八九三年に満年齢三四歳でシカゴに行く以前には、宗演はほとんど出版物を出していない。この頃の彼の出版物には『西南の仏教』(一八八九年)や『錫崙島志』(一八九〇年)に加え、いくつかの新聞記事、雑誌記事があるが、専ら彼のセイロン滞在に関するものである。宗演の出版リストは、Mohr (2010), 214-16.

(13) Kakuzō Okakura, *The Book of Tea* (Tokyo and New York, Kodansha America), 31. 初版は一九〇六年。訳は、岡倉天心(大久保喬樹訳)『ビギナーズ日本の思想　新訳　茶の本』(角川文庫、二〇〇五年)、一九頁。

(14) Mohr, (2010).

(15) アーサー・ロイドは一八八四年に日本に送られたイギリス海外福音伝道会の宣教師であり、二五年ほど滞在した。白井尭子『福沢諭吉と宣教師たち――知られざる明治期の日英関係』(未來社、一九九九年)、一六三〜一七五頁。
(16) ウィリアム・C・キチンは一八八五年一〇月七日から一八八六年七月三一日まで慶應義塾で英語を教えた。メソディスト監督派教会のアメリカ人宣教師であり、一八八二年九月二〇日に長崎に到着している。白井(一九九九年)、一八一および一八四頁。
(17) Mohr (2010), 190. 長尾大學編『宗演禪師書翰集』(二松堂、一九三一年)、二〇頁。
(18) John Stuart Mill, *Collected Works* (Toronto, University of Toronto Press, 1963) (2006 reprint by Liberty Fund), vol. 10, 205-59. 初版は一八六一年。ただし、一八六三年にも別の版が出されている。
(19) John Stuart Mill, *On Liberty* (London, Longmans, Green, and Co, 1865), 13. 引用は、ミル(斉藤悦則訳)『自由論』(光文社、二〇一二年)、五七〜五八頁。
(20) John Stuart Mill, *Three Essays on Religion: Utility of Religion* (New York, Henry Holt and Company, 11874), 120. 引用は、ミル、J・S著、テイラー、ヘレン編(大久保正健訳)『宗教をめぐる三つのエッセイ』(勁草書房、二〇一一年)、九八頁。
(21) Mill (1874), 100. 引用はミル註(19)『自由論』、八一頁。
(22) Stephen R. Prothero, *The White Buddhist: The Asian Odyssey of Henry Steel Olcott.* (Bloomington, Indiana University Press, 1996; reprint, Bloomington, Indiana University Press, 2010), 85-115を参照。
(23) ガール(ゴール)はスリランカの南西の突端に位置する小都市である。
(24) 長尾(一九三一)、六八〜六九頁。
(25) 釈宗演『新訳・釈宗演『西遊日記』』正木晃現代語訳(大法輪閣、二〇〇一年)、一二二頁。なぜ宗演が早い段階で本書を利用したのか、リチャード・ジャフィによればその背景は以下のとおりである。「スリランカ到着後、宗演は英語習得のためにオルコットの『仏教教理問答』英語版を使い始め、書籍の第一部の逐語訳を書き留めた」。Jaffe (2004), 82. 宗演と鈴木大拙が収集した出版物を保存している松ヶ岡文庫には、『仏教教理問答』が三冊存在する。しかし、その全てが後に出版された版である。三冊中二冊は一九〇八年のドイツ語版 *Buddhistischer Katechismus*、一冊は一九一五年出版の第四四版。*A Catalogue of Foreign Books in the Matsugaoka Bunko* = 松ヶ岡文庫洋書目録 (Kamakura: Matsugaoka Bunko Foundation, 2008), 191. この目録には宗演が使用した古い版は掲載されていない。松ヶ岡文庫は一九二一年に神智学協会出版社が出したオルコットのパンフレット「一八八九年日本における仏教の再興(*The Buddhist Revival in Japan in1889*)」も所蔵。

(26) Henry S. Olcott, *A Buddhist Catechism, According to the Canon of the Southern Church* (London, Trubner & Co.) 1881, 23, 第一三〇問。

(27) Olcott (1905), 38, 第一七三問。

(28) 「この南天棒」には二重の意味があり、日本語の文章の構造のために言葉遊びが可能になっている。文字通りの意味は「(南天という木でできた)この棒」であるが、同時に「私」(この南天棒[という名前の人間])を指している。

(29) 中原鄧州『南天棒禅話』秋月龍珉選禅書復刻シリーズ五(平河出版社、一九八五年、原著一九二一年)、六九~七一頁。

(30) 日本語版は、モール(二〇〇二)参照。

(31) 鈴木範久『明治宗教思潮の研究——宗教学事始』(東京大学出版会、一九七九年)、二一四頁。バローズについては、那須理香「一八九三年シカゴ万国宗教会議における日本仏教代表釈宗演の演説——「近代仏教」伝播の観点から」(『日本語・日本学研究』五号、二〇一五年)、八一~九四頁。八二~八三頁にジョン・ヘンリー・バローズに関する概要が含まれている。

(32) 鈴木範久（一九七九）、一三六頁より再引用。

(33) ポール・ケーラス宛の一八九三年一二月一六日付書簡。強調は筆者が付加した。この書簡は同じ二通が別々の場所に保管されている。南イリノイ大学カーボンデール校のモリス図書館と松ヶ岡文庫、両施設のはからいにより、筆者は幸運にも両方の書簡を閲覧することができたが、その後、同書簡がすでにHarold Henderson, *Catalyst for Controversy: Paul Carus of Open Court* (Carbondale: Southern Illinois University Press, 1993) の六三頁に部分的に転載されていることを発見した。同文書についてはJohn S. Harding, "Expanding Notions of Buddhism: Influences beyond Meiji Japan," *Pacific World* Third Series 9, (2007): 189–204 の一九九頁、および、John S. Harding *Mahāyāna Phoenix: Japan's Buddhists at the 1893 World's Parliament of Religions* (New York, Peter Lang, 2008) の一二六頁に言及がある。

(34) 他の複数の経路とは主に、ヘーゲル哲学、神智学、スウェーデンボルグ主義、自由主義キリスト教、科学的アプローチ、新宗教運動、そして一九〇九年以降はバハーイー教である。

(35) Shaku Sōen, "The Universality of Truth," *The Monist* 4 (2 January, 1894): 161–62. カッコ内は筆者による挿入。

(36) 「だいこくう」と読むのがより一般的だが、織田得能『織田佛教大辞典』（大蔵出版、一九八八年）、一一七八頁によれば、仏教用語としては「だこく」と読む。織田は、この語は小乗の伝統においては涅槃を意味し、大乗的解釈においては妙空第一義空、すなわち「空の第一義であるすばらしき空」を意味していると言う。虚空という成語は「からっぽの空」、そして「真理の体」（法身）の両方を指す。中村元『広説佛教語大辞典』（東京書籍、二〇〇一年）、四六二頁。

(37) いくつかの仏典がこの比喩を利用しているが、楞伽経はこの比喩が仏陀に由来するとする初期の一例である。鈴木大拙の英訳によれば、仏陀は「無知な者は月ではなく指先をつかむ。同様に、言葉にしがみつく者は私の真理を知らないのだ」と述べた。Suzuki Daisetz Teitaro, *The Lankavatara Sutra: a Mahayana text* (Boulder, Colo.: Prajñā Press, 1978), 193. 同じ中国語原文がこの経典の三つの版に含まれている。大正一六・六七一・五五七a二〇、大正一六・六七二・六二〇a・一五。同じイメージが大智度論に再出する。大正二五・一五〇九・一二五b〇二。しかしラモットはチベット版に基づき、大拙の翻訳が不正確であることを発見した。Etienne Lamotte, *Le Traité de la grande vertu de sagesse de Nāgārjuna (Mahāprajñāpāramitāśāstra) avec une nouvelle introduction*, vol. 1 (Louvain, Institut Orientaliste, 1944), 538を参照のこと。二つの経典が共に、月を真理の精髄（サンスクリット語でアーサ、漢字で真実）と、指を言葉や名前（サンスクリット語でヴヤンジャナ、漢字で名字）と同一視しているのは明らかである。だが、この教えの要点は、隷属状態からの解放である。日本語訳については、常盤義伸「ランカーに入る——梵文入楞伽経の全訳と研究」（『花園大学国際禅学研究所報告書』第二巻、一九九四年）、二三四頁参照。

(38) Shaku Sōen (1894), 162. カッコ内は『モニスト』における挿入。

(39) 長尾宗軾『宗演禪師の面目』（隆文館、一九二〇年）、一〇八〜一〇九頁。

(40) 釈宗演からポール・ケーラス宛の、皇紀二五五三年（一八九三）一二月一六日付書簡。松ヶ岡文庫および、南イリノイ大学カーボンデール校の特別収蔵書に所蔵。英語書簡には「最後に、よろしければ貴君と父君の写真を賜りたく存じます」との言葉がある。おそらく、「父」とはケーラスの義理の父親でオープン・コート出版社の社主であったエドワード・カール・ヘゲラー（一八三五〜一九一〇）を指すと思われる。ポール・ケーラスはヘゲラーの娘、メアリーと一八八八年に結婚していた。David Eugene Smith, "Mary Hegeler Carus, 1861-1936." *American Mathematical Monthly* 44 (5): 280-83, 281. 参照。

(41) 釈宗演からポール・ケーラスに宛てた書簡、四月一六日（おそらく一八九四年）。長尾宗軾『宗演禪師の面目』（隆文館、一九二〇年）、一〇八〜一〇九頁

(42) Mircea Eliade and Charles J. Adams, eds. *The Encyclopedia of Religion*. vol. 1 (New York, Macmillan, 1987), 30には、フェリックス・アドラーについての興味深い紹介が掲載されている。

(43) 講演は東邦協会において一九〇六年九月に行われた。その内容は釈宗演『筌蹄録』（弘道館、一九〇九年）、五七頁に収録されている。同様の題名の文書が"Reflections on an American Journey" (1993)として横山ウェイン茂人によって翻訳されているが、その内容は大きく異なっている。二つの版の懸隔については、Mohr (2010), 193-94を参照。

(44) 釈宗演（一九〇九）、五七頁。この版では、宗演は「夫れは私（著者註：アドラー）が今会長になって居る」としていたが、その後、これはアドラーの言を受けて修正された。Yokoyama 1993, 145参照。横山の翻訳は宗演の全集も収録されたものと同様の、訂正版に基づいている。

(45) 講演はカーネギー・ホールで行われた。*New York Times*, March 4, 1901, 7.

(46) 同前。

(47) Eliade and Adams (1987), vol. 1, 30.

(48) ニューヨークには同様の組織が数多く存在した。例えばブルックリン倫理協会があるが、指導者はヴィヴェカナンダを強力に支援したルイス・G・ジェインズ（一八四四～一九〇一）であった。

(49) 釈宗演（一九〇九）、五八～五九頁。

(50) 同前書、五九頁。

(51) サミュエル・アトキンス・エリオット二世は一八八九年から一九〇〇年までアメリカ・ユニテリアン協会の書記長を務め、その後、理事会議長を兼ねる会長職の創設を提案し、この最高職に一九〇〇年から一九二七年まで就任した。

(52) この講演は関東連合教育大会にて行われた。

(53) この法話の形成については Albert Welter, “Mahākāśyapa's Smile: Silent Transmission and the Kung-an (Kōan) Tradition.” In *The Kōan: Texts and Contexts in Zen Buddhism*, eds. Steven Heine and Dale S. Wright (Oxford and New York, Oxford University Press, 2000), pp. 75–109. を参照。

(54) 釈宗演（一九〇九）、八〇頁。

(55) 同前。

(56) Mohr (2010), 199–201. Micah Auerback, “A Closer Look at Zen at War: The Battlefield Chaplaincy of Shaku Sōen in the Russo-Japanese War (1904–1905).” In *Buddhism and Violence: Militarism and Buddhism in Modern Asia*, Vladimir Tikhonov and Torkel Brekke, eds. (New York, Routledge, 2012): 52–171. も参照のこと。

(57) アイダ・イヴリン・ラッセルの生没年については Susan Hill Lindley and Eleanor J. Stebner, eds. *The Westminster Handbook to Women in American Religious History* (Louisville, KY, Westminster John Knox Press, 2008), 189. 参照

(58) 「渡米雑感」の日本語版には二種類がある。一つは宗演がアメリカ合衆国からの帰国後の一九〇六年九月に行った講演をもとにしたものであり、『筌蹄録』（一九〇九年）三七～六七頁に収録されている。もう一つは縮約版であり、宗演全集一巻（一九二九～三〇年）に収録されている。英訳は Yokoyama (1993) に含まれる。二つの版の違い、そしてそれに基づく英語版における差異については、Mohr (2010), 193–95. 参照ここでは釈宗演（一九〇九）に含まれる、時期的に古い完全版について述べる。

(59) 釈宗演（一九〇九）、四八頁。

(60) 大正九・二六二・一四 c 二六－ c 二七。英訳は Burton Watson, *The Lotus Sutra* (New York, Columbia University Press, 1993), 69.

(61) 釈宗演（一九〇九）、四八～四九頁。

(62) この品についての深い分析として、Alan Cole, "Toys for Tots: Desire and Truth in the Parable of the Burning House," in Alan Cole, *Text as Father: Paternal Seductions in Early Mahāyāna Buddhist Literature* (Berkeley, University of California Press, 2005), 134-48. がある。

(63) 一例として、"If someone, holding fast to the name of Bodhisattva Perceiver of the World's Sounds, should enter a great fire, the fire could not burn him. This would come about because of this bodhisattva's authority and supernatural power. Burton Watson, *The Lotus Sutra* (New York: Columbia University Press, 1993), 299. が挙げられる。該当箇所の日本語訳の一例には、「良家の子よ。生ける者どもが観世音菩薩大士の名をたもって（唱えて）いるならば、かれらがたとえ大きな火の塊の中に落ちても、かれらはすべて観世音菩薩大士の威力（tejas）によって、その大きな火の塊から救い出されるであろう。」（中村元『現代語訳　大乗仏典2　法華経』〈東京書籍、二〇〇三年〉、二二七頁）がある。

(64) Seishi Karashima, *A Glossary of Kumārajīva's Translation of the Lotus Sutra* (Tokyo, TheInternational Research Institute for Advanced Buddhology, Soka University, 2001), 199.

(65) Mohr (2014), 第五章参照。

(66) 特に、Michael Zimmermann, Hui Ho Chiew, and Philip Pierce, eds. *Buddhism and Violence* (Lumbini: Lumbini International Research Institute, 2006). 及び Michael K.Jerryson and Mark Juergensmeyer, eds. *Buddhist Warfare* (New York, Oxford University Press, 2010). を参照のこと。

(67) 釈宗演（一九〇九）、一八六～一九四頁に収録。この講演録の最後には編註がついており、『成功』第一一巻第四号が初出とのことである。正確には、成功雑誌社が出版した『成功――立志独立進歩之友』に掲載されており、（編註では）日付が言及されていないが、一九〇七年五月号の一二～一四頁と内容が一致する。この情報の発見にあたっては、東京大学近代日本法政史料センター（明治新聞雑誌文庫）の藤井華織（Fujii Kaori）氏に感謝したい。

(68) 釈宗演（一九〇九）、一八九頁。

(69) 同前書、一九〇頁。

(70) 釈宗演「仏耶両教の長短」釈宗演（一九〇九）、一九一～一九三頁。

(71) 釈宗演（一九〇九）、一九一頁。

(72) 釈宗演「仏耶両教の長短」釈宗演（一九〇九）、一九二頁。

(73) この団体はジョン・ラレー・モット（一八六五～一九五五）によって創設された。彼はＹＭＣＡ運動の指導者でもあった。

(74) このブース大将とは明らかに、救世軍の初代大将で創設者であるウィリアム・ブース（一八二九～一九一二）である。彼はこの大会に合わせて日本に来ていた。ブースの訪日を記念して著書の一冊が日本語に翻訳された。（ブース大将『ペンテコステ物語』〈一九〇七年〉）。一九〇七年四月一六日から五月二四日までのこの訪日に関する詳しい説明は、D. C. Greene and Ernest W. Clement, *The Christian Movement in Japan* (Tokyo, Published for the Standing Committee of Co-operating Christian Missions by the Methodist Publishing House, 1907), 138-52。ブースは天皇にも謁見した。

(75) Clay MacCauley, *Memories and Memorials: Gatherings from an Eventful Life* (Yokohama, FukuinPrinting Co., Ltd., 1914), 548.

付記 本稿は部分的に、著者の宗演についての既発表研究に基づいている。モール、ミシェル「近代「禅思想」の形成――洪岳宗演と鈴木大拙の役割を中心に」（『思想』九四三号、二〇〇二年）、四六～六三頁。Michel Mohr,

"The Use of Traps and Snares: Shaku Sōen Revisited," in *Zen Masters*, ed. by Steven Heine and Dale Stuart Wright (New York, Oxford University Press, 2010), pp. 183–216. Michel Mohr, *Buddhism, Unitarianism, and the Meiji Competition for Universality*. (Cambridge, MA and London, Harvard University Press, 2014).

中西牛郎

——「新仏教」の唱導者

中西牛郎著

宗教革命論

東京 博文堂發行

星野靖二

一　仏教はいつから「宗教」になったのか

現代日本語で用いられている「宗教」なるものが、明治期以降歴史的に組み上げられてきた翻訳概念であることは、すでに広く知られているだろう(1)。それでは、いつから仏教はそのような宗教の一つとして捉えられるようになったのだろうか。

島地黙雷（本書クレーマ論文参照）にもその試みが見られるが、本章では中西牛郎《なかにしうしろう》(2)という人物を取り上げる。中西は、これまで必ずしも十分に研究されている人物ではないが、近年の近代仏教研究の進展とともに、「新仏教」の唱導者として注目されるようになり、その議論がやがて明治期の「新しい仏教」を模索する動きに流れ込んでいくと考えられるようになっている(3)。

本章では、中西のこの「新仏教」の議論を、その宗教論を含めて概観する。すなわち中西は、一八九〇年前後において、キリスト教の神学や西洋における思想潮流を参照しながら、同じ「宗教」という範疇において仏教とキリスト教を比較し、哲学に加えて比較宗教的な検討によって仏教の優越性を弁証することを試みた。それはある意味で仏教の「宗教」化の議論でもあり、必ずしも仏教の現状をそのまま肯定するものではなかった。それゆえ中西は、既存の「旧仏教」に対して来たるべき「新仏教」を提示し、仏教の弁証論と改良論を同時に論じたのである。

この中西の「新仏教」の議論は、一方で「旧仏教」として名指されたと感じた者たちから強い反発を受けたが、他方で、島地默雷や古河勇（老川《ろうせん》）のように、その主張に賛意を示した者たちもあった。[4] 後には、むしろ中西個人を離れたところで、その思想的な影響力を発揮していくことになる。

このような中西の議論は、中西の儒教的素養、保守的な政治的立場、キリスト教についての知識、仏教者との交流等を背景として出されたものであるため、まずその前半生を中心に履歴を確認する。その上で、この時期の中西の宗教、仏教、「新仏教」についての議論の要点を確認する。

二　中西牛郎（一八五九〜一九三〇）[5]

1　漢学者の息子

中西牛郎は、一八五九（安政六）年一月一八日、肥後国にて、士族で漢学者であった中西惟覚の長男として生まれた。郷里で国漢学を学んだ後東京に遊学し、さらに長崎にも出て、英国人宣教師モーンドレルから洋学とキリスト教を学んでいる。

一八八一（明治一四）年に神水義塾という私塾を熊本に設立し、父親と共に教鞭を執る。同塾の目的は「仁義忠孝の道を講明し経世有用の才を育成し広く欧米百科の学を研究する」[6]ことにあるとされ、設立当初は特に仏教との関わりはなかったようである。

2　紫溟会——国権主義者たちとの関わり

熊本では一八八一年に国権主義の団体である紫溟会《しめい》（後の熊本国権党）が設立されるが、中西は佐々友房や津田静一[7]といった紫溟会の中心人物と交流があった。紫溟会が一八八二年に済々黌《せいせいこう》を設立した際に発起人の一人となっており、同黌でも教鞭を執っている。紫溟会の言論活動において津田と共に中心的な役割を果たしており[8]、学術雑誌として出された『文学世界』『大東立教雑誌』に寄稿し、また機関誌の『紫溟雑誌』『紫溟新報』において津田を助けて主筆を務めた[9]。

この紫溟会人脈は、中西の生涯を通して維持されることになるが、中西の宗教論についても、そもそも国権主義的な思想を前提として展開されているという点を見ておく必要があるだろう。

3　同志社——キリスト教についての知識

中西は一八八四年頃[10]に一年ほど、下村孝太郎や徳富蘇峰の助けを得て、京都に出て同志社で英学とキリスト教を学んでいる[11]。中西自身は、この時米国人宣教師で同志社の教師であったゴードンから洋学とキリスト教を学び、神学書[12]の翻訳をしたと回顧している。

中西個人を離れて、この頃の同志社で教えられていたキリスト教に目を向けるならば、一八八一年にラーネッドが担当した教会史の授業ノートが残されている[13]。これはキリスト教の歴史を、使徒の時代、中世、宗教改革とその後という流れで見ていくもので、最終的には一九世紀までを取り扱っている。最後の方では『イエスの生涯』で史的イエスを探求しようとしたシュトラウスへの言及もあり、受講生たちは、キリスト教の解釈をめぐる議論が同時代的に展開されていることを意識させられたであろう。

そのような状況において、この時期の同志社の学生たちの中には、聖書の無謬性をそのまま信じることができず、書物などを通して西洋における自由主義的なキリスト教解釈、端的には聖書の高等批評について学んだ者があり、これに対して、宣教師たちは反動的に保守的な聖書理解を説いたという。(14)日本のキリスト教の歴史において、明治二〇年代に自由主義的なキリスト教解釈を受け入れた日本人キリスト者が出たことを「新神学」問題と言うことがあるが、これは特に同志社の卒業生に多く、その傾向は、すでに中西がいた時期に見られていた。例えば後に日本ユニテリアン協会に関わることになる安部磯雄、岸本能武太《のぶた》、村井知至《ともよし》は、一八八四年春に同志社英学校を卒業して、同年秋に神学科に進学しており、そこで安部と村井は学校側に保守的な神学教育の改革を訴える要求書を出し、これが受け入れられなかったことを受けて退学している。中西はこの顚末を見ていた蓋然性が高い。

後述するように、この時期の中西の議論には、同時代におけるキリスト教解釈についての知見が述べられており、特にキリスト教の新潮流としてのユニテリアンに対しては、脅威であるという認識を含めて一定の評価が下されているが、その背景の一つとして、同志社における学びと日本人キリスト教者との交流を考えることができる。

4　八淵蟠龍——仏教者たちとの関わり

中西は寺の生まれではなかったが、中西が神水義塾を開校してから、真宗本願寺派の僧侶である八淵蟠龍と交流を持つようになっており、そこから仏教者たちと関わるようになった。

八淵の伝記[15]によれば、神水義塾に寺院子弟をも受け入れるように八淵が中西に依頼し、中西が承諾したという。これを一つの契機として仏教も教えられるようになり、八淵が「凝然大徳の「三国仏法伝通縁起」ならびに「八宗綱要」を講本とし」て仏教について教え、また「塾主の中西牛郎氏は従前どおり英語、仏語を教授し、かねて現時欧米に於ける新しき仏教に対する研究の様相を概説することにした」[16]とされている。この中西が教えたとされる「新しき仏教」の内実は述べられていないが、後述の「宗教及道義」（一八八六年）にオルコットや神智学についての言及があることから、中西がそうした動向を把握していたことは確かであるように思われる。

関連して、一八八九（明治二二）年にオルコットが最初に来日する際に、「各宗有志」の発起によって「神智学会長オルゴット氏を熊本に招聘するの趣旨書」が出されているが、「賛成者」[17]には津田と中西を筆頭に、済々黌卒の山田珠一のような政治家や熊本財界の人物が名前を連ねている。中西が、熊本の紫溟会関係者や仏教界の人士が重なるような人間関係の中にいたこと、かつそこで神智学やオルコットが好意的に受け入れられていたことを見て取ることができるだろう。

このように中西は、紫溟会との関わりを持った上で、同志社において学び、また熊本に戻ってから地元の仏教者たちとも交流するようになっていた。

5 「宗教及道義」――中西の宗教論の祖型

一八八六年七月末から八月頭にかけて、中西は『紫溟新報』上に「宗教及道義」という論説を社説として連載する[18]。これは中西の宗教・仏教論として最も早い時期のものであり、ここですでにキリスト教と仏教を同じ「宗教」という範疇に位置付け、その上で仏教がその本質においてキリスト教に優越していること、かつ現実の仏教がその本質を発揮するように改良されるべきことを論じており、後の議論につながる主張がすでに出されているのを確認することができる。

6 上京――西本願寺教団との関わり

中西の回顧によれば、同志社で学んでいた時期に赤松連城や南条文雄と知遇を得ており、その後『宗教革命論』の草稿を赤松が高く評価し、中西を西本願寺の門主大谷光尊（明如）に引き合わせたとされている[19]。

そして西本願寺教団の資金援助を受けて、一八八九年六月、中西は米国に渡る。その際に、来日していたオルコットから神智学協会のニューヨーク支部長であったジャッジへの紹介状をもらっており、もともとは東海岸に向かう計画であったことが窺われるが、これは果たされず、翌年一月に帰国している。

帰国した一八九〇年の一〇月に、中西は京都の本願寺大学林文学寮に招聘され、英学の教授と教頭を嘱託されている。後述するように、一八九二年の七月に中西は文学寮から解職されることになるが、それまでの三年弱の期間が、中西が最も仏教界、とりわけ西本願寺教団と関係の深かった時期であるということができるだろう。

7 『宗教革命論』その他の著作——新仏教の唱導

この間、中西は京都において精力的な文筆活動を行い、『宗教革命論』(一八八九年)その他の著作を出し、また『國教』(一八九〇年九月~九四年六月)や『経世博議』(一八九〇年一一月~九二年一二月)といった雑誌の主筆を務めて、「新仏教」を唱導した。

「新仏教」の構想については第三節で検討するが、当時の中西の人脈が窺われるため、『國教』と『経世博議』について補足しておきたい。『國教』については中西直樹の研究があり、「九州の仏教勢力を糾合して結成された九州仏教団の機関誌」[20]とされている。同誌は熊本で発行されていたが、寄稿者には中央で活躍していた仏教者、文筆家も含まれていた。加えて、やはり津田静一ら熊本の紫溟会関係者の名前も見られる。なお、八淵蟠龍は九州仏教団において中心的な位置にあり、後に九州仏教団などから支援を受けて、一八九三年にシカゴで開催された万国宗教会議に参加することになる。

『経世博議』は京都で発行された雑誌であるが、創刊号には渥美契縁《かいえん》(真宗大谷派)、藤島了穏(真宗本願寺派）、堀内静宇（浄土宗）らに加えて、同郷の加藤恵証（真宗本願寺派）や徳富蘇峰らが祝詞を寄せている。また発行元の博議社の社員には神水義塾や済々黌の卒業生がおり、紫溟会人脈が維持されていたことが窺われる。

内容について、創刊号巻頭に掲げられた「経世博議の理想」が、「東洋に吾人形軀的の勢力を表彰するの一大国家と、吾人精神的の勢力を表彰するの一大教会とを建設せんとする」ことを自らの使命であるとしているように、中西において政治と宗教とは共に重要な課題としてあった。実際に同誌は、創刊号の「経世博議の理想」の下に「帝国議会の開会を祝す」という一文を掲げ、内容としても仏教・宗教論と政論が共に掲載されている。[21]

両誌から窺われる人脈に関連して、一八八九年初頭には熊本有志団という結社が組織されており、これについて「仏教家」つまり八淵蟠龍や加藤恵証ら熊本の真宗本願寺派僧侶たちと、「国粋党」である津田静一や中西牛郎らが、「為法為国」のために団結したという評がある。[22]『國教』や『経世博議』の背後には、このような「仏教家」と「国粋党」の協働があったのである。

8　西本願寺教団との決別

文学寮の前身である普通教校は、一八八五年に開校して以来、俗人教育・普通教育を重視して僧俗含め多くの学生を引きつけ、同校有志が反省会を組織することになるが、その改革路線に対して教団内から批判もあり、一八八八年には大学林の下に包括される形で文学寮に改称統合されている。

この段階ですでに改革派と保守派の対立があったことが窺われるが、法主の明如には、在家者をも受け入れて普通教育を行い、改革路線を推進していきたいという意図があり、中西の招聘はその路線の一環であった。組織としても、文学寮は中西在任中の一八九一年七月に大学林から再び分離している[23]。

この改革路線に対して、教団内には否定的な声もあり、中西に対してもかなりの批判が加えられた。中西は『新仏教論』（一八九二年）の序文で、自らの論じた「新仏教」に対して仏教者たちから様々な批判が加えられたことに触れた上で、「此書の目的は外教徒を諭すよりも、寧ろ仏教徒を喩すにある」[24]と述べ、あらためて「新仏教」を説明しようとした。

しかし『新仏教論』刊行直後から、教団内で期待の若手僧侶と目されていた名和（鎌田）淵海と論争になり[25]、また文学寮でも、一八九二年春頃に中西と寮長藤島了穏の間に不和が生じ、それぞれを支持する学生たちを巻き込んで問題となったという。これに対して教団は、同年七月に教団主導で文学寮の改正を行い、嘱託を含めて全教職員が解職されている[26]。

以降、中西が西本願寺教団と関わりを持つことはなかったようである。なお、改正後の文学寮においては、入学者は僧侶・僧侶子弟に限定され、仏教学と真宗学の教育が重視されることになる。

9　その後の中西牛郎

中西のその後について簡単に触れておく。宗教と仏教についての関心を持ち続け、ユニテリアンに一時期加わり、また、これを離れて東本願寺と関わって『厳護法城』(一八九七年)などで清沢満之らの白川党批判を行った。

一八九九年から、一派独立を試みていた天理教の依頼を受けて天理教教典の編纂に従事し、『宗教談:一名・天理教の研究』(一九〇三年)と『天理教顕真論』(一九〇三年)を出している。

その後台湾に渡り、一九一四(大正三)年頃に台湾同化会に関与する。[27] 日本に戻って扶桑教に関わったとされているが、最晩年には天理教に戻り、『神の実現としての天理教』(一九二九年)を出し、翌一九三〇(昭和五)年一〇月一八日に七二歳で死去。墓は天理教の豊田山墓地にある。

三 中西における「新仏教」の構想

次に中西における「新仏教」の構想を概観する。主として依拠するのは、早い段階で基本的な枠組が示されている「宗教及道義」(一八八六年)、「新仏教」を訴えておそらく最も広く読まれた主著『宗教革命論』(一八八九年)、それを補って総体としての仏教を論じる必要を説いた『組織仏教論』(一八九〇年)、おそらく布教用の小冊子として作成された『仏教大意』(一八九一年)、『宗教革命論』では書き切れなかったことを補足したという『宗教大勢論』(一八九一年)、批判に応えてあらためて新仏教を説明するとした『新仏教論』(一八九二年)、文学寮を離れた後に仏教が取るべき方向性を論じた『仏教大難論』(一八九二年)等である。

1　キリスト教理解――対抗すべき敵かつ範型

冒頭で述べたように、この時期の中西の議論は、仏教の弁証論であると同時に改良論であった。これはキリスト教に対する対抗意識を前提とするものであるが、キリスト教は単に否定されるべきものとされているわけでもなかった。中西には、教理においては仏教の方が優れているとしても、実践面においてはキリスト教に後れを取っているのではないかという認識があったことが窺われる(28)。

このように、反キリスト教意識を前提として、しかし教えの説き方等についてはキリスト教に見るべきものがあるとする議論は、すでに一八八〇年代から仏教者によって述べられていた(29)。この意味で、中西のようなキリスト教理解は、同時代の日本の仏教者たちから全く乖離したものでもなかったことを最初に指摘しておきたい。

2　「宗教」の枠組

①「自然教」と「顕示教」

中西の仏教をめぐる議論について、まず「宗教」の枠組から考える必要がある。もともと中西には、人間の「安心立命を依頼すべき真正の宗教」があるという確信があり、それは哲学と比較宗教による講究によって到達されうるとされていた（「宗教及道義」）。

この二つの講究の道筋のうち、前者は汎神論をめぐる検討へとつなげられ、後者は他の宗教伝統との比較による仏教の弁証へと展開される。例えば『組織仏教論』では、手始めに儒教・キリスト教・ユニテリアンと仏教との比較が行われ、その際にあらゆる宗教伝統は何ほどかの部分的な真理を含み、仏教はそれら全てを兼ね備える総合的な宗教であるという認識が示されている。

このように中西は、「宗教」という範疇の中に仏教を含むあらゆる宗教伝統が含まれると考えていたが、それを可能にする論理はいかなるものであったか。

中西は、宗教には「自然教（Natural Religion）」と「顕示教（Revealed Religion）」の二つの側面があり、およそ宗教とされるものは全てこの二つの要素を備えているとする（『宗教革命論』）。前者は、科学や哲学など人間の知的営為によって検討可能なものであり、またそれを通して進歩していく側面であるとされる。これに対して後者は、人間の知力の及ばないところの、「道理に超絶」したものを感得することによるもの、すなわち啓示であるとされている。

これを受けて中西は、仏陀をイエスと同様に啓示を受けた者であるとし、それゆえに両者共に理想的な道徳の体現者であり、人心を感化する力を持つとする。これは宗教において啓示、あるいは啓示を受けた開祖が不可欠であると措定する議論であり、そこで仏教はキリスト教と共に「宗教」という同じ資格において捉えられることになる(30)。

この「自然教」と「顕示教」という考え方自体は、もちろんキリスト教の神学における自然宗教と啓示宗教に由来するものであるが、しかし全ての宗教は両者を備えているとすることで、キリスト教のみが啓示宗教であるとするキリスト教の弁証論を無効化しているのである(31)。

②哲学宗教批判

この啓示の必要性の主張は、哲学など専ら人間の知性において宗教を合理的に捉えようとする傾向に対する批判につなげられる。

中西は「哲理に合する」という点のみにおいて仏教を弁証することを批判するが（『宗教革命論』）、その理由として、科学等の学知による宗教批判に対して反論が不可能になるという見立てに加えて、歴史上、理性に基づいて立てられた宗教は感化力が弱く、人心を攫むに至っていないことを指摘する。中西は「学術経験を以て建設したる新宗教」の具体例として、コントの「人道宗」、スペンサーの「不可思議宗」、トマス・アーノルドの「経験宗」を挙げ、それぞれに異なるそれらが、いずれも結果として人心を攫むことができていないのは、啓示の側面が欠落しているが故であると論じる（『宗教大勢論』）。

中西も、人間の知性の展開に応じて宗教が進歩していくことを前提としており、次に述べるように、それが仏教のキリスト教に対する優越性の有力な根拠とされることになるが、それはあくまで宗教の「自然宗教」の側面に限ってのこととされるのである。

このように中西は、宗教を人知に還元し尽くすことはできないということを、ひとまず前提としていたが、同時にその「道理に超絶」するものは「決して道理に反対するものにあらず」とも述べている（『宗教革命論』[32]）。これらを受けた上で、中西は「仏教は合理的の宗教にして亦た顕示的の宗教なり」（『仏教大難論』）としたのであった。

3　仏教の弁証論

①「凡神教」を頂点とする宗教進化論

中西は、「自然教」の側面について、文明の進歩に応じて宗教も進歩するとし、その変遷を多神教（polytheism）から一神教（monotheism）に至り、そして最終的に「凡神教」（pantheism）に至るとする。これを支える論理として、神と万有、あるいは無限と有限が、造物主宰を立てる一神教においては両立しえないことが指摘されているが(33)、中西の議論において強調されているのは、この変遷がまさに生起しつつあるということであり、それは西洋の思想動向に対する同時代的な観察から引き出されていた。

②西洋の思想動向についての言及

中西は、西洋において伝統的なキリスト教理解に批判が加えられていることを指摘し、汎神論や東洋宗教に目が向けられていることを、仏教の将来的な興隆につながるものとして論じる。

この基本理解は「宗教及道義」においてすでに示されており、例えばキリスト教批判の風潮が見られること（コント、ミル、シュトラウス、ルナン、バックル、ドレイパーの名前が挙げられる）、「道理宗教」が求められていること、「万物皆神教《パンシーズム》」に向かう傾向があること（スピノザ、ショーペンハウアー、ハルトマン、ゲーテの名前が挙げられる）、西洋において東洋宗教が注目されていること（ビュルヌフ、マックス・ミュラー、クーザン、ショーペンハウアー、ウィリアム・ジョーンズの名前が挙げられ、かつオルコットを「現世紀仏教の保羅《ポール》」とする）、そして仏教の「真如法性の理」は汎神論的であり、かつ「因縁因果の理」は科学と齟齬しないとして、仏教の教理がキリスト教に優越することが論じられている。

これらの論点は『宗教革命論』でも踏襲され、特にキリスト教と科学が矛盾することが強調されることになる。思想的な潮流については『宗教大勢論』においてより詳細に論じられているが、基本的には人間知による宗教の捉え直しがキリスト教批判につながり、それが道理宗教や汎神論へと展開している、という見取り図が示されており、そこに仏教が位置付けられることになる。

中西がユニテリアンに相対的に高い評価を与え、「ユニテリアン教一歩を進むれば仏教となる」（『組織仏教論』）と評するのも、ユニテリアンが伝統的なキリスト教理解を捉え直そうとしていることを積極的に評価するが故であった。

このように見るならば、中西には、西洋におけるキリスト教批判の潮流を見て取った上で、そこに仏教――新たに構想された「新仏教」――を重ねて読み込んでいた面があった。他方で、この時期西洋においてある程度の仏教の流行が見られたことも事実であり、とりわけ神智学協会は、たしかに仏教として捉えられながら広がっていった面があったのである。このような状況において、西洋における仏教として神智学に期待するということは、この時期（だけ）の日本の仏教界において広く行われていたことでもあった。(34)

4 「新仏教」の構想

①「旧仏教」と対比される「新仏教」

かくして中西は、キリスト教に優越する望ましい仏教のあり方を「新仏教」という言葉で示すことになる。この語自体はそれ以前にも用例が確認できるが[35]、中西はこれを「旧仏教」と対比的に述べた点に新味があった。これは『宗教革命論』の終章「旧仏教を一変して新仏教となさゞる可らず」においてはっきりと打ち出されており、同章で述べられている七つの要件を抜き出すと下記のようになる。

第一、旧仏教は保守的にして新仏教は進歩的なり。
第二、旧仏教は貴族的にして新仏教は平民的なり。
第三、旧仏教は物質的にして新仏教は精神的なり。
第四、旧仏教は学問的にして新仏教は信仰的なり。
第五、旧仏教は独個的にして新仏教は社会的なり。
第六、旧仏教は教理的にして新仏教は歴史的なり。
第七、旧仏教は妄想的にして新仏教は道理的なり。

このうちの「貴族的」対「平民的」の対比には、僧侶たちが富貴を誇っていることへの批判が込められており、これは「精神的」「信仰的」であるべきことの強調にもつながっている。「独個的」対「社会的」の対比に関しては、各宗協働して通仏教的な形で社会に実践的に関わっていくべきことが述べられている。また「歴史的」であるべきことの主張について、教理のみに傾注するのではなく、例えば歴史上の仏陀のように、人間を感化する力を持つ事象にも目を向けるべきであると説明されており、これは「学問的」対「信仰的」の対比にも重なるものとなっている。また、すでに確認したように、中西は宗教には道理を超える面があるが同時に道理に反することはないとしていたが、ここでの「妄想的」と「道理的」の対比において、「新仏教」から道理に反するような占いや祈禱を排すべきことが述べられている。

②総体的な仏教としての「新仏教」

中西のこの「新仏教」は、現象としては多様である仏教を一つの総体として捉えるものであり、またそうであるが故に、諸宗派それぞれの宗学の蓄積とは別の次元で、あらためて構想される必要があった。

中西は『組織仏教論』の冒頭で、「組織仏教論」、つまり「仏教の全体」を総体として体系的に論じる「システマチック、ブッヂーズム」の必要を主張する。これは、キリスト教の組織神学においては、個別的な多様性を認めながら、総体としてのキリスト教を論じることができているという認識から引き出されており、「基督教の神学なるものは頗る明晰にして解し易し、之に反して従来仏教を講究するものは此系統法に由らざるを以て其著書漠として解す可らず」（四～五頁）と述べられている。

これを受けて中西は「仏教の完全なる真理は各宗各派を総括したる仏教全体の上にあり」[36]（七頁）と述べ、大乗や小乗、あるいは聖道門や浄土門において説かれている部分的な真理を総合的に捉える必要性があるとするのである。

この総体としての仏教について、理論的には例えば真如が取り上げられ、これが宇宙を矛盾なく説明する汎神論的な原理であり、仏教が真正の宗教であることの証左であるとされる。しかし、その上で中西は、もし宗教的真理が人間の知性のみに訴えるのであれば、それが広く受け入れられることはないと留保を付ける。

中西によれば、宗教的な真理が人間に受け入れられるためには、人間に対して感化を与える理想的な人格が必要であり、そのため仏教の実践面においては、仏陀に焦点を合わせる必要があるとするのである。

ここで中西は三身説に言及して、法身たる真如と応身たる歴史上の仏陀とを接続させ、かつ仏陀が人間に感化を与えてきたことを指摘する。これらを受けて中西は、人間は「仏陀の救拯を必要とする」（八六頁）と論じることになる。啓示についての議論もそうであったが、キリスト教的な枠組が重ねられているのを見て取ることができるだろう。

なお、この仏陀による救済という考え方は、『宗教革命論』ではそれ程強く打ち出されていなかったが、『組織仏教論』の後に、より一般向けに書かれた『仏教大意』でも、再び衆生には「仏陀の済度」が必要であることが説かれている。

③実践された／されなかった「新仏教」

では、こうした「新仏教」は、どのように実践されるべきであると考えられていたのだろうか。『宗教革命論』の読者の中には、中西が自ら「新仏教」の組織を立ち上げようとしていると解した者があり、賛否両論が寄せられたという。これに対して中西は、『新仏教論』の冒頭で、そのような意図は全く無いと明言し、「新仏教」は既存の諸宗派がそれぞれ漸進的に自らを改革していくことの結果として成立するものであると論じている。そして、その際に重要なのは、時勢に応じて外面的に行われる「便宜的改革」ではなく、「内部の信仰」に基づいて「仏教真理の渙発」する所において行われる「自然的改革」を行うことであると付け加えるのである。

このように、中西は正しい「内部の信仰」から自然に引き出されるようなものとして「新仏教」を描いており、観念的かつ理想主義的な面が強く打ち出されている。また、中西の実際の活動に目を向けるならば、中西自身が人々を束ねて運動として動かしていくようなことは――この時期だけではなくその生涯を通して見ても――無かったように思われる。しかしこれについては、そのような実践的な運動を可能にするような権力基盤を、中西が仏教界の中に保持していなかったことも考え合わせる必要があるだろう(37)。

その一方で、中西は仏教界に対する提言として、教育の改善を繰り返し述べていた。熊本で出された「宗教及道義」にも、文学寮から解職された後に出された『仏教大難論』にも、各宗が協力して仏教を学ぶ学校を造るべきことが論じられている。また一八九一（明治二四）年には各宗管長に建言書を上程して、キリスト教者が雑誌を出したり、社会事業に従事したり、政界に進出したりしているのに対抗するために、仏教界が人材を育成する必要があること、しかしながらキリスト教には明治学院や同志社などの学校があるのに対して、仏教には僧侶教育以外の学問を教える普通学の学校が東西本願寺にしかないことを指摘し、仏教界が総体として教育に注目し、力を入れるべきことを説いていた(38)。

この総体としての「仏教」を講究し、教育するという構想――その延長線上に「新仏教」は位置付けられていた――に、中西がその後直接関わることはなかった。しかし、別の面から見れば、総体としての「仏教」を学知において検討するという営みは、新たに創出された「日本仏教」概念と結びつけられて展開していくことになるのである(39)。

四 「宗教」化された仏教

このように、本章では中西の履歴を確認した上で、その宗教と「新仏教」をめぐる議論を概観してきた。そこで中西は、まず「宗教」という範疇そのものを、仏教を含みうるものとして読み替えていた。(40)近代的な「宗教」という概念にプロテスタント・キリスト教の負荷がかかっていることは確かであるが、中西はある意味で「宗教」を脱キリスト教化しようとしたのである。

その上で中西は、「宗教」という同じ資格において仏教とキリスト教を比較し、「凡神教」を頂点とする進化論的な枠組等を用いることで、仏教の優位性を弁証することを試みた。同時にその「宗教」としての仏教は、新たに構想されるべき総体としての仏教であったため、これを中西は「新仏教」として提示したのであった。

このような中西の試みに対して、賛意だけではなく様々な批判が加えられることになるが、その一つは、結局のところ仏教をキリスト教化したのではないかというものであった。

例えば小崎弘道は、キリスト教の立場から中西に反論する際に、西洋においてキリスト教が衰頽しているわけではないこと、また汎神論的傾向や神智学の勢力を過大に見積もっていることなどを述べた上で、中西が仏陀を啓示者としていることについて、これは明らかにキリスト論を援用したものであるが、そもそも神を立てない仏教に啓示がありうるのかと問うている(41)。

また、中西の議論に賛成する者においても、中西の議論は神学を応用することによって、例えば哲学の理論的な議論よりも説得力を増しているが、他方で「クリスチヤンテオロジー的の感化を受けたる余臭の今日に遺存する(42)」と批判的な評が付け加えられることがあった。

これは、中西の「新仏教」がどこまで仏教なのか、ということを問うものでもあっただろう。数多く加えられたという仏教側からの批判の中で、例えば名和淵海のように僧侶として宗学を学んだ背景を持つ者は、中西の仏教に関する知識に疑義を呈し、仏教伝統の蓄積に対する敬意が足りないと強い論調で批判している(43)。

中西は、「真如」などに言及して、仏教的な述語においてその論理を成立させようとする姿勢を見せているが、やはり仏教伝統の外側からもたらされた枠組で仏教を弁証しようとしていたことは否めないだろう。

しかしそれは、近代的な「宗教」を受け入れる際に不可避に生じる問題であり、そして「宗教」を受け入れないという選択肢は存在していなかった。もちろんそれは、「宗教」が直接移植されたことを意味せず、そこには日本という文脈に即した読み替えがあったことになるが、中西の議論は、まさにその過程に参与するものであったのである。

後に、より洗練された形で、あるいは学知としての権威において「宗教」や「仏教」が捉えられるようになっていくにつれ、中西の試みは忘却され、それ故、宗教学や仏教学の歴史の中で中西の名前が出されることはほとんど無い。しかしながら、本章で確認したように、中西はキリスト教への対抗という文脈において、「宗教」としての仏教を考えようとしていたのであった。

他方、中西の唱導した「新仏教」について見てみるならば、中西個人に即して見た場合には何ら具体的な形を取ることはなく、その意味では明らかに失敗した試みであった。しかしながら、中西の問題提起、つまり総体としての仏教を一つの「宗教」として捉え、それを宗派の教えや組織とはひとまず区別されうるものとして語ること、また汎神論という範疇を用いることによって他の宗教伝統との比較を可能にするといったこと自体は、典型的には新仏教徒同志会による『新佛教』上の諸議論に見ることができるように、近代仏教の展開の中で企図され続けていくのである。

註

（1）磯前順一『近代日本の宗教言説とその系譜――宗教・国家・神道』（岩波書店、二〇〇三年）、星野靖二『近代日本の宗教概念――宗教者の言葉と近代』（有志舎、二〇一二年）等参照。

（2）中西牛郎の名前の読みについて、同時代の振り仮名には揺れがあるが、『太陽』の英文目次に Ushirō とあること（例えば創刊号〈一八九五年一月〉）などから「うしろう」を採用している。

（3）例えば大谷栄一『近代仏教という視座――戦争・アジア・社会主義』（ぺりかん社、二〇一二年）参照。

（4）例えば島地黙雷「本誌改良の旨趣」（『令知会雑誌』六一号、一八八九年四月）、古河勇「二十四年以後の二大教徒」（『反省会雑誌』第六年一号～六号）等参照。島地黙雷と令知会の当時の状況については、近藤俊太郎「『令知会雑誌』とその課題」（中西直樹・近藤俊太郎編『令知会と明治仏教』〈不二出版、二〇一七年〉）参照。また中西は反省会周辺の青年仏教者達に好意的に受け入れられたが、中西と反省会については、藤原正信「『反省会雑誌』とその周辺」（赤松徹眞編著『『反省会雑誌』とその周辺』〈法藏館、二〇一八年〉）参照。

（5）中西牛郎の履歴に関する情報として、まず自身の回顧として『神の実現としての天理教』（一九二九年）の序がある。他に『熊本県人物誌』、『熊本日日』記事、また佐々木憲徳『八淵蟠龍伝――明治教界の大伝道者』（百華苑、一九六八年）等を参考にした。

（6）『紫溟新報』一一三号（一八八三年二月二一日）、三頁。

（7）吉永進一は、津田静一が神智学を知っていたことを指摘しており（吉永進一「明治期日本の知識人と神智学」〈川村邦光『憑依の近代とポリティクス』青弓社、二〇〇七年〉）、中西の神智学についての言及も、津田との交流から来ている可能性がある。

（8）佐々博雄「教育勅語成立期における在野思想の一考察――熊本紫溟会の教育、宗教道徳観を中心として」（『国士舘大学文学部人文学会紀要』二〇号、一九八八年）参照。

(9) 荒木精之『熊本県人物誌』(日本談義社、一九五九年)参照。
(10) 同志社社史資料室編『池袋清風日記　明治一七年　下』(同志社社史資料室、一九八五年)参照。
(11) 松浦政泰『同志社ローマンス』(警醒社書店、一九一八年)参照。
(12) Thomas Erskine, *Remarks on the internal evidence for the truth of revealed religion*, 1821であると考えられる。
(13) 同志社大学神学部図書館蔵の『小崎弘道自筆集(7)明治14年9月』参照。
(14) 例えば小崎弘道の回顧「基督教の本質」(一九二五年)参照。
(15) 佐々木註(4)前掲書。
(16) 同前書、二八頁。
(17) 能田益貴編『楳溪津田先生伝纂』(津田静一先生二十五回忌追悼会、一九三三年)参照。
(18) もともと無署名の論説だったが、後に『教学論集』に転載(三六〜三九号、一八八六年一二月〜八七年三月)される際に、著者が中西牛郎であることが述べられている。
(19) 『神の実現としての天理教』参照。
(20) 中西直樹「『國教』にみる通仏教的結束とその挫折」(赤松編著註(4)前掲書)、九七頁。
(21) 例えば、清沢満之が徳永満之名で「学問ト宗教トノ関係」(一号)、「転化の観念」(六号)、「調和論」(一四号)、「精神的三要」(二四号)を寄稿している。
(22) 「熊本有志団結会」(『伝道会雑誌』九号、一八八九年二月)。
(23) この間の文学寮と中西牛郎の関わりについては、中西直樹「明治期仏教教団の在家者教育の一齣——一八九二年「文学寮改正事件」と中西牛郎」(『雑誌『國教』と九州真宗〈解題・総目次・索引〉』〈不二出版、二〇一六年〉)参照。

(24)「予が新仏教論を著す理由」『新仏教論』(一八九二年一月)。初出は『経世博議』一二号(一八九一年一二月)。

(25) 一連の論争については「仏海波瀾」欄「新仏教論に就て中西氏と鎌田師との大論戦」(『國教』七号、一八九二年二月)参照。なお「然るに風説に依れば、[名和]師が今回の新仏教攻撃論は、旧仏教の泰斗たる、二三老僧の為めに教唆せられて、決行したるものなりと」(「雑報」欄「鎌田淵海師」〈『國教』八号、一八九二年三月〉、三二頁)という評もある。

(26)「本願寺は、突如[一八九二年]七月十八日に、文学寮は寮内風儀が乱れ、創立の志に背くものがあるとの理由で、寮長以下職員をことごとく解職し、休暇在宅中の生徒は指示があるまで待機することを命じた」(『龍谷大学三百五十年史・通史編・上』四八六頁)という。なお、一連の顛末について『読売新聞』(一八九二年六月二〇日号、七月四日号、七月一七日号、七月二三日号)に記事が出ている。

(27) 岡本真希子「植民地在住者の政治参加をめぐる相剋――「台湾同化会」事件を中心として」(『社会科学』四〇―三号、二〇一〇年)参照。

(28)「宗教及道義」には、教理における仏教の優越を述べる前段として「公平の眼を以て之れを判ずるときは宗風の儀式教会の組織伝道の方法教師の品行学識等の点に於ては今日の耶蘇教或は遠く仏教の上に出るものあらんか」と述べられている。

(29) 星野靖二「明治前期における仏教者のキリスト教観――『明教新誌』を中心に」(『國學院大學研究開発推進機構紀要』第一一号、二〇一九年)参照。

(30)「耶仏二教倶に人間自然の天性に基づくに至りては敢て異なることなし、亦た其顕示を包含するに至りても敢て異なることなし」とされる(『宗教革命論』)。

(31) 例えば、小崎弘道は『政教新論』(一八八六年)において、キリスト教のみが「天啓宗教」であり、他の諸宗教は「自然宗教」であるとして、「宗教」の範疇を切り分けて論じ、またそれによってキリスト教を弁証していた。

(32) 中西は宗教と人知が相克するという事態を想定していなかったように思われるが、例えば清沢満之は、後にこの点を突き詰めて考えていくことになる。星野靖二「清沢満之の「信」――同時代的視点から」(山本伸裕・碧海寿広編『清沢満之と近代日本』〈法藏館、二〇一六年〉)参照。

(33) 例えば「若し神は万有の外にあり、万有は神の外にありと言はゞ、此れ二物並立して互に相対なるを以て絶対にあらざるなり、二物隔離して互に有限なるを以て無限にあらざるなり」(『宗教革命論』二八～二九頁)とする。なお、これに対して仏教を「凡神教」たらしめている真如は、無限と有限を矛盾なく成立させるものとして論じられることになる(『組織仏教論』)。

(34) 例えば中西直樹・吉永進一『仏教国際ネットワークの源流――海外宣教会(1888年～1893年)の光と影』(三人社、二〇一五年)参照。

(35) 例えば水谷仁海『新仏教論』(一八八八年)。

(36) なお、中西は西洋の学者たちが大乗非仏説を唱えているとした上で、しかし大乗経典にも見るべきものがあり、後代の者の手になるとしても、そこには仏陀の感化が看取されるため、単に捨て去ることはできないとしている(『組織仏教論』一一七～一一八頁)。

(37) 星野靖二「明治中期における「仏教」と「信仰」――中西牛郎の「新仏教」論を中心に」(『宗教学論集』二九輯、二〇一〇年)参照。

(38) 「中西牛郎氏の建言書」(『明教新誌』二九三八号・二九三九号、一八九一年八月二二日・八月二四日)。

(39) オリオン・クラウタウ『近代日本思想としての仏教史学』(法藏館、二〇一二年)参照。

(40) T・アサド著、中村圭志訳『宗教の系譜――キリスト教とイスラムにおける権力の根拠と訓練』(岩波書店、二〇〇四年）参照。

(41) 小崎弘道「宗教革命論を読む」（『六合雑誌』一〇一号、一八八九年五月）。

(42) 森直樹「井上円了氏と中西牛郎氏を対照論評す」（『國教』七号、一八九二年二月）。

(43) 『國教』七号（一八九二年二月）参照。名和は、もし中西が僧侶であるならば「吾人は君に附するに教門の大罪人の名を以てするに憚らざるべし」（一二頁）と述べている。

小泉八雲

――怪談の近代

大澤絢子

一　『怪談』の作者・小泉八雲

小泉八雲（Lafcadio Hearn 一八五〇～一九〇四）は、明治期の日本において、日本文化の海外への紹介と理解に貢献した西洋人として知られている。ギリシャで生まれたハーンは、アイルランドのダブリンで育ち、身一つでニューヨークへ渡った。職を転々とした後、『シンシナティ・インクワイアラー』『シンシナティ・コマーシャル』『デイリーアイテム』紙等の記者として勤務し、『タイムズ・デモクラット』に文芸部長として着任してからは、多くの外国語文学の翻訳を連載した。しかし次第にアメリカでの生活に疲弊してしまい、以前から関心のあった日本を見てみたいという思いから、一八九〇（明治二三）年についに日本の地を踏むこととなったのだった。

来日したハーンは、松江から熊本、神戸と移動して東京に移り住み、一九〇四（明治三七）年九月にこの地で死去した。各地で英語教師や記者として活動し、東京時代には東京帝国大学の英語講師となり、彼の後任に夏目漱石（一八六七～一九一六）が就いたことは有名である。最初に赴任した松江は、電灯もガスもなかったが、ハーンはこの地での生活を好み、生徒や同僚の教師をはじめ土地の人々と親しく交流したという。松江時代の一八九一（明治二四）年には小泉セツと結婚し、その五年後に日本国籍を取得、「小泉八雲」と名乗るに至ったのだった。

日本で生活していた間に、ハーンは、最初の作品集である『知られぬ日本の面影』（*Glimpses of*

Unfamiliar Japan, 一八九四年)に始まり、『霊の日本にて』(*In Ghostly Japan*, 一八九九年)、『心』(*Kokoro*, 一八九六年)、『仏の畑の落穂』(*Gleanings in Buddha-Fields*, 一八九七年)、『神国日本』(*Japan*:*An Attempt at Interpretation*, 一九〇四年)など、十数冊の日本に関する著作を残している。特に晩年の執筆活動においては、『影』(*Shadowings*, 一九〇〇年)、『日本雑記』(*A Japanese Miscellany*, 一九〇一年)、『骨董』(*Kotto*, 一九〇二年)、『怪談』(*Kwaidan*, 一九〇四年)などのように、古くから日本で伝えられてきた物語を再構成した作品がその中心だった。彼が日本の昔話や説話などを独自に解釈して完成した作品は、海外における日本のイメージにも少なからず影響を及ぼし、このうち特にハーンの生前最後の作品集となった『怪談』に代表される、怪異や超自然的現象を語った怪談物が、死後に高い評価を得るようになったのだった。

1 仏教文学としてのハーンの怪談

『怪談』をはじめ、ハーンの怪談物には、『仏の畑の落穂』『骨董』など、僧侶や寺での出来事、輪廻や無常観といった仏教思想と死後の世界、死者がしばしば登場する。具体的な作品としては、「人形の墓」(『仏の畑の落穂』)、「幽霊滝の伝説」(『骨董』)、「雪女」「宿世の恋」「耳なし芳一」(『怪談』)などである。仏教思想が内包された文学作品のほか、経典や説話、高僧の書いた法語や書、僧侶の伝記を仏教文学と呼ぶが、広い意味では、「仏教なる宗教現象、又は宗教意識を対象として、文学的に具体化したるもの」(1)が仏教文学とされ、先に挙げたようなハーンの怪談も、この一部として位置づけることができる。

ハーンの怪談のうちでも、「耳なし芳一」は、『平家物語』を語る琵琶法師を取り上げた話として有名である。この物語は、平家の亡霊から芳一を守るために僧侶が彼の身体に経を書き込んだものの、耳だけ書き忘れてしまったために、芳一は亡霊に両耳をちぎり落とされてしまうというものだが、ここでは寺や僧侶、経典や亡霊など、仏教的なモチーフが多数描写される。ここでいう仏教的とは、正しい仏教の教えや、ある特定の宗派の正統な教義ではなく、僧侶や寺、死に関するいい伝えといった事柄によって喚起される仏教のイメージと、それを通してもたらされる文化的認識である。例えば、『知られぬ日本の面影』でも、弘法大師の書、お地蔵様、盆踊り、魂など、日本の仏教や前近代的な風習から生み出されてきた日本文化の諸相が説明されている。ハーンが行ったのは、そうした日本の仏教的な感性や文化を明治の時代に新たに語り直すことだった。

2　児童文学としての『怪談』

『怪談』は、*Kwaidan : stories and studies of strange things* との題で、アメリカとイギリスの出版社 Houghton Mifflin から一九〇四年四月に刊行された。和訳の嚆矢は、一九二三（大正一二）年の田部隆次訳注で、北星堂『小泉八雲全集』の第九編に収められている。本書の広告には、「凡ての大芸術には必ず幽霊的要素がある」とラフカディオ・ヘルン（小泉先生）が曰っています。この世界的文豪の著者を通じ最も多きものは怪談であります(2)」とあり、『怪談』のうちの二五編を選んで訳出したものだという。その後、『怪談』は一九二六(昭和元)年に第一書房より刊行された『小泉八雲全集』第七巻に収められ、ここでの訳者は戸川明三らである。

『怪談』は、一九四八(昭和二三)年に田部隆次による『雪女――小泉八雲選集』が登場して以降、多くの訳書が刊行されるようになっていく。田部訳に続くものとして、平井呈一訳『怪談――不思議な事の研究と物語』(一九五〇年)があり、これと同年には、「日本童話小説文庫」の一つとして山宮允訳『耳なし芳一』、続く一九五一(昭和二六)年の「中学生全集三九」には、『小泉八雲選』のなかに、『怪談』のうちの一八編が加えられた。以降、『怪談』はさまざまな訳者によって翻訳され、『小泉八雲選集』や『怪談』のタイトルで、多くの出版社が刊行するようになった。なかでも平井訳は、筑摩書房の『小泉八雲作品集』(一九五四年)、恒文社の『小泉八雲作品集』(一九六四年)にハーンの著作の代表的な和訳として収録され、一九六五(昭和四〇)年には、岩波書店より文庫版の『怪談――不思議なことの物語と研究』が出版された。他にも、一九六五年に、「ジュニア版日本文学名作選」として平井訳の『怪談』が収録され、一九六七(昭和四二)年には偕成社の「ホーム・スクール版日本の名作文学」に、同じく平井訳の『怪談』が収められ、『怪談』は次第に児童文学の枠に組み入れられていった。

この傾向は、一九七〇~八〇年代にかけてさらに強まっていく。この年代に『怪談』はさまざまな出版社の児童文学シリーズに収録され、金の星社の『ジュニア版日本の文学一五　怪談』(一九七六年)、ポプラ社の『ジュニア文学名作選　アイドル・ブックス三九』(一九七六年)、春陽堂の「春陽堂

少年少女文庫　世界の名作・日本の名作」（一九八〇年）、小学館の『小三教育技術三六』（一九八三年）など、『怪談』を取り上げた児童文学が立て続けに刊行されている。一九九〇（平成二）年には、平川祐弘訳の『怪談・奇談』が講談社学術文庫より刊行されて平井訳の修正が試みられ、ハーンの読んだ原文を正確に翻刻したものが同書に掲載された。平川のほかにもハーンの『怪談』研究は盛んであり、現代の日本において、『怪談』の作者・ハーンという像は定着している。

　アメリカでも、ハーンの日本時代の著作のうち『怪談』が非常に高く評価されている。太田雄三が指摘するように、戦後に編まれたハーン選集三冊（*The Selected Writings of Lafcadio Hearn*, ed.Henry Goodman, 1949; *Writings from Japan*,ed.Francis King, 1984; *Lafcadio Hearn: Japan's Great Interpreter*,ed. Louis Allen & jean Wilson, 1992）すべてに収録されている作品は四つしかなく、そのうちの三つ（「耳なし芳一の話」「食人鬼」「雪女」）は、『怪談』に収録されているものである。[3] 三冊のうちの二冊に含まれる作品は、『怪談』中の話が半数にのぼっており、こうしたことからしても、『怪談』がハーンの代表作として扱われてきたことがわかる。

二　明治期の怪談流行

1　日本の紹介者としてのハーン

では、日本が近代化・西欧化に向かっていた明治という時代に霊や怪異を語ったハーンの『怪談』には、どのような意味合いがあるのだろうか。

『怪談』が刊行された当時の日本において、この作品に対する反響はそれほど大きくなかった。その理由は、刊行されて間もなくハーンが亡くなったことと、英文での刊行であり、一般の読者が本作に触れる機会があまりなかったためと考えられる。

ハーンが死去したこと自体を知らせる記事もそれほど多くなく、仏教界の反応としては、一九〇四年一一月の『婦人雑誌』で「世界文豪　小泉八雲氏　西洋人の仏葬」とのタイトルで、ハーンの簡単な略歴や、ハーンが『観音経』を愛誦していたこと、葬儀のことが、わずかに触れられている程度である。この記事では、ハーンが著作に自ら「日本小泉八雲」と署名して多くの書物を刊行しているものの、「左れどもその名の高く広き丈、却って日本には知る人少なし」[4]といった具合に、日本におけるハーンの認知度の低さに言及がなされ、西洋人であるハーンが日本に帰化し、仏式で葬儀をしたことの特異さに関心が寄せられている。ハーンは生前から好んでいた自宅近くの寺に葬られ、「正覚院浄華八雲居士」との戒名が付けられたが、そのことが当時の日本人の興味を引いたのである。

英語研究雑誌『青年』では、ハーンの死去した翌月の一九〇四年一〇月から「故小泉八雲（即LAFCADIO HRARN）氏に就て」との連載を四回組み、ハーンの生涯や業績、日本での生活の様子を紹介している。ここでは、日本の新聞がハーンを取り上げないのは、「日本人がこの偉人をほとんど知らざる為め又一つには日露戦争に熱中せる故による」[5]と論じられている。ハーンについては、常に日本的なものにこだわり、自宅の装飾や調度品にいたるまで日本製であり、和服を好んでいたことが記され[6]、ハーンの英語の授業の様子や、その内容のわかりやすさを評価している記事がある一方、『怪談』について詳しく言及しているものはない。

もっとも、ハーンのような「外国人」が見た日本仏教がどのようなもので、それが海外へ発信されていることを評価していた人物は当時からおり、西山栄久は、ハーンが死去する四年前に刊行された『外人ノ眼ニ映ズル仏教』（一九〇〇年）において、ハーンの文章を翻訳し、その仏教観を紹介している。西山は、ハーンの『仏の畑の落穂』を取り上げ、この書が「体裁自ら高雅表装日本的」と、まずはその外見の日本らしさを語る。その上で、「其造詣《ママ》の深き視察の精緻、亦自ら邦人をして顔色無からしむ、氏の如きは実に外人中の白眉たるに止まらずして、亦邦人の中の白眉たるものなり」[7]との言葉でハーンの日本に対する洞察の深さを讃えている。こうした評価は坪内逍遥（一八五九～一九三五）も同様で、彼はハーンのことを「我が特殊なる風俗の紹介者、解釈者、回護者《ママ》」と捉え、自身の読んだハーンの著作、*Shadowings* や *A Japanese Miscelley* そして *In Ghostly Japan* といった作品を高く評価しているが、『怪談』については、他の著作と同様に「見どころがある」と述べるにとどまっている[8]。

当時の新聞記事では、ハーンの死去に際して彼が日本文化を紹介し、「欧米人の興味を惹起し、懐かしき思ひをさせた効果ハ非常なもので、その勲功ハ二三艘の軍艦にも優るのである」[9]と讃えている。だが、ハーンの死去にあたって彼を『怪談』の作者と捉えてその内容を詳しく論じたものは少なく、あくまでも西洋人が日本や日本仏教をどのように理解したのかが注目されていた。

2　明治の怪談流行

一方、ハーンの『怪談』が刊行された明治後期から大正にかけての文芸界は、「怪談ブーム」と呼ばれるほど怪談が流行した時代だった。

主なものを挙げると、泉鏡花「高野聖」、三世河新七「闇梅百物語」、磯萍水「新百物語」（一九〇〇年）に始まり、一九〇二年：小泉八雲『骨董 *Kotto*』／押川春浪『万国幽霊怪話』、一九〇四年：小泉八雲『怪談 *Kwaidan*』、一九〇六年：泉鏡花「春昼・春昼後刻」「海異記」／三宅青軒『怪談小説　幽霊の写真』、一九〇八年：泉鏡花『草迷宮』／夏目漱石「夢十夜」、一九〇九年：夏目漱石「蛇」、一九一〇年：桃川如燕『実説　怪談百物語』／柳田國男『遠野物語』、一九一一年：泉鏡花「吉原新話」／小川未明「薔薇と女」／森鷗外「鼠坂」「蛇」「百物語」がある。(10)

さらに一九一〇（明治四三）年には、日本民俗学にとって欠かすことのできない書、柳田國男（一八七五〜一九六二）の『遠野物語』が刊行されている。柳田もハーンと同じように迷信や怪異を擁護し、前近代的なものの存在を重視した。したがってハーンの『怪談』は、西洋人による日本文化の紹介という側面だけでなく、明治期の一連の怪談流行、前近代へのまなざしという点からも考えていく必要がある。

3　明治の怪談と井上円了の妖怪学

明治は、日本の近代文学の草創期でもある。封建的社会構造や非合理性からの脱出を図る風潮のなかで、明治期の文学は、輸入された西欧の文学を日本の文学といかに接合させるかが課題となっていた[11]。この流れを受けて、翻訳小説のほか、キリスト教の思想や文化を題にとった文学や、西洋の文学に影響を受けた自然主義文学が台頭するようになった。一方、近代以前の文学において絶大な影響力を誇っていた日本仏教は次第に目立たなくなっていき、特に功徳や仏門への導きを語る仏教説話は、個人の内面に重きを置いた近代的自我の意識を主体とする文学とは異なるものとされてきた。

説話を元にした怪談は近世から盛んに刊行・上演されており、なかでも上田秋成『雨月物語』（一七六八〜七六年）、根岸鎮衛『耳嚢』（一八一四年頃）、鶴屋南北『東海道四谷怪談』（初演一八二五年）はよく知られている。これらの怪談は中国や日本の説話を素材としたものが多く、過去の物語を怪談として再構成する試みは、前近代においてもなされていた。江戸期にこうした怪異小説が流行した要因は、中国明代の志怪小説『剪燈新話』の渡来を契機とする外来文学の刺激、民間生活における百物語、地方奇談の都市への流入と遠国の不思議な話に対する好奇心の高まり、そして中世以前の文学の伝統を受け継ぐ仏教怪異譚の浸透だとされるが[12]、明治に入ると、しばらく怪談物は出ていない。これは先に述べた近代的な自我の自覚に基づく文学の台頭に加え、西欧化によりもたらされた科学的合理主義によって、怪異や因果応報を語る前近代的な物語が排除される傾向にあったためと考えられる。

そうしたなか、一八八四（明治一七）年に落語家の三遊亭圓朝（一八三九〜一九〇〇）による『怪談牡丹灯籠』が刊行され、たちまち版を重ねた。[13] この作品は先に挙げた『剪燈新話』や浅井了意の『御伽婢子《おとぎぼうこ》』を元にした怪談で、口演を速記させ、それを単行本化したものだった。本書の再版に序文を寄せた坪内逍遥は、その語り口を称賛し、後に二葉亭四迷（一八六四〜一九〇九）から創作の悩みを打ち明けられた際に本書を参考にするようにと勧め、これがきっかけで言文一致体による近代小説の嚆矢となった『浮雲』（一八八七〜九一年）が誕生したとされる。[14] 明治の怪談は、前近代の物語の語り直しと、話術に工夫を凝らした圓朝を出発点とすることができ、それが近代文学の文体と関わりがあったことは注目に値する。

さらに一八九三（明治二六）年には、浅草の奥山閣で、「やまと新聞」の条野採菊によって百物語怪談会の「百物語」も開催されており、総勢三四名の噺家や歌舞伎役者、文人が参加し、圓朝も出席している。ここでの話が「やまと新聞」に、一八九四（明治二七）年一月四日から二月二七日まで「百物語」として連載され、翌年、『幕末明治　百物語』と題して刊行された。ハーンがこの書を愛蔵し、このなかの話を下敷きにした「貉」（『怪談』）は、のっぺらぼうの話としてよく知られている。[15]

百物語とは、怪談を一〇〇話語り終えた後に怪異が現れるという、怪異についての「語り」によって成立する会を指す。そこでは体験したことや聞いたことをただ語るのではなく、語りを通してその場にいる者へいかに恐怖を与えられるかが重要となってくる。明治の怪談には、前近代の物語の再構成と独特の語りが欠かせないが、特に明治の怪談がそれ以前と異なるのは、怪異に対する科学的検証の動きがその背景として否か、という点であろう。

怪談が流行する直前の一八九三年一一月に刊行された井上円了の『妖怪学講義』は、怪異を近代科学の視点から論じた代表的著作である。円了は、これ以前の一八八七（明治二〇）年に『妖怪玄談』を刊行しており、それまで取り組んでいた怪異現象研究の成果を『妖怪学講義』としてまとめた。円了の妖怪研究は、前近代的な怪異や迷信を否定する合理主義に基づくものであったが、円了が妖怪研究に取り組んだ背景には、同時代の欧米における心霊主義や心霊研究の流行の影響が考えられる。円了が妖怪研究に取り組む少し前の一八八二（明治一五）年、ロンドンで心霊研究協会Society of the Psychical Research（SPR）が創設された。著名な学者や政治家が会員として名を連ねたこの団体では、テレパシー（思考伝達）や霊視、幽霊屋敷、物理現象などが検証され、事例と情報蒐集が盛んに行われたという。これらの事例は、エドマンド・ガーニー、フレデリック・ウィリアム・ヘンリー・マイヤーズ、フランク・ポドモアによる『生者の幻影 *Phantasms of the Living*』（一八八六年）で分類・分析されている。円了がこうした海外の心霊研究を意識して『妖怪講義』を執筆したことはすでに指摘されており[16]、彼自身は心霊主義のオカルティズムを徹底的に否定してはいたものの、日本の妖怪研究のはじまりと欧米の心霊研究は交錯していた。

円了は妖怪を、「異常変態にして、かつその道理を解すべからず、いわゆる不可思議に属するもの」[17]と断じ、妖怪現象のなかから人為的なものや誤った認識によって作り上げられた「偽怪」を割り出し、近代においてもなお迷信に惑わされる人々を啓蒙することを目指していた。円了は、「神仏に託して自利をはかるがごときは、その罪軽からざるものなり」[18]とも述べており、こうした姿勢には仏教界から猛反発があったという。[19]文学界からも、妖怪を捏造や御伽噺《おとぎばなし》だとするのは間違いであるとの反論がなされ、[20]円了説に反抗するかのように、『文藝倶楽部』には、一九〇二（明治三五）年の四月から一二月まで「妖怪談」「日本妖怪譚」「西洋妖怪実譚」が連載されている。樋口一葉や泉鏡花、田山花袋らが寄稿していたこの雑誌に、こうした妖怪話・怪談話が多数掲載されたことは、文芸界の怪談流行に少なからず影響を及ぼしたはずで、例えば、ハーンの「乳母桜」（『怪談』）は、『文藝倶楽部』第七巻八号（一九〇一年）の「諸国奇談」を元にしており、同号には、岡本綺堂の「心の鬼」が掲載されている。

三　怪談の近代

1　ハーンの怪談

一方では近代的合理主義の立場から科学から怪異を排除し、一方ではそれに反発、あるいはその反動で前近代の迷信や怪異を取り上げた文学が盛んになった明治の状況は興味深いが、ハーンの著作について言えば、円了の妖怪研究や欧米の心霊研究が直接影響を与えたとは考えにくい。管見のかぎり、富山大学附属図書館「ヘルン文庫」にあるハーンの蔵書に心霊主義や心霊研究関係の書はなく、心理学関連の書は、精神科医のヘンリー・モーズリー（一八三五〜一九一八）や、異常心理学を専門としたモートン・プリンス（一八五四〜一九二九）の著作などで、心霊研究関連のものは見当たらない。心理学のカテゴリーに、歴史家のジュール・ミシュレ（一七九八〜一八七四）が魔女の妖術についてまとめた *La Sorcière*（一八六二年）があるのは目を引くが、ハーンが当時の欧米の心霊研究から着想を得て怪談を制作した可能性は低いと考えられる。円了の妖怪学に関する蔵書もないため、ハーンが円了の合理主義的な妖怪研究へ直接の応答として『怪談』を書いたとも思われない。

では、ハーンの『怪談』はいかなる意味を持つのだろうか。日本時代のハーンは、いわゆる近代小説の構造を持つ小説は書かなかったとされ[21]、日本で書いた文章は、随筆・論文・物語の三つに分けることができる。彼が日本滞在中に日本を題材に執筆した作品は、『知られぬ日本の面影』のように自身の体験を記録したものや、「柔術」（『東の国より』）のように、自分の見聞きした日本人の様子や文化から、日本とは何か、日本人とは何かを論じたものが多い。『怪談』に代表されるハーンの怪談物は、ハーンが日本についての文章を執筆した後、まさに彼の日本理解の集大成としてまとめられたものだった。

そこで注目したいのが、ハーンの手によって生じた、説話から怪談への移行である。太田雄三が指摘しているように、ハーンの物語は、最期を迎えた東京時代（一八九六〜一九〇四）の後半になるほど、再話作品の比重が高くなっていく[22]。再話とは、言い伝えや過去の物語をその時代の感覚や作者の意図に即して再編成した文学を指し、『怪談』に収録された作品のほとんどには、元となる物語がある。それらは必ずしも有名な作品ではなく、近世に流行した通俗的な怪異小説や仏教説話、説教本の類が中心だった。ハーンは妻セツが語って聞かせた物語を作品化していったが、ハーンは原話にない表現や、セツが語ったことに想像力を働かせ、独自の視点を加えていった。そのため、ハーンによる再話と原話を比較すれば、ハーンが原話から何を採り、何を切り捨て、何を付け加えたのかを知ることができる。原話との大きな相違点としては、ほとんどが原話よりも長くなっていることや、登場人物の名前の変更などが挙げられているが、ここではさらに、ハーンによって独自に変更された描写から、ハーンの怪談の特徴と意義を検証していく。

2　説話から怪談へ

『怪談』に収められた「おしどり」は、鎌倉時代に成立した説話集『古今著聞集』巻二〇にある物語である。原話は四〇〇字程度の短い話で、馬允《じょう》という名の鷹匠が獲物を得られず、帰り道に沼を通りかかる場面から始まる。そこで鷹匠は番《つがい》のおし鳥を見つけ、雄の方を殺して餌袋に入れておいた。その次の夜、鷹匠の夢のなかに美しい一人の女性が現れる。彼女は夫が殺されてしまったことを嘆き、これからは寝るのも一人だと嘆く和歌を詠って、痛ましげに泣いて去って行った。そんなことがあって中一日経った後、鷹匠が餌袋の中を見てみると、自らのくちばしを腹に突き立てて死んでいる雌鳥を見つけ、鷹匠は頭を剃って出家したという。

この原話で鷹匠が雄鳥を殺したのは、職業としての行為とされている。だが、ハーンの物語になると、空腹のためにやむを得ず殺してしまうという話に変わり、雌鳥が死ぬのも餌袋の中ではなく雄鳥と同じ沼で、しかも鷹匠の目の前で自害したことになっている[23]。原話とハーンの再話を詳細に比較した平川祐弘が指摘するように、両者は、夢のなかに現れた女性の訴え方も大きく異なる。原話では、「をのこをころし給へる」と、女性が鷹匠に敬語を使って一首の歌を詠うが、ハーンの物語のなかの女性は、激しい感情を込めて鷹匠をなじる。女性の台詞は、"Why,—oh! Why did you kill him?" から始まり、「Kill 殺した」との叫びが三回も繰り返され、Why, What! が七回も使用される[24]。こうした表現は原話にはない。平川はここで、「つつしみ深く哀れ深い日本の女が、ハーンの筆を経るうちに、激しく告発糾弾する西洋風の女へと変貌した[25]」と指摘する。さらにこの女性は、「おわかりになりますよ、きっとおわかりになりますよ（"You will see—you will see"）」と、何かほのめかす言葉を投げかけ、謎めいた恐怖を鷹匠に植えつけて去って行く。翌朝、鷹匠が沼に行ってみると、雌鳥が鷹匠めがけて泳いできてじっと見つめ、嘴で自分の腹を突き破ったというが、このような描写も原話にはない。

ハーンの物語では、この激しい描写の次に、「……」とあり、「尊允（鷹匠の名：引用者注）は、頭を剃って僧になった[26]」という言葉で締めくくられる。しかし、原話では、おしどりの哀れさに鷹匠が心を打たれて仏門に入ったかのような表現となっている。それがハーンの再話では、自分のしたことの恐ろしさにおびえた鷹匠が現世を捨てたという印象が強くなり、仏門への導きを語る説話が、恐怖心を伴った怪談へと変化している。

こうした変化をさらに検証してみる。先にも触れた「耳なし芳一」は、『臥遊奇談』第二巻「琵琶

の秘曲　幽霊を泣かしむ」という経典の功徳を説く説話で、ハーンの再話でも、霊から芳一を守る経典の効力が表現されている。しかしハーンの物語は、経典の功徳や亡霊の恐ろしさよりも全身にくまなく経が書かれた芳一の姿の異様さが際立つ。経典の文字を身体に書き記した様子を原話では、「芳一が身に明所なく[27]」と描写しているが、ハーンはこれを"They traced upon his breast and back, head and face and neck, limbs and hands and feet—even upon the soles of his feet, and upon all parts of his body—[28]"と描写し、顔や首、腕や手のひら、足の裏にいたるまで、びっしりと経典の文字を書きつけた芳一の身体を読者に生々しく想像させる表現に変わっている。

経を書き忘れられた芳一の耳を亡霊がちぎり落とす場面も、原話では「両の耳朶に諸手をかけ何気なくひきちぎり[29]」とあるが、ハーンは"Gripped by fingers of iron and torn off! Great as the pain was[30]"と、より強い表現で、左右の耳が鉄の指でつかまれ、勢いよく引きちぎられるのを感じ、激しい痛みがあったと記す。また、耳を切り落とされた芳一が腕の良い医者の手当によって回復し、多くの人が彼の話を聞きに来て「耳なし芳一」として知られたことで彼が金持ちなったというエピソードは原話にないが、これは超現実的な世界の恐怖と、怪異が過ぎ去った後の現実社会の対比として有効な表現と言える。

同じく『怪談』にある「鏡と鐘と」では、大切にしていた鏡を溶かすことになった女性の執念をめぐる詳細な描写が続き、「猛り狂って死んだり自害した人[31]」の願いが超自然的な力を持つという説明もつけ加えられている。この作品では、「なぞらえる」という言葉の"The magical meaning[32]"をめぐって藁人形やまじないの事例も紹介されているが、原話にはこうした記述はない。原話ではこの話の後半に、放蕩者の百姓が神に祈って手に入れた大金の入った甕の中身が実は糞汁で、誤ってそれを家の床に撒いてしまったというやや滑稽なエピソードがあるが、ハーンはそれを、百姓が甕の蓋をこじ開けたところ、"But, no!—I really cannot tell you with what it was filled"[33]と、その中身をあえて説明しないことで、何が入っていたのかわからない不気味な恐怖を感じさせる描写に変更している。

3　日本の紹介者として

このようにハーンの『怪談』では、状況や原因についての詳細な描写が加わることで、もともとの説話が恐ろしさを伴った怪談に変化している。これは話の内容をハーンにわかりやすく伝えるためのセツの語り方の影響も考えられ、動作や因果関係の詳細な描写は、児童文学としても適している。『怪談』が児童文学に盛んに取入れられてきたのは一九七〇年代以降であることは先に述べたが、ハーンの文章自体は戦前から国語科の教科書に多く取り入れられていた。日本近代の学校教育の一つの転機として、一九〇〇（明治三三）年の小学校令施行規則の制定があるが、これにより四年の義務教育が確立され、従来の読書・作文・習字が国語科となった。読書に関しては、「文章ハ平易ニシテ国語ノ模範トナリ且児童ノ心情ヲ快活純正ナラシムモノナルヲ要シ」[34]と、教材の内容に対しての細かな規定がなされている。これに伴って、難しい漢字ではなく、かな書きが多くなり、文章も平易であることが求められた。ハーンの作品は、この規定にあるような、平易で児童たちの心を快活にし、処世に必要な明瞭なものだと認められたのだろう。

戦前の教科書に用いられたハーンの作品で最も多く取り上げられたのは「松江の朝」で[35]、この作品は、ハーンの住んだ松江の日常風景を描写しつつ、日本の神々がもたらす畏怖や恵みを述べたものである。このなかでハーンは、出雲の地が日本最古の国だと述べて、ここでは仏教徒も皆神道の信仰者であるから、誰もが神道の文句を唱え、歴代天皇や日本中の三千の神、高天原の八百万の神々に祈りを捧げるのだと述べている[36]。その他、日本人が疫病神や風邪の神など種々の悪い神にも祈禱を捧げることに注目したり、近代的な新しい橋よりも三〇〇年前に作られた古い橋の方がはるかに美しいと述べたりと、日本の伝統や固有性を強調し、それを讃える作品になっている。

しかし、戦前の国語教科書で『怪談』を取り上げたものはない。この時代には、前近代的な日本の怪異よりも、日本文化の素晴らしさを学ぶことが優先されたのだろう。それが戦後になると、「松江の朝」に取って代わるように『怪談』が取り入れられ、「耳なし芳一」は、一九五一年の『中等国語2下改定版』以降、頻繁に教科書に取り上げられるようになる[37]。「松江の朝」と『怪談』とでは、求められる時代や、日本文化を語るか怪異を語るかの違いはあるものの、どちらも日本の固有性をわかりやすく語る点で共通している。ハーンは『怪談』刊行以降の反響と同様、近現代の日本においても、日本文化の紹介者、よき理解者と位置づけられてきたのである

4　怪談の近代

しかしながら『怪談』は、日本の前近代的風景をそのまま表現したものではなかった。「おしどり」では、和歌を詠む慎み深い女性が夫を殺されたことを激しく糾弾する女性に変貌し、ひたすらWhy, Whyと何度も相手の責任を追及して畳み掛ける。「鏡と鐘と」では、原話にはないにもかかわらず、強い念を持ちながら死んだ人間の力や、藁人形やまじないの効力が詳細に説明されているが、その怪異がいかにあり得る話なのかを力説するのは、呪術的なものが否定される近代だからこそだろう。経典の功徳を説くはずの「耳なし芳一」は、経典の功徳よりも芳一の異様な姿が際立ち、原話にはない鉄の指が芳一の耳を勢いよく引きちぎる恐怖がまざまざと描写される。全身にびっしりと経典を書かれた芳一の裸体はビジュアル的にも強い印象を与えるものであり、『怪談』（一九六四年、監督：小林正樹）のような映画などの視覚メディアとも接続しやすい。ビジュアルイメージとして表現しやすい怪談という点においても、近現代の日本のホラー映画にハーンの描写が果たした役割は大きいのではないだろうか。

だが、ハーンは単に説話を詳細かつ丁寧に語り直したのではなかった。「おしどり」や「鏡と鐘と」では、翌日に何が起こるのかや、甕に何が入っていたのかをあえて伝えず、読者に気味の悪い恐怖を感じさせるような表現に変更している。説話で語られたエピソードを省略することで、恐ろしい〝何か〟を想像させるのである。『怪談』においてなされた、詳細な描写と説明の省略を使い分けるハーンの独特な語りと明治の怪談流行のきっかけとなった話術との関連は、今後検証しなければならないが、ハーンの手によって、仏教の功徳や仏門への導きを語る説話が恐ろしい怪談として、近代に甦ったのである。

近代のまなざしで迷信を排除し、怪異を科学的に検証しようとした円了に対し、ハーンは近代にありながら怪異を否定せず、非科学的なものを擁護した。この姿勢は柳田にきわめて近いが、西洋から日本にやって来たハーンにとって、日本の怪異は、柳田にも増して日本独自のものと感じられただろう。そしてそれは、戦後の子どもたちが古き良き日本を学ぶための好材料となった。説話の独自な解釈と独特な語りによって、近代そして現代で読まれ続ける『怪談』は、西洋人ハーンの眼を通した日本という枠にとどまらない。『怪談』は、怪異と恐怖によって近現代の日本人に前近代の日本を想起させ、ここには、ハーンと現代日本人双方の前近代の日本への憧憬が込められている。

註

(1) 藤村作編『増補改訂　日本文学大辞典』第六巻、(新潮社、一九五一年)、二七六頁。
(2) 『読売新聞』一九二三年四月七日付。
(3) 太田雄三『ラフカディオ・ハーン——虚像と実像』(岩波書店、一九九四年)、一六八頁。
(4) 「世界文豪小泉八雲氏西洋人の仏葬」(『婦人雑誌』第二〇二号、一九〇七年)、一六頁。
(5) 「故小泉八雲(即 LAFCADIO HRARN)氏に就て[其一]」(『青年』第四号、一九〇四年)、七八頁。
(6) 「故小泉八雲(即 LAFCADIO HRARN)氏に就て[其二]」(『青年』第五号、一九〇四年)、九七頁。

(7) 西山栄久『外人ノ眼ニ映ズル仏教』(仏教図書出版、一九〇〇年)、一一頁。
(8) 坪内逍遥「故小泉八雲氏の著作に就いて」(『青年』第一一号、一九〇四年)、二一七頁。
(9) 『読売新聞』一九〇四年、一〇月三日付朝刊。
(10) 東雅夫『なぜ怪談は百年ごとに流行るのか』(学研パブリッシング、二〇一一年)、五六~五七頁。大正期においても、一九一三年:泉鏡花「陽炎座」/岡本綺堂『飛騨の怪談』、一九一六年:井上円了『妖怪百談』、一九一八年:谷崎潤一郎「人面疽」、一九一九年:小川未明「金の輪」/小山内薫「お岩」、一九二一年:芥川龍之介「奇怪な再会」「妙な話」「近頃の幽霊」、一九二二年:内田百閒『冥途』、一九二三年:室生犀星「後の日の童子」、一九二四年:鈴木泉三郎「生きている小平次」と、怪異を取り上げた作品が続々と刊行されている。
(11) 見理文周「近代日本文学と仏教との接点――仏教的文学の成立について」(『印度学佛教学研究』二一巻一号、一九七二年)、一九九頁。
(12) 堤邦彦『江戸の怪異譚――地下水脈の系譜』(ぺりかん社、二〇〇四年)。
(13) 東註(10)前掲書、一〇三頁。
(14) 同前。
(15) 一柳廣孝「幽霊は逆襲する――『百物語』における「神経」と幽霊」(一柳廣孝・近藤瑞木編『幕末明治百物語』〈国書刊行会、二〇〇九年〉)、二六九頁。なお、原話では顔の長い化け物とされているのを、ハーンは顔のない化け物に変えている。
(16) 東雅夫『遠野物語と怪談の時代』(角川学芸出版、二〇一〇年)、六七~六九頁。
(17) 井上円了選集編集等委員会編『井上円了選集』第二一巻(東洋大学、二〇〇一年)、一〇〇頁。
(18) 同前、一〇一~一〇二頁。
(19) 東註(16)前掲書、七一~七二頁。

(20)『文藝倶楽部』一九〇二年四月号。
(21) 池田雅之「ハーンの再話文学」(『国文学　解釈と鑑賞』第五六巻一一号〈至文堂、一九九一年〉)、五四頁。
(22) 太田註(3)前掲書、一六五頁。
(23) 鷹匠の名も、馬允から尊允に変更されている。これはセツが崩し字を読み間違えたためとされるが、Umanojō よりも Sonjō の方が英語として発音しやすいという利点があったともされる(平川祐弘『破られた友情――ハーンとチェンバレンの日本理解』新潮社、一九八七年、一二六頁)。
(24) 平川註(23)前掲書、一二七頁。
(25) 同前書、一二八頁。
(26) 小泉八雲著・平川祐弘編『怪談・奇談』(講談社、一九九〇年)、二九頁。
(27)『臥遊奇談』巻之二「琵琶秘曲泣幽霊」(同前)、三六三頁。
(28) Lafcadio Hearn, "*Kwaidan : stories and studies of strange things*", Houghton Mifflin (Selected works of Lafcadio Hearn's first edition, Yushodo, 19811), p. 16.
(29)『臥遊奇談』巻之二「琵琶秘曲泣幽霊」(註(26)前掲書)、三六三頁。
(30) Lafcadio Hearn, 前掲 "*Kwaidan*", p. 18.
(31) 小泉八雲著・平川祐弘編註(26)前掲書、四四頁。
(32) Lafcadio Hearn, 前掲 "*Kwaidan*", p. 58.
(33) Lafcadio Hearn, 前掲 "*Kwaidan*", p. 60.
(34)「国語教科書総解説」(海後宗臣等編『日本教科書大系』近代編第九巻〈講談社、一九六四年〉)、五八四頁。
(35) 田坂文穂編『旧制中等教育国語科教科書内容索引』(教科書研究センター、一九八四年)。本作は、『知られぬ日本の面影』に収録されている「神国の首都」とほぼ同じ内容の作品である。

(36) 小泉八雲『小泉八雲全集』第三巻（第一書房、一九二六年）、一八六～八七頁。
(37) 国立教育研究所附属教育図書館・教科書研究センター共著『中学校国語教科書内容索引』（教科書研究センター、一九八六年）。

おわりに

その昔、仏教はアジアの宗教であった。南アジアの一地方にはじまり、東アジアや東南アジアに広がった、アジアの宗教だった。しかし、おおよそ一九世紀の頃から、仏教は世界の宗教になる。ヨーロッパやアメリカなどの西洋世界にも、仏教が広がりはじめるのだ。そして、この仏教の世界化に大きくかかわったのが、西洋世界に率先してアプローチした、日本の仏教者たちであった。

日本仏教と西洋世界の接続は、いったい何をもたらしたか。日本仏教にとって、それはかつてないタイプの革新である。一九世紀以前の日本仏教は、おもに中国の仏教との関係のなかで自己形成を遂げてきた。それは、漢訳経典を基盤とした東アジア仏教の一種であったと考えておくので間違いない。ところが、明治の仏教者たちは、漢文がほぼ理解されず、英語やフランス語やドイツ語でコミュニケーションが行われる西洋世界と、現地で直接的に、あるいは文献等を介して交わるようになる。その過程で日本の仏教者たちは、自らが信じてきた仏教への認識を更新せざるを得なくなった。結果、これまでにない斬新な仏教の考え方が、日本から発せられるようになるのだ。

一方、西洋世界にとっても、日本仏教との出会いは大きな意味を持った。西洋に比べればはるかに劣るはずの現代アジアの島国から、知性にあふれ独創的な意見も述べる仏教者たちが、次々とやって来たのである。彼らとともに、仏教や、あるいは広く宗教について考えなおす必要性に迫られる西洋人が、徐々にあらわれる。さらには、海を渡り実地で日本宗教の現実を確かめる人々も出現した。かくして、西洋世界の人々もまた、従来とは異なる新しい宗教観を獲得していく。

本書は、この日本と西洋の仏教を介した交渉のダイナミズムについて、一二名の人物の生涯や事績、思想や学問の検証を通して明らかにする。登場人物には、政治や社会への関与に積極的な僧侶がいれば、学問好きの僧侶もいる。寺院とはもともと関係がないのに、西洋に留学して超一流の仏教学者になった者がいれば、俗人のジャーナリストなのに、僧侶に向かって新しい仏教の理想を説いた論客もいる。浄土真宗や禅宗（臨済宗と曹洞宗）の未来を描こうとした改革者だけでなく、伝統的な戒律の復興を目指した真言宗の大物も出てくる。こうしたバラエティの豊富な仏教者たちの活躍によって、近代の日本仏教は形成された。

論じられる対象が様々であれば、執筆者の顔ぶれもまた多様である。日本人だけでなく、ドイツとアメリカの研究者にも論文を寄稿してもらった。書き手の年齢層は幅広く、二〇代半ばの新鋭から、還暦を過ぎたベテランにまで及ぶ。女性の参加は十分ではなく、これは反省点としたいが、論文と翻訳で、それぞれ一名ずつの協力者を得られた。

さて、本書は龍谷大学アジア仏教文化研究センター（ＢＡＲＣ）を構成するグループの一つ、「明治仏教」班による研究成果の一部であり、ひとまずの総決算である。この班では、定期的に開かれるクローズドな研究会と、年に数回のオープンなワークショップの開催をもとに、研究を推進してきた。班長である龍谷大学の嵩満也氏がグループを取り仕切り、舞鶴高等専門学校の吉永進一氏が多彩な知見を提供し、そして、同センターの博士研究員である碧海が、事務局的な役割を担った。そこに、龍谷大学の若手研究者を中心にして、国内外の大学や研究機関の研究者も加わり、約四年間の共同研究が遂行された。

このような、明治の日本仏教と西洋世界の関係を掘り下げるための共同研究が、龍谷大学で一定期間にわたり続き、本書に結実したという事実は、なかなかに感慨深い。明治半ばの龍谷大学（普通教校）の学生や教員らは、西洋に学んで仏教精神に基づく禁酒運動に取り組んだり（反省会）、仏教を介して西洋と交流するための英語雑誌（*The Bijou of Asia*）を刊行したりした。そこはまさに、日本仏教と西洋世界が交渉するためのフロンティアであったのだ。その、仏教世界化のいわば聖地のような場所で、若手の研究者らを中心に研究を進められたのは、とても喜ばしいことだ。昔からある宗門系の大学には、総じてムラ意識が強く視野が狭い人々が少なくないが、龍谷大学は今までもこれからもそうではない、と信じたい。

本書の編集と刊行にあたっては、例のごとく、法藏館の丸山貴久氏にご尽力いただいた。丸山氏の好きな仏教は近代仏教ではないような気がするが、これまで仕事として、数多くの近代仏教関係の書物を丁寧に作成してもらっている。今後も、仏教研究の「近代」化のプロジェクトに手を貸していただけると、たいへんありがたい。

最後に、私事で恐縮だが、本書の構想から刊行に至る途中で、編者の一人である碧海は、京都の龍谷大学から東京の武蔵野大学へと転任した。武蔵野大学は、高楠順次郎を創設者とする学校である。そして、高楠は普通教校（後の龍谷大学）を出た後、おもに東京で活躍した人物だ。自身を高楠のような偉大な学者と重ねるつもりはまったくないが、しかし、何か因縁めいたものを感じなくもない。そうした因縁の可能性に元気づけられながら、これからも世界化する仏教の歴史と現在を探究していこうと思う。

二〇一九年一一月、武蔵野の研究室にて

碧海寿広

各章扉図版出典一覧

東陽円月
三浦尚司『豊前幕末偉人列伝』（海鳥社、二〇一二年）。

前田慧雲
『前田慧雲全集』第一巻（春秋社、一九三一年）。

南条文雄
大谷大学蔵「南条文雄肖像」（中村不折画）。

高楠順次郎
武蔵野女子大学仏教文化研究所編『雪頂・高楠順次郎の研究――その生涯と事跡』（大東出版社、一九七九年）。

木村泰賢
『木村泰賢全集』第三巻（大法輪閣、一九六八年）。

島地黙雷
高取正男ほか編『図説日本仏教史』第三巻「国民仏教への道」（法藏館、一九八一年）。

原　坦山
須藤春峰『原坦山伝』（福島県平市・平活版所、一九六三年）。

釈　雲照
草繋全宜編『釈雲照』上（徳政会、一九一三年）。

忽滑谷快天
山内舜雄『続 道元禅の近代化過程――忽滑谷快天の禅学とその思想〈駒澤大学建学史〉』（慶友社、二〇〇九年）。

釈　宗演

長尾大學編『宗演禪師書翰集』（二松堂、一九三一年）。

中西牛郎

中西牛郎『宗教革命論』初版（博文堂、一八八九年）。

小泉八雲

小泉時・小泉凡編『〈増補新版〉文学アルバム　小泉八雲』（恒文社、二〇〇八年）。

執筆者・訳者略歴（五十音順）

内手弘太（うちで　こうた）
一九八九年生まれ。専攻は真宗学。龍谷大学世界仏教文化研究センターリサーチアシスタント。主な論文に「大正期真宗教学史における親鸞像とその思想――梅原真隆を中心に」（『龍谷大学大学院文学研究科紀要』第四〇集、二〇一八年）がある。

大澤絢子（おおさわ　あやこ）
一九八六年生まれ。専攻は宗教学・近代仏教文学。大谷大学真宗総合研究所東京分室ＰＤ研究員。主な著書に『親鸞「六つの顔」はなぜ生まれたのか』（筑摩書房、二〇一九年）がある。

碧海寿広
→奥付に記載。

亀山光明（かめやま　みつひろ）
一九九一年生まれ。専攻は宗教学。東北大学大学院・日本学術振興会特別研究員（ＤＣ）。主な論文に「旧仏教の逆襲――明治後期における新仏教徒と釈雲照の交錯をめぐって」（『宗教研究』九三巻一号、二〇一九年）がある。

川元惠史（かわもと　さとし）
一九八二年生まれ。専攻は真宗学。龍谷大学非常勤講師。主な論文に「生と死の公共性――宗教は津波から命を救えるのか?」（藤丸智雄との共著、小林正弥監修・藤丸智雄編『本願寺白熱教室――お坊さんは社会で何をするのか?』〈法藏館、二〇一五年〉）がある。

菊川一道（きくかわ　いちどう）
一九八五年生まれ。専攻は真宗学。龍谷大学世界仏教文化研究センター博士研究員。主な論文に「真宗私塾の研究」（『龍谷大学大学院文学研究科紀要』三八号、二〇一六年）がある。

Krämer, Hans Martin（クレーマ、ハンス　マーティン）
一九七二年生まれ。専攻は日本近現代史。ハイデルベルグ大学教授。主な著書に *Shimaji Mokurai and the Reconception of Religion and the Secular in Modern Japan*（University of Hawaii Press, 2015）がある。

佐藤清子（さとう　せいこ）
一九八二年生まれ。専攻は宗教学・アメリカ宗教史。聖心女子大学ほか非常勤講師。主な論文に「アメリカの「伝統」の新たな挑戦――多様な宗教・非宗教の共存」（藤原聖子責任編集『いま宗教に向き合う3　世俗化後のグローバル宗教事情　世界編Ⅰ』〈岩波書店、二〇一八年〉）がある。

嵩　宣也（だけ　のぶや）
一九八八年生まれ。専攻は真宗学。龍谷大学大学院研究生。主な論文に「英訳から見る真宗の欧米進出――シカゴ万国宗教会議を起点として」（『真宗学』一四〇号、二〇一九年）がある。

嵩　満也
→奥付に記載。

星野靖二（ほしの　せいじ）
一九七三年生まれ。専攻は近代日本宗教史。國學院大學研究開発推進機構日本文化研究所准教授。主な著書に『近代日本の宗教概念――宗教者の言葉と近代』（有志舎、二〇一二年）がある。

Mohr, Michel（モール、ミシェル）
一九五九年生まれ。専攻は仏教学・アジア思想史。ハワイ大学マノア校教授。主な著書に *Buddhism, Unitarianism, and the Meiji Competition for Uni-*

versality（Harvard East Asian Monographs 351. Cambridge, MA, and London: Harvard University Press, 2014）がある。

吉永進一
↓奥付に記載。

Licha, Stephan（リシャ、ステファン）
一九七九年生まれ。専攻は日本宗教学・仏教学。ハイデルベルグ大学研究員。主な論文に"Separate Teaching and Separate Transmission: Kokan Shiren's Zen Polemics"（*Japanese Journal of Religious Studies*, 45/1, 2018）がある。

龍谷大学アジア仏教文化研究叢書12　刊行の辞

龍谷大学は、寛永十六年（一六三九）に西本願寺の阿弥陀堂北側に創設された「学寮」を淵源とする大学です。その後、明治維新を迎えると学制の改革が行われ、学寮も大教校と名を変え、さらに真宗学庠、大学林、仏教専門学校、仏教大学と名称を変更し、大正十一年（一九二二）に今の「龍谷大学」となりました。

その間、三百八十年もの長きにわたって仏教の研鑽が進められ、龍谷大学は高い評価を得てまいりました。そして平成二十七年（二〇一五）四月、本学の有する最新の研究成果を国内外に発信するとともに仏教研究の国際交流の拠点となるべき新たな機関として、本学に「世界仏教文化研究センター」が設立されました。アジア仏教文化研究センターは、そのような意図のもと設立された世界仏教文化研究センターの傘下にある研究機関です。

世界仏教文化研究センターが設立されるにあたって、その傘下にあるアジア仏教文化研究センターは、文部科学省の推進する「私立大学戦略的研究基盤形成支援事業」に、「日本仏教の通時的・共時的研究―多文化共生社会における課題と展望―」と題する研究プロジェクト（二〇一五年度～二〇一九年度）を申請し、採択されました。

本研究プロジェクトは、龍谷大学が三百八十年にわたって研鑽し続けてきた日本仏教の成果を踏まえ、これをさらに推進し、日本仏教を世界的視野から通時的共時的にとらえるとともに、日本仏教が直面する諸課題を多文化共生の文脈で学際的に追究し、今後の日本仏教の持つ意義を展望するものです。このような研究のあり方を有機的に進めるため、本研究プロジェクトでは通時的研究グループ（ユニットA「日本仏教の形成と展開」、ユニットB「近代日本仏教と国際社会」）と共時的研究グループ（ユニットA「現代日本仏教の社会性・公益性」、ユニットB「多文化共生社会における日本仏教の課題と展望」）の二つに分け、基礎研究等に基づく書籍の刊行や講演会等による研究成果の公開などの諸事業を推進してまいりました。

このたび刊行される『日本仏教と西洋世界』は、「龍谷大学アジア仏教文化研究叢書」の第十二号となります。本年度をもってアジア仏教文化研究センターの第二期の活動はひとまず終了いたしますが、今後は母体である世界仏教文化研究センターが国内外に発信する諸成果に、ご期待いただければ幸いです。

令和二年一月十六日

龍谷大学アジア仏教文化研究センター

センター長　楠　淳證

編者略歴

嵩　満也（だけ　みつや）

1958年生まれ。専攻は真宗学・宗教学。龍谷大学教授。主な著書に『仏教英書伝道のあけぼの』（共編著、法藏館、2018年）がある。

吉永進一（よしなが　しんいち）

1957年生まれ。専攻は宗教学。舞鶴工業高等専門学校教授。主な著書に『近現代日本の民間精神療法――不可視なエネルギーの諸相』（共編著、国書刊行会、2019年）がある。

碧海寿広（おおみ　としひろ）

1981年生まれ。専攻は宗教学・近代仏教。武蔵野大学准教授。主な著書に『入門 近代仏教思想』（筑摩新書、2016年）がある。

龍谷大学アジア仏教文化研究叢書12

日本仏教と西洋世界

二〇二〇年三月一五日　初版第一刷発行

編　者　嵩　満也
　　　　吉永進一
　　　　碧海寿広

発行者　西村明高

発行所　株式会社　法藏館
京都市下京区正面通烏丸東入
郵便番号　六〇〇-八一五三
電話　〇七五-三四三-〇〇三〇（編集）
　　　〇七五-三四三-五六五六（営業）

装幀　野田和浩

印刷・製本　中村印刷株式会社

© M. Dake, S. Yoshinaga, T. Ōmi 2020 *Printed in Japan*

ISBN 978-4-8318-5559-6 C3015

乱丁・落丁の場合はお取り替え致します

カミとホトケの幕末維新　交錯する宗教世界　岩田真美・桐原健真編　二、〇〇〇円

近代仏教スタディーズ　仏教からみたもうひとつの近代　大谷栄一・吉永進一・近藤俊太郎編　二、三〇〇円

近代仏教のなかの真宗　近角常観と求道者たち　碧海寿広著　三、〇〇〇円

近世仏教論　西村　玲著　四、八〇〇円

近代日本思想としての仏教史学　オリオン・クラウタウ著　五、八〇〇円

『反省会雑誌』とその周辺　赤松徹眞編著　六、〇〇〇円

仏教英書伝道のあけぼの　中西直樹・那須英勝・嵩　満也編著　六、五〇〇円

ブッダの変貌　交錯する近代仏教　末木文美士・林　淳・吉永進一・大谷栄一編　八、〇〇〇円

法藏館　（価格は税別）